「国家2011计划」出土文献与中国古代文明研究协同创新中心成果

华夏人文历史

中国通史 贰

秦汉魏晋南北朝

「大字本」

总撰稿 ◎ 卜宪群

撰　稿 ◎ 杨振红（秦国崛起——汉武帝 昭宣政治）
　　　　　孙晓（两汉经学 王莽改制）
　　　　　赵凯（光武中兴——黄巾起义）
　　　　　梁满仓（三国鼎立——魏晋佛教）

华夏出版社
HUAXIA PUBLISHING HOUSE

安徽教育出版社

图书在版编目(CIP)数据

中国通史：大字本．2，秦汉魏晋南北朝 / 卜宪群总撰稿．——北京：华夏出版社；合肥：安徽教育出版社，2017.9（2023.3重印）
ISBN 978-7-5080-9242-3

Ⅰ．①中… Ⅱ．①卜… Ⅲ．①中国历史－秦汉时代②中国历史－魏晋南北朝时代 Ⅳ．① K20

中国版本图书馆 CIP 数据核字 (2017) 第 172353 号

秦二号铜车马，秦始皇出行时所乘车的模型

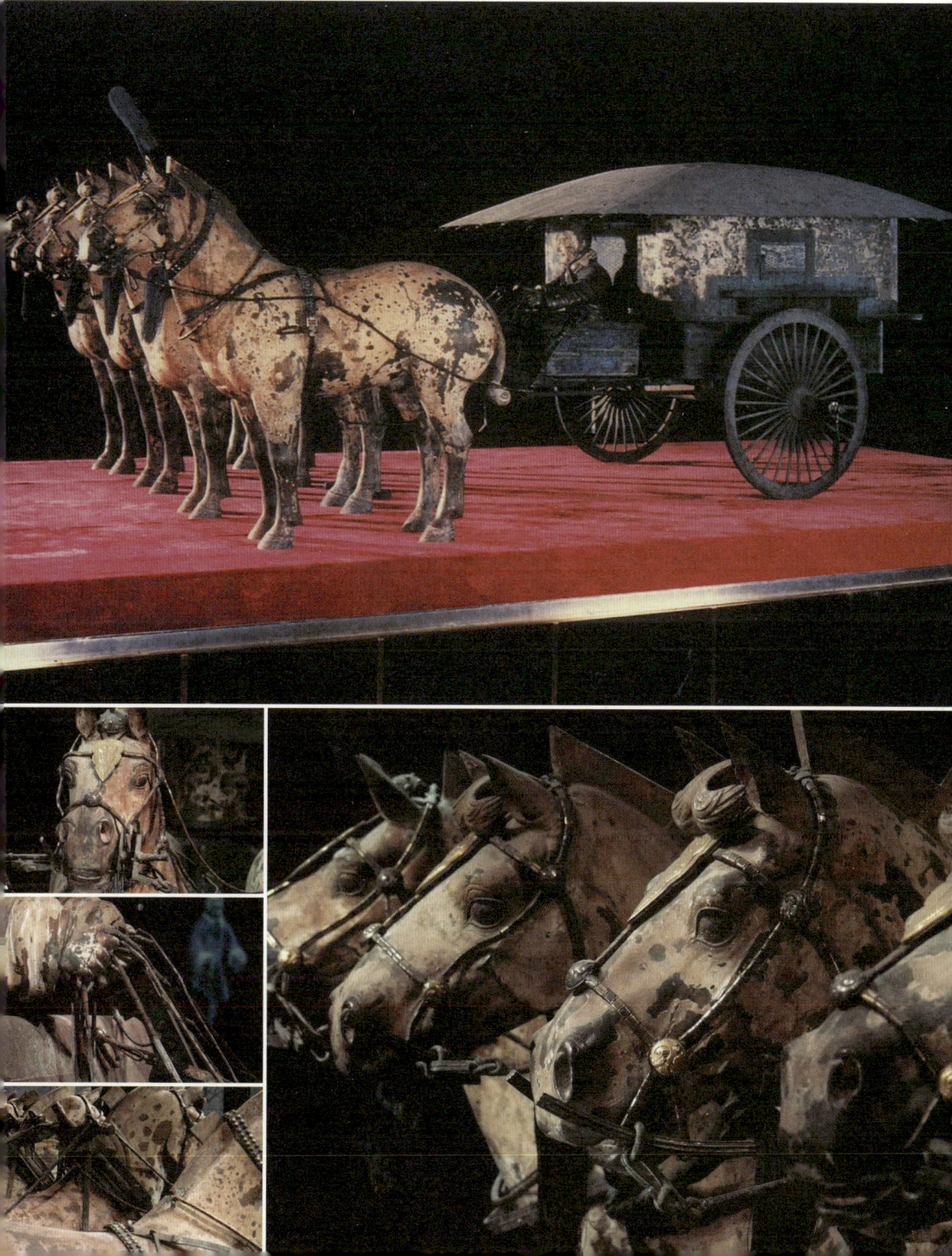

龙首青铜灶 汉

伏生授经图（局部）

和林格尔汉墓壁画《牧马图》

高逸图（局部）

大同云冈石窟 20 窟大佛

第二卷 《秦汉魏晋南北朝》

1	秦国崛起	
21	秦始皇统一中国	
45	楚汉战争	
67	郡国并行	
89	文景之治	
109	汉武帝	
133	两汉经学	
155	昭宣政治	
173	王莽改制	
195	光武中兴	
219	丝绸之路	

235	清议与党锢	
251	黄巾起义	
269	三国鼎立	
289	诸葛亮治蜀	
309	西晋统一	
327	魏晋风度	
345	门阀政治	
365	梁武帝治国	
385	北魏孝文帝改革	
401	北周武帝	
417	陈朝兴亡	
437	魏晋佛教	
453	秦—南朝陈纪元表	

秦国崛起

车马壁画。这是中国目前发现的较早的壁画，内容反映的是秦王兵马出行的盛况。

关于"中国"的英译名"China"的来源有几种不同说法，其中最为学者接受的说法是，它源出于"秦"的音译。作为有力的佐证，在一、二世纪的希腊、罗马著作中，已经将当时的中国称作"Thinai"或"Sinai"。

在秦以前，中华文明已经存在了数千年，为什么只有秦的名字会作为中华文明的象征，在当时各种文明彼此隔绝孤立的世界，远播至欧亚大陆的另一端？

对于这一问题的答案，即使是粗通中国历史的人也很容易联想到，公元前221年中国历史上第一位皇帝——秦始皇，消灭关东最后一个诸侯国——齐国，结束数百年来诸侯割据混战局面，建立起中国历史上第一个统一的中央集权的大帝国。这是一个被称作"天崩地坼"的大事件。自此，中国以一个长期整合的政治体的姿态，屹立于世界的东方。

而秦国的崛起是一个国家由弱变强的奇迹。

称霸西戎。在曾经各自称雄一方的战国七雄中，秦国不仅没有值得夸耀的悠久历史，甚至长期处于被鄙视的境地。

相较周初（前11世纪）便封邦建国的齐国、燕国，以及韩、赵、魏三国的前身——晋国，秦的立国晚了三个多世纪。公元前9世纪末，秦族的首领非子因擅长养马，被周孝王封为附庸，封于今甘肃东南渭河上游一带的"秦"（今甘肃张家川东）。

公元前771年，以荒淫昏聩著称的西周最后一位君主——周幽王，被西北游牧民族犬戎杀死在骊山脚下。秦襄公出兵护送继立的周平王，从镐京（今陕西西安西南沣水东岸）迁都洛邑（今河南洛阳），史称东周。周平王感念襄公的忠心，封他为诸侯，赐予今陕西岐山（位于陕西岐山境内）至沣水（位于西安西南）之间的土地。

当时，欧亚大陆游牧民族正大规模地从西北向东南迁移，在"多米诺骨牌"效应下，中国西北部的游牧民族——戎狄已深入至今渭河至洛河一带。秦处于西戎包围之中，艰难地寻求着生存和发展。然而，也正是这样的生存环境，造就了秦人崇武尚勇的个性。

秦独特的发展历史，使得一向以高度开化文明自居的中原各国，长期以来一直不把秦国视为同类，而看成蛮夷之国。

春秋石磬,陕西凤翔秦公墓出土。按照规制,只有天子举行的仪典上能用玉磬,诸侯只能用石磬。

中国社会科学院历史研究所研究员 杨振红

秦国的政治、经济、文化以及礼仪制度、风俗习惯等等,都比中原地区要落后两三百年。据史籍记载,公元前753年,秦文公时才开始设立史官,记载自己的国史。公元前408年,秦简公"初租禾",开始按亩征收田租,比鲁国"初税亩"晚一百八十六年。公元前378年,秦献公正式建立市场。三年后,建立户籍制度。

然而,正是这个地处边陲、被视为野蛮、落后的蕞尔小国,五百年后却打败了经济高度繁荣、文化异常发达的六个关东大国。

《孔子圣迹图》之《论穆公霸》

慨叹于这样的结局，人们不禁要问：这一切是如何发生的？历史如何在五百年中发生这样的惊天大逆转？

秦的发展首先应归功于秦穆公。

穆公名任好，公元前659年即位，以知人善任著称。最具传奇色彩的是，他用五张黑色的公羊皮，从楚国人手中赎回了七十多岁的贤臣百里奚。在百里奚、蹇叔等贤臣的辅佐下，秦国在对其东部强大的邻国——晋国的外交与军事上，取得一系列胜利，夺取河西之地（指今山西、陕西两省间黄河弯道南段以西），第一次将疆域东扩至黄河以西。他还成功地将西戎的使臣由余招致麾下。在由余的谋划下，大败西戎，史称"益国十二，开地千里，遂霸西戎"。

商鞅入秦。然而，真正让秦国走上富强之路的是三百年后的商鞅变法。

三百年的岁月中，中国正经历着一场剧烈的社会大变革，开始从早期宗法分封制国家向中央集权官僚制国家转型。

公元前453年，晋国的韩、赵、魏三卿共灭知氏，三分其地，史称"三家分晋"。这是一个影响深远的大事件，一些历史学家甚至将这一年作为划分春秋与战国时代的分水岭。

对于秦国来说，这一事件还有着特别的意义。伫立在秦国东边的庞大的晋国，一直是阻碍秦东进的巨大障碍。现在晋一分为三，彼此间相互争斗消耗，无形中使秦东进的阻力大大削弱。可以说秦是"三家分晋"事件的潜在赢家。

战国时期，各国为了顺应时代潮流的发展，纷纷举行自上而下的变法运动。魏文侯任用大臣李悝，最先实行变法，颁布"尽地力之教"，发展农业生产，并在各国法的基础上，制定了中国第一部成文法法典——《法经》。魏国迅速跃升为最强大的诸侯国。公元前408年，魏国从秦国手中夺回河西之地，这对秦人来说是莫大的耻辱。

不仅如此，秦国内部面临着更大的危机。自公元前443年秦躁公即位后，秦国经历了怀公、灵公、简公、惠公、出子等几代乱政。秦公族为了争夺君位，互相攻杀，致使政局混乱，国力衰弱，不断受到周边国家和西戎的侵夺。公元前385年，昏君出子被杀，秦献公登上君位，秦政局才稳定下来。

然而，献公在位时并未能实现自己的理想。

公元前362年，秦献公去世，二十一岁的孝公即位。据史载，

商鞅像。商鞅原名公孙鞅，出身卫国公族。按照周的惯例，诸侯之子，以公子为氏。诸侯之孙，以公孙为氏。公孙鞅因出身公族，故也被人称作卫鞅。后来因他在秦推行变法成功，孝公将商邑（在今陕西商州）封给他，才称为商鞅或商君。

当时的秦国，"僻在雍州，不与中国诸侯之会盟，夷翟遇之"。这位志向远大的年轻君主，立誓要实现父亲献公"复穆公之故地"的理想，夺回河西之地，改变"诸侯卑秦"的局面。然而要实现这个目标，秦孝公迫切需要一位具有远见卓识并富有执行力的能臣。于是，即位伊始，他就颁布了一道求贤令："宾客群臣有能出奇计强秦者，吾且尊官，与之分土。"

一位身在魏国的青年，闻听此令，怦然心动。他就是商鞅。

商鞅自幼喜好法家刑名之学。他来到最早实行变法的魏国，学习《法经》，希望能在这里施展自己的抱负。但事与愿违，他并没有得到魏王的青睐。因此，当商鞅听到秦孝公的求贤令后，便毅然携带《法经》，来到秦国。

据史载，商鞅见到孝公后，先说以"帝道""王道"。所谓"帝道""王道"，即实行仁政，以德化民。在弱肉强食的战国时代，"帝道""王道"只能是乌托邦式的理想。孝公十分务实，他希望在位时就能够"显名天下"，自然对这套疏阔辽远、不切实际的理论不感兴趣。商鞅最后说以"强国之术"，孝公听得入神，膝盖前移，离开了坐席，"语数日不厌"。商鞅所说的"强国之术"就是变法，即通过改革法令制度，迅速走上强国之路。

虽然这段记载可能有后人增饰的成分，但可以想见，商鞅面见孝公后，必然向孝公描绘了一幅令人振奋的变法蓝图，孝公为此深深折服。正是这种世间难得的君臣之间的相知和默契，成就了这项奠定秦统一大业的改革。

任何改革都会受到传统观念和保守势力的质疑与阻挠。商鞅变法亦不例外。以甘龙、杜挚为代表的秦国旧贵族激烈反对变法。他们说"圣人不易民而教，知（智）者不变法而治"，"法古无过，循礼无邪"。商鞅驳斥道："三代不同礼而王，五伯不同法而霸。智者作法，愚者制焉；贤者更礼，不肖者拘焉。"

商鞅的话坚定了孝公变法的决心。

商鞅制定好变法之策后，并没有立即公布。为了向百姓表明变法的决心和信用，他让官吏在集市南门立了一根三丈高的木头，宣布谁将这根木头搬到北门，就赏赐十金。对于这样的好事，百姓实在难以置信。商鞅于是将赏金加到五十金。重赏之下必有勇夫。一个人走过去，将木头搬到北门，商鞅当即兑现承诺。

像一根杠杆一样，商鞅借立木为信撬动起庞大的法律奖惩机制，让百姓开始相信其法令的力量。至此，商鞅正式向全国宣布推行变法，一场波澜壮阔的改革大戏就此拉开帷幕。

变法图强。商鞅变法分两个阶段展开，历时十余年。内容涉及政治、经济、法律、社会、风俗等方方面面。

可以将商鞅变法的内容归纳为四个方面：第一，奖励耕战；第二，建立法制；第三，打破宗法贵族制度，建立新型官僚制国家；第四，移风易俗，改变秦的戎狄之风。变法的基轴是爵制改革。商鞅在旧爵制基础上，创建了一套新爵制——二十等爵制，并围绕这一新爵制进行其他改革的设计和实施。

爵是古代的一种饮酒器，形状像雀。古代祭祀宗庙时，要向祖先献上美酒。做工精巧的爵为贵族专用之物。《礼记·礼器》说："宗庙之祭，贵者献以爵。"爵也因此成为身份的象征，用以排列贵族、士人地位的高下。爵位世袭，与庶民无缘。

商鞅将秦国原有的爵制加以改造，整齐为二十等级，包括公士、上造、簪袅、不更、大夫、官大夫、公大夫、公乘、五大夫、左庶长、右庶长、左更、中更、右更、少上造、大上造、驷车庶长、大庶长、关内侯、彻侯。重新制定爵位获取、升降、继承等原则。其基本精神是："有功者显荣，无功者虽富无

鸟纹爵，西周前期饮酒器。

所芬华",即以军功作为赏爵的唯一根据。在战场上英勇杀敌者,不管其出身是贵族、士人还是农民,都可根据斩首的数量赐予爵位。战败者,则要削夺爵级。同时制定爵位降级继承原则,男子傅籍为成丁时,不能无条件继承父亲的爵位,只能降若干等级,他们若想得到和父亲相同的爵位,必须凭借军功。

商鞅的爵制改革达到了几重效果:第一,激励战士,提升士气,迅速建立一支强大的军队,在兼并战争中占据优势。第二,打击旧的宗法贵族势力。第三,从制度上为庶民打开通往爵位的大门,为建立新型官僚制国家铺平道路。

中国自古以农立国,发达的农业和充足的粮食储备是强国的首要条件。商鞅充分认识到这一点,推行了一系列重农抑商政策。对努力从事农业和纺织生产的人,实行免除赋税徭役的优待。对那些因懒惰而欠债不还者,将其没入官府为奴婢。对从事工商业者则采取各种限制和惩罚措施,如不准做官,加倍征收赋税,罚做苦役,等等。

与此同时,商鞅启动了影响深远的土地制度改革。

商鞅变法以前,秦国和其他国家一样实行贵族土地等级占有制,采邑主将土地按户分配给农民耕种,定期轮换。农民对土地没有任何权利,这极大地影响了农民的生产积极性。商鞅以二十等爵制为基础,推行"名田制"。"名"意为把土地登记在自己的名下,以示占有。新法规定,庶民以上者均可根据身份占有数量

秦国崛起 | 9

不等的土地，土地可以继承，从而将土地占有权扩展至普通的农民。允许通过开荒、转让、买卖等方式自行获得限额内的土地，以解决授田不足的问题。

1983年在湖北江陵县（今荆州市）张家山发现的247号汉墓中，出土了西汉初年吕后时期的法令文书简——《二年律令》，其中有完整的"名田宅"律文。虽然它是汉初的法律，但可以确定，其基本精神承自商鞅变法。

律文规定，没有爵位的公卒、士伍、庶人，可占有1顷田（100亩）、1宅（约合1714平方米）。二十等爵第一级爵公士，可占有1.5顷田、1.5宅。爵位越高，占有田宅的数量越多。至第十九级关内侯，可占95顷田、95宅，是普通庶人的九十五倍。

商鞅的土地制度改革，极大地激发了农民的生产积极性。

西汉武帝时大儒董仲舒曾评价商鞅变法说："至秦则不然，用商鞅之法，改帝王之制，除井田，民得卖买，富者田连仟伯，贫者亡立锥之地。"虽然董仲舒是站在崇古的立场上，对商鞅变法持全面否定态度，但是，他把商鞅的土地制度改革视为导致中国古代社会发生重大转型的决定性因素，却切中要害。商鞅将土地占有权扩展至庶民，造就了中国历史上第一批数量庞大的独立的自耕农。

此后，商鞅为了增加税收，强制推行小家庭制。规定一家除一子承嗣外，其余儿子结婚后必须分家，单独立户，否则加倍征收户赋。自此,"五口之家"的小家庭成为中国家庭的基本模式。

商鞅以李悝的《法经》为蓝本,结合二十等爵制,制定了一套严密的等级性法律。

商鞅建立的法律制度中,最具特色的是告讦连坐制。一人犯法,其亲属、邻里、上下级,必须检举揭发,否则就要被一同治罪。为此,他编制了五家为"伍"、十家为"什"的什伍制。

据张家山汉墓出土的《二年律令·贼律》记载:"以城邑亭障反,降诸侯,及守乘城亭障,诸侯人来攻盗,不坚守而弃去之若降之,及谋反者,皆要斩。其父母、妻子、同产,无少长皆弃市。其坐谋反者,能偏捕,若先告吏,皆除坐者罪。"根据规定,率领城邑等谋反或投降诸侯者,以及其他谋反者,一律处以拦腰砍断的"要斩"刑。连坐的父母、妻子、儿女、兄弟姊妹,无论老少一律在市场上处以绞刑。如果连坐者能够抓捕谋反者,或者向官吏告发,可以免受连坐。经

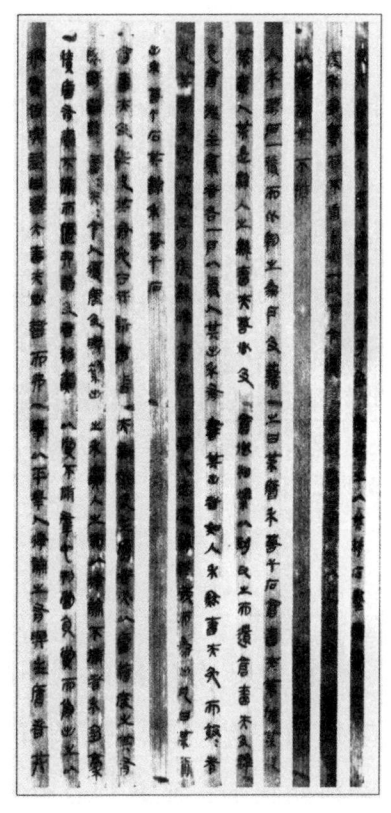

睡虎地秦墓竹简。
1975年,在湖北省云梦县睡虎地发现了一座秦始皇统一前后的墓葬,墓中出土了大量写有文字的竹简,内容以法律文书为主。它不仅证明了传世文献关于商鞅以《法经》为蓝本,为秦国制定盗、贼、囚、捕、杂、具六篇律的记载,而且表明商鞅在六篇之外还制定了许多关于行政、民法方面的法律。商鞅通过立法的形式,为秦国建立了新型中央集权官僚制国家的基本框架。

考证，这条法律就是商鞅变法时出台的。

秦人因长期与戎人杂处，个性好勇斗狠，私斗成风。私斗不仅破坏了社会的稳定，而且造成严重的内耗。商鞅下令严禁私斗，违者根据情节予以处罚，引导秦人树立杀敌光荣、私斗可耻的全新价值观。

《荀子·强国》关于荀子入秦考察的记载。

睡虎地秦律规定，斗殴时撕裂人的耳朵，要处以剃掉鬓发、胡须的"耐"刑。张家山汉律规定，用刀剑或铁锤等凶器伤人，要判处徒刑，服筑城、舂米等苦役。即使没有使用凶器，但若致人伤残，如折断手指、打落牙齿等，也要处"耐"刑。汉初的法律规定大多沿袭商鞅以来的秦律。

变法措施严重削夺了秦国贵族的既得利益，顿时引来强烈的反弹，他们纷纷用各种方法来阻挠变法，并鼓动百姓闹事。在秦孝公强有力的支持下，商鞅坚持"以法治国"的信念，通过严格的法律和"违法必罚"的铁腕手段，向敢于挑战法律权威的各方势力宣战。

据载，商鞅一天之中在渭河边行刑的囚犯就多达七百余人，渭水被染成红色，号哭之声震天动地。严密而残酷的法律一时间令国民难以接受。新法推行一年间，前来国都上书反对者数以千计，一时间形成一股强大的反变法风潮。商鞅对孝公说："这些人都是扰乱教化之民。"于是将他们全部流放到边疆。

接着，又发生了一件轰动全国的大事件：太子驷触犯了新法，根据新法，应处以在面颊上刺字的"黥"刑。在当时人的观念中，"身体发肤，受之父母"（《孝经·开宗明义章》），肉刑是对先人的大不敬，是莫大耻辱。因此，自古便有"刑不上大夫"的规定，对贵族豁免肉刑。但商鞅认为："法之不行，自于贵戚。"如果想要顺利推行新法，必须先拿太子开刀。由于太子是君嗣，不能对他本人施刑，就对他的师傅施行黥刑，以惩戒其教导不力。

几次事件后，再也没有人敢轻易议论、触犯新法，新法在全国顺利推行开来。三年后，变法的成效初步显现。史载："道不拾遗，山无盗贼，家给人足。民勇于公战，怯于私斗，乡邑大治。"秦人对新法心悦诚服。

山东大学历史系教授 曾振宇

轻罪重罚，严刑峻法，以法治国，这只是商鞅新法的第一个层次的内涵。第二个层次的内涵，我称之为道德理想主义。用商鞅自己的话来说就是以刑去刑。社会真正的高度文明化是在这个社会长期的法治之后才能够实现的，到了这个阶段，大家都很了解法律，都知道什么是应当做的，什么是不应当做的，到了这个程度，老百姓甚至都不需要官员的存在，不需要法制机构的存在，是非对错大家都能够自裁于心。

孝公八年（前354年），商鞅亲率秦军，攻打魏国。这支经过改革洗礼的新军初露锋芒，大获全胜，斩首七千。孝公十年（前352年），商鞅再次率兵攻打魏国，获得胜利。

约一百年后，著名思想家荀子评价齐、魏、秦三国军队的战斗力说："齐之技击不可以遇魏之武卒，魏之武卒不可以遇秦之锐士。"造就这样一支骁勇善战、锐不可当的军队的正是"赏厚而信，刑重而必"的商鞅新法。

孝公十二年（前350年），商鞅提议孝公将国都从渭水上游的雍（今陕西凤翔西南）迁到咸阳。咸阳位于沣水和渭水交汇之处，"据天下之上游，制天下之命"，是控制东西交通的重要通衢。秦迁都于此，志在向东扩张。

商鞅以迁都为契机，启动了第二次变法。他将原本分散的小乡、邑、聚等自然聚落，按照大致相当的规模编制在一起，设立地方行政组织——县。全国共设置四十一县，一种说法是三十一县。县设县令，掌管一县行政，县尉掌管军事。

春秋时期，各国相继设县。最初县主要设于边境，特别是新征服地区。虽然都称作县，但各国县的性质不同。晋国、吴国的县仍是大夫的采邑，实行世袭贵族统治。楚国和秦国的县则由国君派出官吏进行管理，不世袭。这种采取官僚制进行统治、直接听命于国君的新型地方行政组织，显然不同于宗法分封制，并从内部瓦解和颠覆着宗法分封制。春秋后期开始出现了两个趋势：一方面县制逐渐推广到内地，一方面第二种形式即由君主任命官僚进行管理的县逐渐增多。而商鞅推行的就是第二种形式的县，它标志着秦国最早完成了从宗法分封制国家向中央集权官僚制国家的过渡。

县制使分封制下分散的权力高度集中于中央，有利于秦国将全部力量汇聚在一起，从而使从前弱小落后的秦国在战国争雄中脱颖而出。这种政治制度即使在当时整个世界而言，也堪称一项创举。英国历史学家汤因比高度评价商鞅推广县制建立官僚制的政策，将其称为"官僚化的革新政策"，认为这是秦国国力日强，并最终打败群雄，建立中华一统帝国的根本原因。

此后两年中，商鞅进行了一系列建立中央集权官僚制国家所必备的标准化工作。第一，"为田开阡陌"，即扩大亩积，将原来长一百步、宽一步的小亩制，改为长二百四十步的大亩制，以适应日益增长的农业生产率。第二，"初为赋"，开征人头税。另外还有一项非常重要的举措，即统一度量衡。

商鞅方升。左壁刻有孝公十八年（前344年）铭文，底部刻有秦始皇二十六年（前221年）诏书，它表明秦始皇统一度量衡，实际上是将商鞅创制的度量衡器向全国推广。

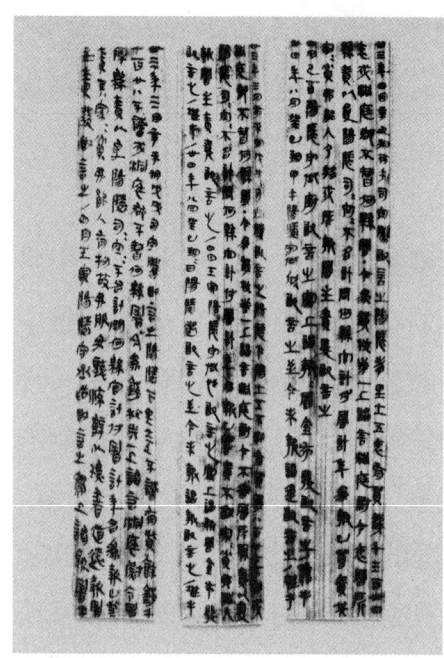

龙山里耶秦简。

湖南省龙山县里耶,是一座位于湘西大山深处的土家族小镇,2002年,这里的一个考古发现却震惊了世界。在古城江边的一口水井中,出土了三万余枚简牍,其内容主要是秦统一前后的行政管理文书。通过这些资料,我们可以了解到一个小城的政府机关是如何依照秦国的标准化制度严密而有效地运转的。

湖南龙山里耶秦简博物馆馆长 彭成刚

这些竹简资料反映出,秦对官员的考核非常严密详细,类似我们现在实行的绩效考核。在实施过程当中,如果对你的工作业绩考核不合格,到年底,俸禄会降级;如果考核为优,那所有待遇,包括俸禄、饮食和家庭的待遇都会有相应的提高。此外,我们现在坐飞机要手持身份证,要对相貌进行核对,两千多年前的秦朝也有这方面的制度,即出行要有通关凭证,上面记载了年龄、姓名、相貌、爵位,可以进行精确核对。

标准化的制度,使秦国的官僚机制高效地运转。《商君书·定分篇》记载:"官吏和百姓向主管法令的官吏询问法令的具体内容时，主管法令的官吏必须明确回答他们的问题，而且要在一个一尺六寸长的符信上写明年、月、日、时以及所问法令的内容，并予以宣告。如果不宣告，就按此条法令所列罪状来惩罚主管法令的官吏。"种种规定，就是让各级官吏必须严格履行自己的职责，让民众了解法令而不敢触犯，也使各级官吏不敢以非法手段对待民众。

一个高度中央集权的大国正在形成。依靠商鞅制定的制度法令，秦国从地方官员到普通百姓，如同一个个齿轮般严密而精确地运行在整个国家机器中。依靠这套严密的行政制度，统治者引领着秦国这架战车隆隆启动，此时的秦国已经是全民皆兵，迅速建立起列国中最有战斗力的虎狼之师。

商鞅相孝公，为秦开帝业。孝公二十一年（前341年），齐国、魏国在马陵（今山东范县西南）交战，魏十万大军覆灭，将军庞涓自杀，太子申被俘。

商鞅瞄准这个机会，劝说孝公：秦、魏两国势不两立，"非魏并秦，秦即并魏"。马陵之战令魏国元气大伤，此时攻打魏国，魏国必然无力抵抗而向东迁徙，这样秦国就可以占据黄河天险，"东向以制诸侯"。

孝公听从商鞅建议，次年派商鞅率军攻打魏国。魏国派公子卬迎战。商鞅在魏国时，曾与公子卬交好，于是写信给公子卬，诈称希望两军会盟罢兵。公子卬信以为真。秦甲士在会盟的宴会上，将公子卬擒住。秦对魏发起进攻。商鞅大破魏军，迫使魏国交还部分河西之地。由于商鞅功勋卓著，秦孝公兑现了当初求贤令的诺言，将於、商十五邑封给商鞅，号为商君。当年在魏国未能施展抱负的商鞅，在秦国登上了人生辉煌的顶点。

经历了二十年的艰难历程之后，孝公终于如愿以偿地再现了穆公的辉煌：孝公十九年（前343年），周天子封秦孝公为伯（霸）。第二年，诸侯国纷纷前来祝贺，秦国派太子驷率戎狄九十二国（族）朝见周天子，大会诸侯。

商鞅变法措施大多不是商鞅首创，而是大量借鉴东方各国特别是魏国变法的经验。例如，李悝在魏国率先推行"尽地力之教"，发展农业，建立法制。吴起在楚国推行新政时，"使封君之子孙三世而收爵禄"，废除世卿世禄制。韩、赵、魏早在春秋末年还是晋大夫时，就开始扩大每亩土地的面积。那么，是什么原因使得商鞅变法在战国变法中脱颖而出、获得巨大成功呢？

首先，商鞅变法是在充分吸收各国变法经验教训的基础上进行的，因此，他的变法措施更为成熟，也更为彻底。其次，由于秦是一个发展滞后的国家，宗法贵族势力较东方各国为弱，变法的阻力相对较小。再者，商鞅变法的成功也与商鞅的个性和思想有关。后人曾评价商鞅："公孙鞅之事孝公也，极身无贰虑，尽公而不顾私。"但也有人因此批评他"天资刻薄人""少恩"。应当说，正是由于商鞅变法义无反顾，无所畏惧，才使得变法取得了良好效果。

尽管商鞅变法使秦国迅速强大，但他的铁血统治也使得秦国充满了恐怖气息，被夺取权力并被施以酷刑的旧贵族更是对商鞅恨之入骨，时刻等待着复仇的机会。

孝公二十四年（前338年）五月，孝公年老病死，太子驷即位，即历史上著名的秦惠文王。

秦惠文王一登基，身边迅速聚集了一批倒商分子。他们都是在变法中被削夺了特权、利益的宗室贵族，为首的就是受肉刑的惠文王师傅公子虔。他们誓与商鞅不共戴天，于是联名告商鞅谋反。惠文王下令拘捕商鞅。商鞅仓皇出逃，至关卡时，天色已黑，他想在旅店留宿一晚。店主人不知道他就是大名鼎鼎的商君，说：商君之法，留宿客人必须查验证件，否则要连坐。商鞅没有想到自己竟然受困于自己制定的法律，不禁喟然长叹！不久，惠文王接到传报，商鞅被秦军杀死。他命人将商鞅的尸首运至咸阳，施行了最残酷的刑罚：车裂，也就是后代所说的"五马分尸"。

虽然惠文王痛恨商鞅，欲置之死地而后快，但同时他也清醒地认识到：商鞅可死，而其法不可废。新法不仅使秦国摆脱了落后的面貌，走向富强，而且，新法已经深入人心，成为秦国稳定发展、成就万世基业的基本保障。所以，韩非说："及孝公、商君死，惠王即位，秦法未败也。"

"商鞅相孝公，为秦开帝业。"

战国金鸟，陕西秦公墓出土。

公元前221年，在商鞅变法一百三十八年之后，凭借商鞅所创制的秦法，依靠商鞅培育的强大秦军，秦始皇完成了荡平诸侯、统一中国的伟大事业。

秦始皇统一中国

秦始皇像

战国中期，魏襄王和孟子曾就中国的未来进行过一次著名的对话。魏襄王问孟子："天下怎样才能安定？"孟子回答说："统一才能安定。"魏襄王又问："谁能统一天下？"孟子说："不嗜杀人者能统一天下。"

孟子深刻洞悉历史大势，指出统一才是当时中国的唯一出路，也道出了人民渴望统一的心声。然而，"不嗜杀人者能一之"却只能是孟子的理想。在当时的历史情况下，战争是实现统一的唯一途径和手段。

嬴政亲政。在战国七雄的激烈角逐中，经过商鞅变法洗礼的秦国，实力逐渐超迈关东六国，统一天下的大任落在秦国身上。

秦自惠文王起，历武王、昭襄王至孝文王、庄襄王五世，对内继续发展经济，巩固中央集权统治；对外则积极采取各种军事和外交活动，不断兼并周围弱小国家，扩张领土。公元前316年，灭西南的蜀、苴、巴国；公元前312年，夺取楚国的汉中之地；公元前272年，西北灭义渠戎，置陇西、北地、上郡三郡；公元前260年，在长平（今山西高平西北）大败强敌赵国，活埋赵四十万士卒；公元前256年，灭西周；公元前249年，灭东周。名存实亡的周王朝终于落下帷幕。

至此，秦国统一天下的趋势已经十分明朗。

公元前259年，孝文王庶子异人（后改名为子楚）的长子出生于邯郸。他就是后来彪炳史册的秦始皇嬴政。公元前250年，异人继承秦国王位，即庄襄王。公元前247年，秦庄襄王去世，十三岁的嬴政继位，因为年幼，朝政大事一直控制在相国吕不韦手中。

吕不韦像

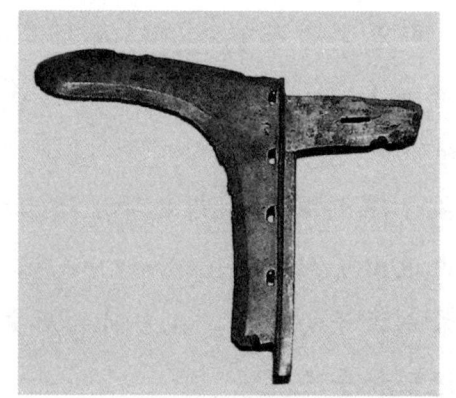
吕不韦青铜戈

清代山东潍县年画《秦始皇进宫》

公元前238年，二十一岁的嬴政在雍城蕲年宫举行冠礼仪式：戴冠、佩剑。这不仅意味着他已正式成人，而且将亲理朝政。此时秦国内形势发生了不小的变化，朝政大权已经从相国吕不韦转移到了长信侯嫪毐手中。

史书记载，吕不韦和嬴政的母亲赵太后长期私通，后来吕不韦害怕嬴政长大后知道这件事，便把假宦官嫪毐推荐给太后。嫪毐深得太后宠幸，被封为长信侯，垄断朝权。嬴政亲政后，闻听此事，下令彻查。嫪毐十分恐惧，发兵反叛。

面对这一突发事件，这位年轻的国王向世人昭示了超凡的魄力和领袖才能。他迅速组织兵力，平定叛乱，将嫪毐夷三族。次年，罢免举荐嫪毐的相国吕不韦，后又将其流放到蜀，吕不韦饮鸩自杀。

嬴政顺利铲除了两大权势集团，将权力牢牢地掌控在自己手中。

郑国间谍案。在罢免相国吕不韦的同一年，发生了著名的郑国间谍案。

嬴政即位不久，六国中实力最弱的韩国想要消耗秦的国力，但又无力东伐，便派水工郑国游说秦在泾水流域修建水渠，以作"疲秦"之计。后来，韩国计谋败露，秦王大怒，欲杀郑国。郑国辩解说：虽然初衷是为了韩，但是水渠建成后，可"为秦建万世之功"。秦王于是让他继续完成工程。数年后，长一百五十公里的水渠建成，两岸四万余顷盐碱地变成沃野，秦国实力大增。水渠因此被命名为郑国渠。

西北大学文化遗产学院教授 徐卫民

郑国渠修建完成，对秦国后来的经济发展起到了一个非常重要的作用。史书里面记载，郑国渠的修建是秦国统一的物质基础，这个水利工程完成以后，当时渭北高原四万余顷（相当于今天二百八十万亩）的贫瘠土地都能得到有效的灌溉，所以当时单位面积的粮食产量有了非常大的提高，也可以说是旱涝保收，可以在秦国攻打六国的过程中提供源源不断的粮食。

然而，郑国事件在大臣中激起强烈反应，他们认为别国的人来秦大多是为自己的国家谋弱秦国，应驱逐所有来客。时任客卿的楚国上蔡（今河南上蔡西南）人李斯也在被逐之列。他愤然上《谏逐客书》，力陈："太山不让土壤，故能成其大；河海不择细流，故能就其深"，认为秦王欲成大业，必须不拘国别，唯才是用。秦王嬴政深为所动，遂废除逐客令。不久李斯升任廷尉，成为秦王的重要谋臣。

荆轲刺秦王。李斯还建议，对六国采取离间、暗杀与战争相结合的策略，派遣雄辩之士暗中出使六国，以黄金、宝玉拉拢诸侯名士、大臣，离间君臣关系，如果遭到拒绝，就派刺客进行暗杀，再让秦军紧随其后进行武装占领。这一计策很快奏效，日益削弱的六国更加混乱不堪。

公元前 230 年，秦军发动强大攻势，一举灭韩，揭开统一六国的序幕。公元前 228 年，秦将王翦率兵攻破赵国国都邯郸，俘虏赵王，赵国灭亡。王翦乘胜北上，屯兵中山（今河北定县、唐县一带），准备攻打燕国。燕国上下一片恐慌。情急之下，燕太子丹决定找人刺杀秦王。

燕太子丹和嬴政用今天的北京话说是"发小"。嬴政的父亲子楚在赵国做人质时，丹也在赵国做人质。嬴政和丹年龄相仿，处境相同，很快成了好朋友。时过境迁，嬴政做了秦王，丹则被派到秦国做人质。嬴政对这位"发小"却丝毫不念旧情，屡屡羞辱他。丹逃回国，发誓要报仇雪耻。

太子丹找到刺客荆轲，让他出使秦，假意献地，趁机刺杀秦王。荆轲临行前，丹在易水河畔设宴饯行。荆轲预感到此行凶多吉少，将酒一饮而尽，悲壮地吟唱道："风萧萧兮易水寒，壮士一去兮不复还！"

荆轲将匕首藏在地图中，求见秦王，"图穷而匕首见"，荆轲抓起匕首向秦王刺去，秦王挣脱躲过，结果荆轲被杀。

荆轲刺秦激怒了秦王，秦加快了覆灭其余四个诸侯国的步伐。秦军势如破竹，公元前225年灭魏，公元前223年灭楚，次年灭燕。公元前221年，秦攻灭六国最后一个堡垒——齐国，将六国的疆土全部纳入秦的版图，结束了千百年来诸侯分立、割据混战的局面，统一了中国。

《历代画像传》中的荆轲

画像石《荆轲刺秦王》

相传周文王时国有万邦。《诗经·大雅·文王》有一诗句："仪刑文王，万邦作孚。"春秋时见于记载的国还有一百七十多个，至战国中期孟子生活的时代，大国只有七雄而已。从历史的长河来看，这块神州大地由万邦到统一是大势所趋、历史的必然。

统一中国，绝非历史的偶然。然而，这一伟大的历史使命由秦始皇来完成，却既是历史的必然，也是历史的偶然。

秦国自孝公用商鞅实行变法后，彻底扭转了落后局面。经过孝公、惠文王、武王、昭王、孝文王、庄襄王六世的持续稳定发展，至秦始皇即位时，秦国已经成为傲视六国的超级大国。因此，秦始皇统一中国，是在其祖先奠定的坚实基业上完成的。然而，假如秦始皇不是一个强有力的君主，而是一个昏君、庸君，统一中国的任务恐怕要延迟数年甚至数十年、上百年。

帝国体制的建立。统一六国后，秦始皇立即着手建立新的帝国体制——以皇帝为中心的专制主义中央集权官僚政体。

"王"是西周时周王的称号，战国时因周王地位日益衰微，各国国君相继僭越称王。秦统一了中国，嬴政认为继续沿用"王"的称号无法彰显自己的伟大功业。他自认为功高三皇、五帝，于是从中各取一字，创"皇帝"尊号。"皇帝"从此成为君主的专有称号，沿用两千一百多年，直至清朝灭亡。

以往君王死后，臣子根据他生前的品行功过论定谥号。嬴政不允许这种"子议父，臣议君"的事情发生在自己身上，于是废除谥号制度，改以数字为序，自己为始皇帝，后世子孙相沿为二世、三世，希望秦的统治可以"至于万世，传之无穷"。秦王嬴政从此变成赫赫大名的"秦始皇"。

秦始皇还制定了一系列与皇帝相称的制度。皇帝自称"朕"，命、令称"制""诏"，印称"玺"。这些称谓均为皇帝专有，其他人若使用就是"大逆不道"，将被处以极刑。

秦始皇在中央建立了一套以公卿为首的庞大的官僚机构。皇帝之下设丞相、太尉、御史大夫，分别掌管行政、军事和监察。下设分掌具体政务的诸卿（奉常、郎中令、卫尉、太仆、廷尉、典客、宗正、治粟内史、少府），掌管司法、财政、京师戍卫等具体政务。

对于帝国应该采取什么样的地方行政体制，大臣间争论激烈。多数大臣主张沿袭周代分封制，将原燕、齐、楚等边远地区分封给王子。廷尉李斯力排众议，主张彻底废除分封制，全面推行郡县制。秦始皇支持李斯的建议，他对大臣说："天下共苦战斗不休，都是因为分封有侯王。实行分封就是树兵，想要寻求安宁，岂不难哉！"遂将全国分为三十六郡，后来随着疆域的扩展，特别是北伐匈奴和统一南方后，又调整和增设了若干郡。

郡县制为两级行政体制。郡的行政长官称郡守，军事长官称郡尉，并设郡监主管监察。郡下设县（设置于少数民族聚居地的称为"道"），万户以上设县令，万户以下为县长。同时设县尉主管军事。郡县长官由朝廷任免，不能世袭。县下设乡，乡下设里。乡为最低一级行政机构，里为受国家控制的基层组织。郡县制是现代省县制的最早源头。

2002年，考古工作者在湖南龙山里耶古城发现了三万六千余枚秦简。简文中出现了"洞庭郡"的郡名，洞庭郡在传世文献中从未出现过。由此可知，秦始皇时设置郡县的情况可能远比文献记载要复杂。

皇帝和中央通过严格的文书制度，将中央的政策、法规推向全国，并及时掌握地方的治政情况和动向。

国家军政大事，通常由公卿大臣进行朝议，最后由皇帝做出裁决。皇帝拥有至高无上的权力，总揽全国的政治、经济、军事等一切大权。

秦帝国中央和地方均设有军队。为了有效控制军权，采用铜虎符发兵制，虎符剖半，右半由皇帝掌握，左半在领兵者之手，左右合符，才能调动军队。

秦虎符

"百代皆行秦政制","二千年之政,秦政也",这样一套自皇帝至郡县乡里、以文书行政为基本特征的官僚体制,是世界上出现的最早、最完备的官僚体制,开创了此后中国两千多年专制主义中央集权官僚体制的基本模式,并对周边国家产生了重要影响。

中国在公元前3世纪初就形成完善的官僚行政体制和统一的中央集权的国家形态,在当时的世界实属罕见。在世界其他地方,由职业官僚构成的官僚体制的建立要晚得多。因此,一般认为,中国历史发展的独特道路,与中国国家政治形态的早熟有着密切关系。

为了证明秦统一天下的正统性,秦始皇采信当时盛行的五德终始说,以此为基础架构秦帝国的制度。

五德终始说认为,世界由土、木、金、火、水五种物质相生相克、周而复始构成。朝代更替也不例外。周为火德,水克火,所以秦为水德。秦始皇按照水德的规定,以十月为岁首;颜色尚黑,衣服旌旗都用黑色,百姓称"黔首","黔"为黑色的意思;数字对应六,因此,车轨、步宽等皆为六尺;水德主刑杀,故推崇法家政治,实行严刑峻法。

面对一个刚刚结束割据战争的全新的国家,秦始皇必须采取一系列有力措施维护统一。

为了防止旧六国势力武装反叛,秦始皇下令将民间武器全部没收,销毁后铸成摆放乐器的架子——钟镶和十二个重千石的铜人,摆放在咸阳宫。毁掉城郭、护城河等军事防御设施。将旧六国贵族、豪富迁到关中、巴蜀等地,割断他们与乡土的联系,将他们控制在中央眼皮底下。当时仅迁到咸阳的就有十二万户。

统一文字。战国时期,各国文字虽然基本结构大体相同,但繁简程度和偏旁位置却有差异。秦始皇命李斯以战国时秦人通用的小篆为基础,加以调整统一,作为官方规范文字,在全国推广,同时废除其他异体字。

当时民间更为通用的是秦隶,书写简易,相传为程邈所作,但实

石鼓文拓片

际上是经战国以来不断演变而成,主要用于管理刑徒、奴隶的文书,故称隶书。1975年湖北省云梦县睡虎地十一号秦墓出土的竹简文字即为隶书。隶书打破了古体汉字的传统,奠定了楷书的基础,提高了书写效率。

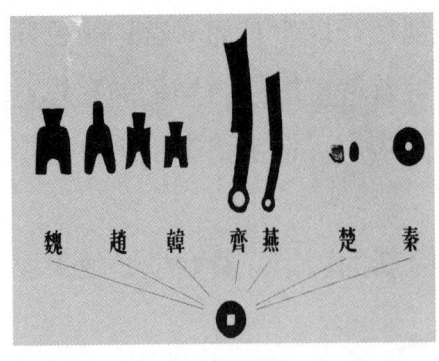

秦始皇废六国货币,统一为"半两钱"。

两诏秦椭量。出土于陕西礼泉县,两侧为秦始皇二十六年(前221年)诏文,外底为秦二世元年(前209年)诏文。

统一和简化文字,既有助于国家政教的推行和各地区间的文化交流,又对中国文化的发展起到了重要作用,对中华民族长期保持文化认同和凝聚力产生了重要影响。

统一货币和度量衡。在经济上,秦始皇主要采取了两项统一措施:第一,废止六国货币,全面推行秦的"半两钱",实行以黄金为上币、铜钱为下币的复本位货币制。货币由国家统一铸造,严禁私铸。第二,统一度量衡,将商鞅制定的度量衡标准器推广到全国。咸阳宫遗址出土的诏版,明确记载了此事:"廿六年,皇帝尽并兼天下诸侯,黔首大安,立号为皇帝,乃诏丞相状、绾法度量,则不壹、歉疑者,皆明壹之。"

修建驰道和直道。为了有效控制和管理广阔的疆域,秦始皇下令修建从首都咸阳通往各地的驰道。驰道宽约六十九米，中间为皇帝专用道，道路两旁每隔三丈（约合七米）种植一棵松树。著名的驰道包括上郡道、临晋道、东方道、武关道、西方道等。

北伐匈奴后，秦始皇修建了由咸阳经云阳（今陕西淳化西北）直达九原（今内蒙古包头西）的直道，长约一千八百里（约合七百五十公里）。秦直道纵穿了陕北黄土高原，沿海拔一千六百多米的子午岭一路北上。所经之处，地势险恶、人迹罕至，遇到大山也不回避。历经两千多年的风雨沧桑，大部分路面至今保存完好，有些道路甚至仍可使用。秦直道是用黄土夯筑的，由于夯筑得十分结实，至今直道上种树都无法成活。

西南地区修筑了由今四川宜宾通往云南曲靖（一说昭通）的"五尺道"。五尺道因道路狭窄，只有五尺宽而得名。

秦始皇以都城咸阳为中心，建立起了那个时代世界上最发达的交通网络。据统计，秦修建道路的总长度约为六千八百公里。大约四个世纪后，罗马道路的总长度才达到近六千公里。四通八达的交通，既促进了各地物资的交流和商业的发展，更为军队及人员的快速运输提供了便利，提高了秦朝中央政府对全国的管辖和统治能力。

巡狩与封禅。在当时人描摹的大一统的盛世景象中，圣明的君主要定期在疆域内进行视察，称作"巡狩"，还要在泰山举行"封禅"大典。自以为功盖三皇五帝的秦始皇，显然不能缺少这样的仪式。从统一的第二年起，秦始皇便开始举行声势浩大的巡游活动，其在位期间共举行了五次。

公元前219年，秦始皇第二次巡游选择了东方。他登上泰山，刻石立碑，称颂自己的丰功伟业，然后举行"封禅"仪式。仪式进展得并不顺利。他的臣僚们甚至在举行仪式的前一刻，还在就典礼仪式争论不休。仪式途中又突遇倾盆大雨。但是，无论如何，秦始皇已经将他的丰功伟业告诉了皇天后土。

封禅仪式后，秦始皇接到齐国方士徐巿（福）的上书，说海中有三座神山，名叫蓬莱、方丈、瀛洲，住着仙人，有长生不死之药，他愿意带领童男童女为始皇前去求药。此时，对于年过四旬、志得意满、不可一世的秦始皇来说，最不愿面对的就是生

《列仙图》中的徐巿（福）

老病死的自然规律，徐巿（福）的上书给了他无限希望。他立刻命人找来数千童男童女，并花费巨资打造船只。船队在几次遭遇海浪，被迫返航后，终于消失在茫茫大海之中，再也没有回来。日本传说，徐巿（福）率童男童女登上了日本纪州熊野，在那里定

居下来。现在在日本和歌山县、佐贺县、石川县、爱知县都有传说的徐市墓。徐市船队出海求仙,可算作中国历史上第一次大规模航海活动。

北击匈奴。公元前215年,秦始皇命将军蒙恬率三十万大军北击匈奴,统一战争停息了六年之后,战火再次燃起。

当时居于秦王朝北方、刚刚崛起的游牧民族国家——匈奴,常侵入中原进行掠夺,并于战国后期夺取了黄河河套地区。据《史记》记载,秦始皇第四次巡游时,燕地方士卢生献上一本书,上面写有"亡秦者胡也"。"胡"是北方游牧民族的总称,当时主要指匈奴。秦始皇为了破除这个不祥的谶语,派兵北伐匈奴。事实上,谶语不过是个导火索,从后来秦始皇又派兵征服五岭以南和西南地区来看,他本就有吞并宇内、独主天下的志向。这个"天下"绝不仅仅限于战国时七国的界限,而是当时他所能认识和到达的世界。

次年,蒙恬大军取得大捷,一举收复河套地区。接着,秦军越过黄河,将匈奴赶出阴山以南地区。为了保卫新占领地区不受匈奴侵扰,秦采取了和战国时一样的做法:修筑长城。蒙恬在新占领区的外缘修建长城,并将它与战国时各国的长城连接起来,西起今甘肃岷县,东至今山海关,绵延五千余公里,号称"万里长城"。

长城像巨龙一样横卧在秦帝国的北方,保卫着这片国土。此后历代都在不断修复、加固,成为中华民族的象征和人类宝贵的文化遗产。

内蒙古巴彦淖尔秦汉长城遗迹

从现存的遗迹来看，秦长城的高度只有一米多，就地取材，或由草和泥夯筑，或由碎石砾石堆砌而成，和现存的明长城相比显得十分简陋。但是，在冷兵器时代，它已经足以有效阻止匈奴骑兵的入侵。

进兵百越。 与此同时，秦始皇又进一步展开了对南方的战事。长江以南至今越南一带，古代居住着族群众多的越人，称作"百越"。主要有分布在今浙江南部的东越（也称作东瓯），今福建一带的闽越，今广东一带的南越，今广西、越南一带的西越（也称作西瓯）。越人保留着许多原始氏族的习俗，断发文身，巢居，悬棺葬，许多部族尚未实行对偶婚，但已普遍使用铜器。

公元前223年秦灭楚后，继续南进，先后攻降今江浙、福建一带越人，但是在攻打两广地区的越人时，却遭到顽强抵抗。公元前221年，随着齐的覆灭，战事暂时停止。

公元前214年，秦始皇征发数十万民众，南下作战。秦军长驱直入，迅速占领包括今越南北部在内的广大地区。

至此，秦始皇建立起一个西起今甘肃东部，东至海与朝鲜，北起阴山及辽东，南至今越南北部的庞大帝国。

焚书坑儒。秦始皇在全国推行郡县制，并非所有人都赞同。公元前213年一次朝宴上，博士淳于越抨击郡县制，主张重行分封，说："事不师古而能长久者，非所闻也。"丞相李斯认为："诸生不师今而学古，以非当世，惑乱百姓。"建议除医药、卜筮、农书外，将民间所藏诸子百家书全部焚毁，有敢谈论《诗》《书》者处死，以古非今者灭族。这一建议正合始皇的心意。于是，全国各地燃起焚书的熊熊火焰。

焚书是人类文明史上的一场浩劫，很多珍贵的先秦文献典籍因此失传。

继徐市（福）之后，献方为秦始皇求长生不老药的方士不计其数。他们提出各种荒谬的方法，秦始皇一一照做。然而，几年下来一无所获，却为此花费数以亿计的财物。

"焚书"次年，卢生等人因求不到长生不老药，害怕秦始皇怪罪，偷偷商议：秦始皇刚愎自用，专任狱吏，乐以刑杀为威，天下之事无小大皆决于上，如此贪于权势，不可能求到仙药。他们相约逃走。

秦始皇闻听大怒，让人彻查诸生中是否有制造谣言迷惑百姓者，共查出四百六十余人，始皇下令将他们全部活埋。

历史上将这一事件习称"坑儒"。但是，从事件的原委来看，被坑杀者中儒生可能只占一小部分，更多的应是方士。

帝国的危机。虽然秦始皇一直在积极寻求长生不老的方法，但事实上，他已隐约意识到这些努力很可能是徒劳。因此，他除了追求现世的享乐，同时也在为自己的地下生活积极地做准备。

临潼秦陵兵马俑坑

兵马俑坑中的完整弓弩

1974年,临潼县晏寨乡西杨村的村民在打井时,发现了人类第八大奇迹——秦始皇陵兵马俑陪葬坑。

据考古探测,秦始皇陵总面积达五十六平方公里,比今天西安城墙内的范围还要大,是我国最大的皇帝陵园。目前已发掘了三座兵马俑陪葬坑,其中一号坑规模最大,六千个陶俑整齐地排成军阵。前三排是弓弩手前锋;随后是步兵和战车,排成三十三列纵队,是军阵的主体;最后三列为后卫。军阵两侧为侧翼,军士面向外护卫中军。每件陶俑都为人体原大,精雕细塑,栩栩如生,生动地再现了当年秦军的雄姿。

统一战争开始后,秦每灭一个国家,便在咸阳仿建其国的宫殿。公元前212年,秦始皇开始在渭南上林苑营造规模更大的朝宫，"规恢三百余里"。先建前殿阿房宫，占地八万多平方米，上可以容纳万人，下可以竖五丈旗。周围修建阁道，直抵终南山。

秦始皇同时修建阿房宫和骊山墓，耗费巨大，修建工匠、刑徒多时达七十万人。

秦始皇在如此短的时间内，对外大肆兴兵，对内改革制度、大兴土木，使秦政治带有浓厚的刻急、残暴色彩。刚刚建立的帝国很快便危机四伏。

公元前211年，一块陨石落到东郡，有人在陨石上刻上"始皇帝死而地分"，预言秦帝国在秦始皇死后就会分崩离析。秦始皇大为光火，下令官吏迅速破案，但一无所获。秦始皇于是下令将住在周围的人全部杀光。

公元前210年，秦始皇第五次巡游。二十岁的少子胡亥、左丞相李斯、中车府令赵高等随行。行至今山东平原津时，一向身体强健的秦始皇病倒了。病情来势凶猛，秦始皇知道自己不久人世，便着手安排后事。他写信给在上郡监督蒙恬军队修筑长城的长子扶苏，让他速归咸阳，继嗣帝位。这封信被掌管玺印的赵高扣了下来。赵高曾任胡亥师傅，并深得其宠爱。这个地位不高，但握有机要之权的赵高，野心勃勃，他想利用自己的职权，立胡亥为帝，以此改变自己的命运。

公元前210年七月，秦始皇捱到沙丘（今河北广宗西北），一命呜呼，享年五十岁。

李斯担心秦始皇死去的消息传出去，引起叛乱，秘不发丧。由于天气酷热，尸体开始腐烂。李斯命人将一石腌制的鱼放在车上，用鱼臭味遮盖尸臭。叱咤风云的秦始皇，生前可能无论如何也想不到，自己最后竟会以这样不堪的方式结束人世间的行程。

此后，赵高胁迫李斯，伪造遗诏，立胡亥为太子，赐死公子扶苏、将军蒙恬。胡亥回到咸阳后即皇位，为秦二世。次年七月，陈胜、吴广率领九百戍卒，在大泽乡（今安徽宿州）揭竿而起。各地纷纷响应，反秦起义迅速遍及全国。

公元前207年，赵高逼秦二世自杀，立二世侄子子婴，去皇帝号，改称秦王。不久，子婴杀死赵高。次年十月，刘邦率领的起义军攻陷武关（今陕西商南县西北），秦王子婴投降。

秦始皇一手造就、盛极一时的秦帝国大厦，仅仅经历了十五个春秋，便轰然坍塌。

历史上很少有伟人像秦始皇一样，在其身后遭受如此大的争议。有人誉为"千古一帝"，有人称为"暴君"。对于这一点，西方人似乎难以理解。在他们看来，秦始皇是东方世界的恺撒大帝，是中国历史上最伟大的征服者，他开创了中国历史的新纪元。

中国社会科学院历史研究所研究员 杨振红

不能否认，后人对秦始皇的评价存在泼污的成分。这可以从《史记》对秦始皇长相、性格的描写略见一斑。《史记》借一位大臣之口描述了嬴政的长相："蜂准，长目，挚鸟膺，豺声。"即高鼻梁，细长眼睛，鹰胸，豺声。这一描写太过于漫画化了，不得不让人怀疑其真实性。《史记》的记载显然有偏向性，即泼污秦始皇，以证明汉取代秦的正统性。

的确,秦始皇创立的伟大功业,很少有人能够企及。统一中国,坚决废分封行郡县,创建专制主义中央集权国家政体,这一切不仅给中国也给世界带来了难以估量的遗产。而且,秦始皇以执政勤勉著称。据史载,他每天亲自处理大量奏章文书,不完成规定的数量,决不休息。就此而言,他绝对可以称得上是一位尽心尽力的皇帝。

西北大学文化遗产学院教授 徐卫民

秦为什么速亡,从汉代开始,历代的思想家都在研究这个问题,应该说见解也非常多。我个人认为,秦之所以速亡,是因为秦在统一之后没有把主要的精力用在发展经济上。经过春秋战国几百年的战乱,经济已经很凋敝了,国家统一之后应该是发展经济。秦始皇在这个问题上犯了一个很大的错误,他把大量的人力不是用在发展经济上,而是用在了大兴土木上。比如说他修长城、修直道、修驰道,还修大型的王宫。这些工程实际上耗用了全国有效劳动力的百分之十到百分之十五,如果把这些人力用在发展经济上,可能就是双倍的效益,所以这是导致秦灭亡的一个最根本的原因。

同样不能否认的是,秦始皇政治具有刻急、残暴的特点。秦始皇花费了十七年时间完成统一大业,统一是大势所趋、人心所向。然而,战争也给人民带来了巨大灾难和苦痛。人们渴望统一后能够过上和平幸福的生活,但秦始皇却不知道改弦更张,与民休息，而是继续发动战争，开疆拓土。据估计，当时征发的士兵人数占壮年男子的三分之一强。而且，秦始皇生活奢靡，在位期间大兴土木，举办典礼仪式，给人民带来了极大负担。而为了能够有效地贯彻自己的政策，秦始皇采取了严刑峻法的手段。这一切都不可避免地造成秦的速亡。

从历史发展的大视野来看，秦始皇统一中国，不仅从疆域上奠定了此后发展的基础，更从文化上、民族心理上铸就了大中国、大中华这个东方大国的不可撼动的牢固根基。祖国统一、民族团结自此成为中国历史发展的必然趋势。

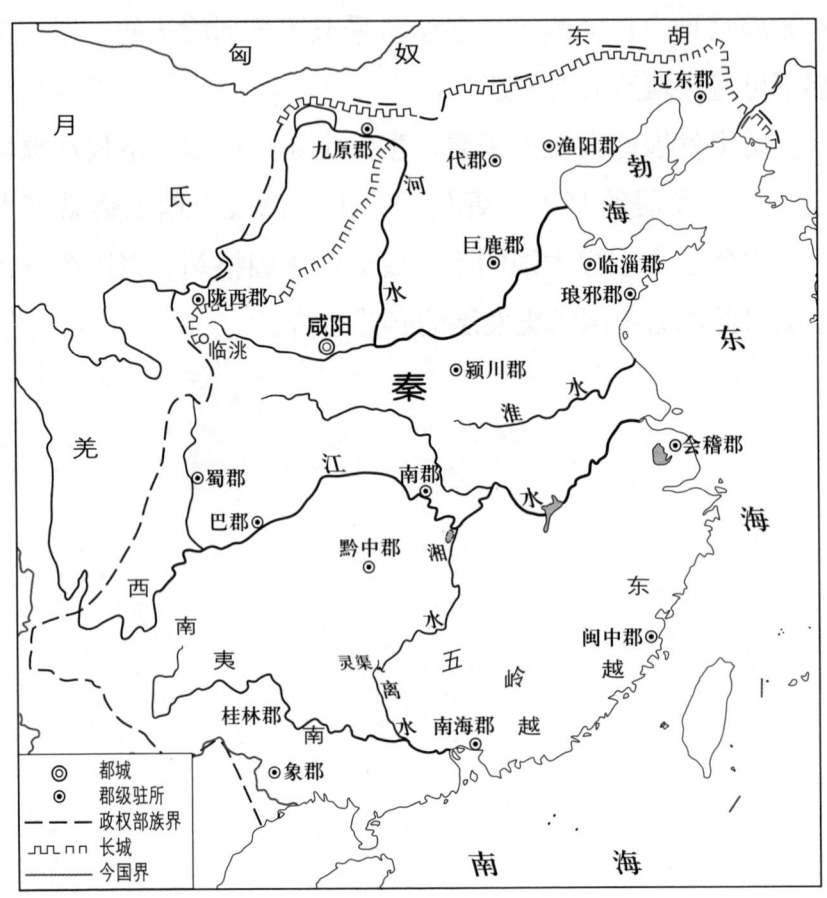

秦朝形势图

楚汉战争

清代杨柳青年画《张良吹箫破楚兵》。描写的是楚汉相争,项羽中了韩信十面埋伏之计,阻于九里山下的故事。画中项羽坐于军帐下,虞姬等一旁侍立,帐外辕门上旌旗招展,众将官候命待战。画面上方,韩信领兵隐匿于山后,上坐张良吹箫。

在中国历史上,没有哪一场战争能像这场战争一样如此充满魔力。它的胜负直接决定了一个伟大王朝的诞生。然而对于大多数中国人来说,战争的巨大魅力不仅在于结果,更在于战争本身。这场战争的几乎每一个情节都成了后世津津乐道的经典故事,一个个脍炙人口的成语也因此诞生,两千年来一直融入我们的生活,甚至是我们的肌体和血液之中,左右着我们的行为、思维甚至价值观和道德准则。

陈王首义。公元前210年，秦始皇在第五次巡游途中病逝，少子胡亥继位，是为秦二世。一年后，秦始皇生前依靠其声威压制、掩盖的帝国危机，终于以不可阻挡之势爆发。

琅琊刻石。存二世诏书八十六字。

公元前209年七月，前往渔阳（今北京密云西南）戍边的九百名戍卒，行至大泽乡（今安徽宿州境内）遭遇大雨，将无法如期抵达。按照秦律，误期要处斩。在走投无路之际，率队的两个屯长决定造反，这二人就是中国历史上第一次农民起义的首领陈胜、吴广。

为了使众人接受他们的起义决定，吴广将一张写有"陈胜王"三个字的帛书偷偷塞进渔民捕获的鱼腹中。戍卒买鱼回来，剖开鱼腹，发现了帛书，十分震惊，就把这事传扬开去。

当天晚上，陈胜又悄悄躲到营地附近的神祠丛林中点起了篝火，装狐狸叫，声音隐隐约约作"大楚兴，陈胜王"。戍卒们听了更加诧异。第二天，"篝火狐鸣"的奇闻异事迅速传开，大家都暗中指点着陈胜，从心底里认可了这位将带领他们造反的首领。

中国社会科学院历史研究所研究员 彭卫

陈胜、吴广实际上是通过这个方式，来证明自己行为的合法性和正当性，从道义上给参与的同伙一种有效的心理暗示。他们的目的也确实达到了，把来自不同地方的戍卒团结在一起，以对抗的方式挑战当时十分强大的秦帝国的国家体制，篝火狐鸣的心理强化方式起到了很重要的作用。

陈胜、吴广杀死押送戍卒的两名军官，号召大家揭竿而起。

起义军接连攻克蕲（今安徽宿州南）、铚（今安徽濉溪）、酂（今河南永城西）、苦（今河南鹿邑东）、柘（今河南柘城北）、谯（今安徽亳州）。在攻克陈（今河南淮阳）后，陈胜自立为王，号"张楚"。

由于秦的暴政，楚人一直怀念故国。因此，陈胜起事时，便以楚的名义相号召，故把国名定为"张楚"，意为"张大楚国"，期望能够得到楚地人民的拥护和支持。

一石激起千层浪，深受秦暴政之苦的百姓，纷纷杀死地方官，响应起义。一时间，起义风潮席卷全国。

陈胜分兵数路向秦发起总攻。其中，武臣一路北上攻打赵地，周市一路进攻魏地，周章（也称周文）一路西进攻秦。然而，形势的发展很快超出陈胜的控制。八月，武臣平定赵地后，自立为赵王。九月，齐国旧贵族田儋在狄（今山东高青东南）起兵，自立为齐王。武臣派往燕地的将领韩广自立为燕王。周市平定魏地后，立旧贵族魏咎为魏王。

在经历了秦十五年的统一之后，中国再度出现诸侯分立的局面。然而，这样的局面到底能够维持多久？未来的中国将走向何方？是重归统一，还是回到诸侯并立的战国时代？

相对于周八百余年的分封局面，秦十五年的统一只是短短的一瞬。人们曾经对统一充满期待，希望自此可以过上和平、幸福的生活，但秦王朝的所作所为却令他们大失所望。这种失望很容易直观地归因于体制的变革，而且，旧六国的遗老遗少也或多或少地怀念分封体制。因此秦帝国一崩溃，最先被唤醒的就是对统一体制的反动。

这一年的九月显然是多事之秋，除了齐、燕、魏重新复国之外，还发生了几件对后世影响深远的大事。

一件是刘邦在沛县（今江苏沛县）起兵。

刘邦举义。刘邦，字季，泗水郡沛县人，出身普通农家。他是当地出了名的浪荡子，史书说他"好酒及色"，也就是今天所说的"酒色之徒"。刘邦不喜欢干农活，便做了地方小吏——亭长。一次，他押送刑徒到骊山修建始皇陵，途中刑徒纷纷逃走。

汉画像石上的亭长迎驿客场面

按照秦法，刑徒逃走，刘邦也要受连坐。刘邦索性放走其余的刑徒，自己也逃到芒砀山泽（在今安徽砀山东南，与河南永城接界），聚集了数百逃亡的人。陈胜起义爆发后，沛县吏萧何、曹参召回刘邦，里应外合，杀死沛县令，推刘邦为县令，号"沛公"，组织起一支两三千人的队伍。

据史料记载，刘邦不务正业，整日游手好闲，与县衙里的官吏个个打得火热。一日，县令的好友吕公迁来沛县，县上的官吏都去拜贺他。当时主持接待客人的是担任县主簿的萧何，他规定礼品不够千钱的只能坐在堂下。刘邦递上礼单，上写"贺钱万"。吕公听说后，亲自出门迎至堂上。其实那只是一张白条。刘邦满不在乎地坐在首席高谈阔论。客散后，吕公对刘邦说，自己有个女儿，想许配给他。刘邦当即答应了这门亲事。吕公许配给刘邦的这个女儿，就是日后一度将西汉王朝闹得天翻地覆的汉高祖皇后吕雉。

一件是项梁、项羽叔侄在吴（今江苏苏州）起义。

《晚笑堂画传》中的刘邦

楚汉战争 | 49

项氏起兵与巨鹿之战。 项羽，名籍，字羽，下相（今江苏宿迁西南）人。史书称他"长八尺二寸（约合1.89米），力扛鼎，才气过人"。项羽志向远大。公元前210年，秦始皇第五次巡游路过钱江时，这位二十二岁的年轻人有幸得见，羡慕不已，他手指着端坐中间的秦始皇说：我将来一定要取代他！据史书记载，他小时候学习文书学不好，学剑术也不成，他的叔叔项梁骂他，他说，学习文书只不过能用来记录姓名，剑术只能同单个人对敌，都不值得学，他想学一种叫"万人敌"的本领，一个人能打败许多人。项梁便教他兵法。

项氏世代为楚将，项梁的父亲项燕就是著名将军，在抗击秦统一战争时战死。陈胜起事时就曾打着项燕的旗号号召楚人。

《历代画像传》中的项羽

秦末，项梁因杀人与项羽避仇吴中，叔侄二人凭借才能在吴中颇富威望。

项梁叔侄起义后，迅速聚集八千精兵。

此时，周章一路长驱直入，顺利攻破函谷关，杀至距咸阳只有百里的戏（今陕西临潼东北）。秦二世十分震恐，命少府章邯为将，赦免正在修建骊山墓的刑徒和奴隶，组成一支数十万人的军队，阻击周章。由于力量对比悬殊，两个月后，周章兵败自杀。

章邯率领秦军乘胜东进。陈胜楚军接连失利。

秦二世二年（前208年）十二月，陈胜撤至下城父（今安徽蒙城西北），被自己的车夫庄贾杀害，义军遭受沉重打击。

陈胜死后，义军群龙无首。陈胜部将召平假托陈胜名义，拜项梁为上柱国，命他西进击秦。三月，项氏军先后渡过长江、淮河，一路攻至薛（今山东滕州东南）。为了号令各路义军，项梁接受谋臣范增的建议，从民间找到沦为放羊倌的楚怀王之孙熊心，仍立为楚怀王，项梁自号"武信君"，成为实际上的义军盟主。势单力薄的刘邦于是率部投奔到项梁麾下。

项羽、刘邦这两位日后楚汉战争的主角第一次历史性地走到一起，成为战友。

当时流传着"楚虽三户，灭秦必楚"的谣谚，楚人反秦意识最为强烈。拥立楚怀王的孙子熊心，具有强化政权合法性和鼓动人心的作用。

项梁领导的楚军接连大败秦军，先后攻克亢父（今山东济宁南）、东阿（今山东阳谷东）、城阳（今山东菏泽东北）、濮阳（今河南濮阳）、雍丘（今河南杞县）、定陶（今山东定陶西北）。一连串胜利让项梁产生了骄傲轻敌思想。章邯趁机调集兵力，偷袭定陶。项梁猝不及防，兵败被杀。

章邯破项梁军后，认为楚地的义军已不足为患，于是渡黄河北上，攻打赵国。赵军大败，退守巨鹿城（今河北平乡）。巨鹿是通往关中的要道之一，军事地位十分重要。秦军将巨鹿团团包围，形势危急，赵王不断派人向楚怀王求援。

楚怀王命宋义为上将军，项羽为次将，范增为末将，率师北上救赵。同时令刘邦率兵西入函谷关，攻打秦都咸阳。并与众将约定，先入关灭秦者为关中王。

宋义率军进至安阳（今河北阳原东南）后，便逗留不前。他打的是坐收渔翁之利的主意，想等秦、赵决出胜负后，再"承其敝"，出兵获利。项羽一心想为叔父项梁报仇，誓与秦军决一死战。他杀死宋义，率领楚军渡过漳河，破釜沉舟，仅带三天的粮食，以示必死的决心。"楚战士无不一当十，呼声动天地"，于是大败秦军。章邯率二十余万秦军投降项羽。

巨鹿之战不仅打垮了秦军主力，奏响了秦灭亡的序曲，而且奠定了项羽在诸侯中的领袖地位。

刘邦入关。 由于秦军主力开赴赵地，西线空虚，所以刘邦军一路没有遇到大的阻力。刘邦的战略目标十分明确，就是尽早入关，直捣咸阳。因此他采取了灵活机动的战略战术，沿途遇到城邑，能攻则攻，不能攻则过，不与秦军纠缠。

刘邦军行至宛（今河南南阳），遇到南阳郡守的顽强抵抗。刘邦采纳郡守舍人陈恢的建议，招降郡守。这一举措起到良好的示范效果，此后所过城邑纷纷归降。刘邦命士兵不得掳掠，受到百姓的拥护。这样，刘邦军仅花了十一个月时间，便顺利抵达武关。

公元前207年八月，刘邦攻陷武关（今陕西商南西北）。此时已做了丞相的赵高，害怕秦二世怪罪，迫二世自杀，派人向刘邦求和，愿与刘邦中分关中，被刘邦断然拒绝。

九月，赵高立二世侄子子婴为秦王。这意味着赵高也承认秦帝国不复存在，秦已沦落为一个诸侯王。

随后，子婴杀死赵高，派重兵把守峣关（今陕西蓝田东南），试图阻挡刘邦。刘邦绕过峣关，翻越蒉山（今名天马山），在蓝田（今陕西蓝田）大败秦军。

公元前206年十月，刘邦大军进抵霸上（今陕西西安东郊）。即位仅四十六天的秦王子婴，素车白马，脖子上系着绶带，奉上皇帝玺节，在轵道亭（今陕西西安东北）投降。

中国历史上第一个统一的中央集权的帝国——秦王朝宣告灭亡。

刘邦进入咸阳后，立刻被帝都的繁华所吸引，他打算住在宫中好好享受一番。倒是他的同乡、屠狗出身的樊哙比他清醒。他质问刘邦说："沛公欲有天下耶，将为富家翁耶？凡此奢丽之物，皆秦所以亡也。"劝他封存宫室、府库，仍然驻军霸上。刘邦不肯听。张良也劝他："今始入秦，即安其乐，此所谓'助桀为虐'。"刘邦这才采纳了他们的意见。

张良像

十一月，刘邦召集各县父老、豪杰，宣布废除秦朝苛法，和他们约法三章：杀人者死，伤人及盗抵罪。秦民大喜，"唯恐沛公不为秦王"。

项羽平定河北之后,率领各诸侯兵向咸阳进发。行至新安(今河南渑池东),项羽担心投降的秦兵心怀异志,连夜将二十余万秦兵全部活埋。

项羽军进抵函谷关,见关门紧闭,勃然大怒,下令攻破函谷关。

十二月,项羽军进驻新丰鸿门(今陕西临潼东北)。范增听说刘邦入关后的举措,意识到刘邦是项羽独霸天下的最大敌人,建议项羽迅速进击刘邦。此时,项羽拥兵四十万,刘邦军只有十万,力量对比悬殊,两军交战,刘邦必败无疑。

项羽的伯父项伯与张良交好。他连夜骑马飞奔到刘邦军营,劝张良赶紧逃走。张良偕项伯去见刘邦,刘邦与项伯结为儿女亲家,解释说自己决不敢背叛项羽,派兵把守关门只是为了防备盗贼。项伯被刘邦的说辞打动,出主意让刘邦明天一早亲自到鸿门谢罪。

第二天凌晨,刘邦率百余骑到鸿门谢罪。项羽怒气全消,设宴款待刘邦。于是发生了历史上著名的一幕——鸿门宴。

宴席上,范增屡屡示意项羽杀了刘邦,项羽不予理会。范增让部下项庄以舞剑助兴为名,伺机杀了刘邦。项伯看出项庄舞剑意在沛公,也拔剑起舞,护在刘邦身前。张良见事情不妙,找来樊哙。樊哙手持剑和盾牌,冲进军门,怒斥项羽:沛公先破秦入咸阳,毫毛不取,以待大王来。如此劳苦功高,未有封侯之赏,大王却听信谗言要杀他。这是步亡秦的后尘!项羽无言以对。

坐了一会儿,刘邦趁出来方便之机,带着樊哙等四位随从,偷偷抄近道回到军营,留下张良替他周旋。张良估计刘邦已经回

清代台湾年画《鸿门宴》

汉画像石上的击剑场面

到军中,便向项羽谢罪辞行,将一对白璧献给项羽,一对玉斗献给范增。范增将玉斗掷在地上,拔剑砍碎,长叹道:唉!竖子(意"小子")不足与谋。夺项王天下者,定是沛公,我们不久就会成为他的俘虏!

后来发生的事果然验证了范增的预言。

中国社会科学院历史研究所研究员 宋艳萍

从鸿门宴可以看出刘邦这个人确实是非常机智、勇敢,临危不乱,而且能屈能伸。但是项羽这个人优柔寡断,看到刘邦来了,态度非常好,就不忍心再杀他,有妇人之仁,没有比较长远的眼光。他的优柔寡断直接导致了范增计划的失败，让刘邦有了逃走的可乘之机。鸿门宴可以说是楚汉战争一个重要的起点，项羽就是因为优柔寡断，为自己树了一个最大的敌人，为自己的最终覆灭埋下了伏笔。

数日后，项羽率兵进入咸阳，杀死投降的秦王子婴，将宫中的美女、财物抢劫一空后，放火烧城。史载，大火烧了整整三个月。秦国几百年创下的江山基业以及秦始皇修建的奢华皇宫，在熊熊大火中化为灰烬。

西楚霸王大封十八诸侯。项羽的举动令秦民大失所望。项羽为了称霸天下，名义上尊楚怀王为义帝，实际上却削夺了他的号令权。公元前206年二月，项羽自立为西楚霸王，将原梁国、楚国的九个郡作为封地，以彭城（今江苏徐州）为都城。同时大封

阿房宫遗址

十八诸侯。

作为六国旧贵族，项羽是最为坚定的分封体制拥护者。即使在权势达到顶峰的时候，他似乎也从未想过自己做皇帝，而是满足于做诸侯王的霸主。但是，统一早已成为历史大势，此时重行分封，其结局必然只能是惨败。

项羽分封犯了几个严重的错误。第一，分封不均。不承认业已存在的诸侯国，而是重新进行分封。将富裕、重要的地方封给自己的亲信，而将与自己疏远的诸侯封到偏僻穷困的地方。这一做法引起众多诸侯、将领的不满。第二，放弃地势险要的关中。曾有人劝项羽以四面天险的关中为都城，但项羽留恋故乡，又看到咸阳已被自己践踏得残破不堪，于是说："富贵不归故乡，如衣绣夜行，谁知之者！"劝说的人事后对别人说：人都说楚人是沐猴而冠，果然如此。项羽听说后恼羞成怒，将这个人扔进锅里煮了。

项羽虽然在鸿门宴上未杀刘邦，但对刘邦仍心存忌惮，不愿按当初楚怀王的约定封刘邦为关中王，但又不愿背负违约的恶名。他和范增偷偷商议，将巴、蜀、汉中封给刘邦，为汉王，以南郑（今陕西汉中）为都城，同时，将关中分给秦的三个降将，号称"三秦"，以此阻挡刘邦东出的道路。

刘邦对这样的分封结果大为震怒，要发兵攻打项羽，部将周勃等人坚决反对。萧何晓以利害，劝刘邦先赴汉中，积攒力量，待时机成熟后，再与项羽争夺天下。刘邦听从了他们的意见，领兵入汉中，并封萧何为丞相。萧何自此成为刘邦的重要辅佐。

其他诸侯、将领同样慑于项羽的威力，将满腔的怒火暂时隐忍下来。四月，诸侯兵在戏解散，各自前往封国。

韩信像。

韩信是淮阴（今江苏淮阴西南）人，出身贫寒，又不治产业，整日佩带刀剑到别人家蹭饭，在他人眼中就是一个地道的浪荡子，因此曾受胯下之辱。秦末战争爆发后，他先追随项梁叔侄，但未受到重用。刘邦入蜀汉时，他逃归汉军，得到萧何赏识。但过了好长时间，仍不见提拔，以为也不会受到重用，一天便趁夜逃走了。萧何听说后连夜去追，于是成就了历史上著名的"萧何月下追韩信"的故事。萧何对刘邦说，如果要夺取天下，必须依靠韩信。刘邦虽然将信将疑，但仍听从萧何的建议拜韩信为大将。此后的事实证明萧何的确有识人之明。

栈道模型

在汉中，刘邦采纳张良的建议，烧毁沿途栈道（用木板架在悬崖上铺成的道路），一来防止诸侯偷袭，二来消除项羽戒心，以示没有东向出兵争夺天下之意。

刘邦军队士卒多是关东人，因思念故乡，纷纷逃走。一日，属下报告，萧何也逃走了，刘邦大怒，如失左右手。两日后，萧何来见刘邦，并带回一个人，这个人就是韩信。

诸侯反楚与楚汉相争。五月，齐国将领田荣杀死项羽分封的齐王田都，自立为齐王，率先举起反楚旗帜，并联合梁地的彭越共同攻击楚军。与此同时，刘邦采纳大将军韩信之策，明修栈道，暗渡陈仓（今陕西宝鸡），突然袭击雍王章邯，迅速平定三秦。

项羽听到汉、齐、梁反叛的消息后大怒，分兵镇压。张良写信迷惑项羽，说：汉王只是想按照当初的约定，夺回关中，不敢有东进的企图。又将齐、梁联络反楚的信送给项羽，让项羽误以为齐、梁才是他真正的敌人。项羽果然中计，全力北上攻齐。

公元前206年十月，项羽又犯了一个致命错误：秘密派人杀死义帝。这给了诸侯一个反楚的最好口实。

刘邦扫清关中周围势力后，当年三月，以为义帝发丧为名，遍告诸侯：天下共立义帝，项羽杀害义帝，大逆无道！寡人愿率诸侯王击楚之杀义帝者！公开对项羽宣战。这一檄文得到诸侯的积极响应，很快便聚集五诸侯联军，约五十六万人，东征伐楚。为期四年的楚汉战争正式开始。

正月时，项羽大败田荣，齐人杀死田荣，纷纷投降项羽。此时如果项羽对齐人实行安抚政策，定会赢得齐人的拥护。但项羽却反其道而行，对齐展开烧杀抢掠，将齐的降卒全部坑杀，这重新激起齐人的反抗。田荣的弟弟田横迅速集结数万士卒，立田荣的儿子田广为齐王，与楚军对抗。因此，虽然项羽听到刘邦率诸侯联军东击楚的消息，却因急于平定齐地，无法脱身。

诸侯联军一路没有遇到大的阻截，迅速攻占楚都彭城。项羽得到消息后，率领三万精兵回师彭城，突袭汉军。汉军大败，死伤二十余万。刘邦在数十骑兵的护卫下，侥幸逃出重围。但他的父亲刘太公和妻子吕雉（即后来的吕后），却落入楚军手中。诸侯见汉军大败，或逃或降，反楚联盟瓦解。

五月，刘邦重新集结兵力，退守荥阳。荥阳是一座重要的军事战略城市。它位于黄河向东北分流入海的地方，西面是通往关中的道路，著名的粮仓——敖仓（今河南郑州西北邙山上）就在它附近。刘邦占领敖仓，从那里获取军粮。楚汉两军在荥阳一线对峙一年多。

彭城失利后，刘邦便决定改变策略，不再亲自率兵东征，而是留守荥阳，吸引项羽主力。东面，一方面继续联合彭越，一方面策反九江王英布，骚扰、动摇楚后方；同时派韩信率兵北上，平定魏、代、赵、燕等地，与刘邦形成合围之势。

中国人民解放军国防大学战略教研部教授 陈相灵

楚汉战争初期，韩信出了一个非常好的计谋，让刘邦率军到中原去，跟项羽作战——可以把这看成一个内线。韩信则从北部迂回包抄。北部当时有很多诸侯国，其中一个很重要的诸侯是赵王，赵王是支持项羽的。韩信打败赵王之后，燕国自动就投降了。后来，又迂回到今天的山东，把田荣等诸侯也都消灭掉了，最后对项羽就形成了一个合围。

项羽全力对付刘邦，不断袭击敖仓至荥阳的给养线，汉军粮食告急。公元前204年四月，项羽包围荥阳，汉军形势危急。

刘邦想用缓兵之计，派人向项羽求和。范增竭力反对议和，力促项羽火速进攻荥阳，一举消灭刘邦。刘邦对范增十分忌惮，陈平献计，离间项羽与范增的关系。项羽生性多疑，果然中计。范增一怒之下，告老还乡，路上发病而死。

六月，项羽攻下荥阳、成皋（今河南荥阳西北）。刘邦狼狈逃脱，与韩信军会合，进驻与成皋一河之隔的小修武。他派两万人深入楚地，协助彭越，展开游击战，烧毁楚军粮草，连下梁地十七城。

九月，项羽率兵东击彭越，令大司马曹咎坚守成皋，不要出城与刘邦交战，十五日后他必然平定梁地，回师成皋。

刘邦见项羽离开，果然派人挑战，曹咎听从项羽的命令，不予理睬。刘邦让人连日在城下辱骂曹咎，曹咎终于忍无可忍，率兵出城，渡城东汜水，欲与汉军决一死战。楚军渡至河中央，刘邦下令出击，大破楚军。曹咎自愧上当，刎颈自杀。成皋再次落入汉军手中。

项羽攻克荥阳、成皋后，在军事上犯了一个决策性失误，即没有派重兵把守敖仓。刘邦夺取成皋后，马上派兵攻占敖仓，敖仓为此后汉军的胜利提供了重要的粮食保障。

项羽从梁地回师，楚汉两军在广武（今河南荥阳东北广武山上）再次形成对峙局面，相持数月。彭越不断袭击楚军的给养线，楚军出现粮食匮乏。至此，楚汉战争的格局开始出现逆转。

粮草不继令项羽十分忧虑，他想尽快结束战争，于是在阵前摆了一个大案板，将刘邦的父亲太公放在上面，对刘邦说：你若不赶快投降，我就烹了太公。刘邦不为所动，反而调侃说：当日我们同时受命楚怀王，结为兄弟，我父亲就是你父亲，如果一定要烹你父亲，请分我一杯羹。项羽大怒，要烹太公，被项伯劝住了。

项羽向刘邦单独挑战。刘邦笑着拒绝道：我宁斗智，不能斗力。项羽约刘邦在阵前见面。刘邦历数项羽十大罪状。项羽大怒，伏弩射中刘邦胸部。刘邦伏身捂住自己的脚，说：敌人射中我脚趾了。项羽被刘邦蒙蔽，没有趁势发动攻击。

汉军东线也不断传来捷报。公元前203年十月，韩信攻陷齐国。项羽派大将龙且率二十万大军救齐，韩信设计大败齐楚联军，平定齐地。

韩信自恃功高，请求刘邦立自己为齐假王。由于韩信长期单独领兵作战，取得赫赫战功，使得他在楚汉战争中的地位日益重要，甚至成为决定楚、汉决胜的关键力量，所谓"为汉则汉胜，与楚则楚胜"。如果此时刘邦拒绝韩信的要求，韩信必然反汉，若再与楚联手，形势则难以预料。因此，刘邦采纳张良建议，正式封韩信为齐王，以笼络韩信。果然，不久项羽就派人劝说韩信反汉，三分天下。韩信不愿背恩负义，予以拒绝。

八月，刘邦下令安葬死亡将士，由政府置办棺材寿衣，护送回家乡。百姓甚为感动，史称"四方归心"。

项羽接连在正面和侧翼战场遭受重大失败，处境日益艰难。刘邦为了让项羽释放太公、吕雉，与项羽议和，以鸿沟（古运河，自河南荥阳北引黄河，至淮阳东南注入颍水）为界，中分天下。

甘肃灵台出土的汉铜兵马阵

项羽自刎乌江。九月,项羽释放刘太公和吕雉,率兵东归。

刘邦本来也想率兵回关中,做半壁江山的主人。张良、陈平劝他:楚军兵疲粮尽,这是上天要亡楚,不趁此机会灭楚,就是所谓的"养虎自遗患"。

公元前202年十月,刘邦追击项羽至固陵(今河南太康南),令齐王韩信、魏相国彭越率兵与自己会合。韩信、彭越按兵不动,结果导致汉军大败。

张良建议刘邦为齐王韩信加封土地、并封彭越为梁王,"与共天下"。韩信、彭越果然率兵前来。

十二月,楚军兵少粮绝,败退至垓下(今安徽灵璧东南),汉军将其团团包围。

清《人物画集》中的虞姬

刘邦为了进一步动摇楚军军心，命将士在夜里齐唱楚歌。项羽听到四面楚歌，不禁大惊：难道汉已经全部占领楚？为什么有这么多楚人！他知道大势已去，和爱姬虞姬饮酒诀别。想到这些年戎马倥偬的岁月，想到伴随自己的骏马和眼前心爱的女人，他不禁百感交集，慷慨悲歌："力拔山兮气盖世，时不利兮骓不逝，骓不逝兮可奈何，虞兮虞兮奈若何！"唱了一遍又一遍，虞姬随声和唱。项羽泪流满面，虞姬拔剑自杀。项羽率八百余骑突出重围，汉军派五千骑兵追击。

项羽渡过淮河后，在阴陵（今安徽定远）迷路。一个耕田的老者故意指错方向，致使项羽一行陷入沼泽，被汉兵追上。

项羽且战且退，退至乌江（今安徽和县境）边。乌江亭长想送他过江。项羽苦笑道：我有何面目见江东父兄！然后，他率仅存的二十八骑士和汉军短兵相接，仅他一人即杀死数百汉兵，自己身上也受了十多处伤，最后精疲力竭，横剑自刎。

历时四年之久的楚汉战争宣告结束，中国重归统一。

刘邦称帝。 公元前202年二月甲午，刘邦在定陶氾水北岸举行了简朴的登基仪式，登上皇帝宝座。这是中国历史上第二个统一王朝，因刘邦的汉王封号而称"汉朝"。初都洛阳，后迁长安。刘邦成为汉朝的开国皇帝，即汉高祖。

项羽和刘邦的经历颇令人玩味。项羽力能扛鼎，英雄盖世，几乎每战必胜，所向披靡，在楚汉战争之初占有绝对的优势。刘邦没有超强的武艺，行为不拘小节，与项羽对决的每次战役几乎都狼狈不堪。但是，楚汉战争的结局却是刘邦胜而项羽败，这是为什么？

朝宴上，刘邦曾问大臣这个问题。一些大臣认为：刘邦有功必赏，与天下同利，故能夺取天下；项羽却不然，有功者害之，贤者疑之，因此失天下。刘邦说：你们只知其一，不知其二。运筹帷幄之中，决胜千里之外，我不如子房（张良）；管理国家，安抚百姓，供应粮饷，我不如萧何；连百万之众，战必胜，攻必取，我不如韩信。三人都是人杰，我能用之。项羽仅有一个范增却不能用。这就是我能夺取天下的原因。

有一次，刘邦和韩信闲聊。刘邦问韩信自己若为将领，能统率多少军队。韩信说：最多十万。刘邦问：那你呢？韩信不无得意地道：臣多多益善。刘邦笑道：多多益善，又为什么被我所擒？韩信讪讪地回答：陛下不能将兵，却善于统率将领。

刘邦的确善于用人，韩信、陈平等人都是先追随项羽，因没有受到重用，才转而投奔刘邦，结果成为刘邦的王佐之臣，为刘邦夺取天下立下汗马功劳。

不过，刘邦能够取得胜利，除了有功必赏和善于用人外，还

汉高祖刘邦像

有两个重要法宝：

一是重视民心。他每到一地便注意安抚百姓，聚拢人心。他的约法三章不仅令秦人折服，而且被后世奉为楷模。安民措施为他长期作战提供了坚实的基础和牢固的后方。

二是讲究战略战术。他不盲目追求一战一役的胜利，而是着眼大局，调动一切可以调动的力量，往往取得事半功倍的效果。

司马迁曾评价项羽说：项羽这样的人才，"近古以来未尝有"。但他"自矜攻伐，奋其私智"，想要"以力征经营天下"，只能落得国亡身死的下场。西汉中后期政论家扬雄也评价说：刘邦善于运用"群策"，因此可以发挥"群力"。项羽不用"群策"，以致"自屈其力"。楚汉的胜负由此已见分晓。

战争绝非单纯的武力之争，决定胜负的往往是武力之外的民心与智慧。但是，更为重要的是，刘邦顺应历史的潮流，很早就确定了统一天下的目标。而项羽却忠实地拥护早已过时的分封体制，力图重行分封，自己满足于做一方霸主。但是当时的历史形势，岂容他安坐。两个人目标和理想的不同，最终决定了两个人的胜负结局。

郡国并行

徐州汉画像砖《对博图》。汉文帝时,吴王刘濞太子与文帝太子刘启(即后来的汉景帝)对弈六博棋,二人发生争执,刘启以博局杀吴太子。此后,吴王不再遵守藩臣之礼,称病不朝。《对博图》反映的即是汉代对博的情景。

公元前206年,秦王朝灭亡。经过四年的楚汉战争,公元前202年,刘邦战胜项羽,在六位诸侯王的拥戴下,成为西汉王朝的开国皇帝。

在进行新王朝统治的顶层设计时,汉朝君臣选择了基本沿袭秦朝创立的法令制度的做法,史称"汉承秦制"。然而,有一种制度却没有被承袭,那就是秦朝全面实行的郡县制。与秦朝不同,汉初采取了郡县与分封诸侯国并行的体制。然而,这一体制却给汉初政权的稳定埋下了隐患。专制皇权与诸侯王之间的权力博弈,撕裂了盟友以及血缘关系的纽带,弥漫着腥风血雨。

布衣将相与诸侯王。刘邦组建的新朝廷,最大特色是"布衣将相"之局。

除了刘邦本人出身农民外,汉初公卿大臣大都出身卑微。先后任丞相的萧何、曹参,出身县吏;将军樊哙是杀狗的屠夫;灌婴是贩卖丝绸的商人;周勃以织苇席为生,靠在丧礼上吹箫补贴家用;太仆夏侯婴是个马夫。

这样一些草莽匹夫,对于治理偌大一个王朝,没有任何经验可谈,而经历了八年战乱的山河急待重整。这种情况下,刘邦君臣很自然地选择了沿袭、照搬秦朝的法令制度,进行新王朝的统治。但是唯有在分封的问题上,汉初没有继承秦朝的做法,实行全面的郡县制,而是采取了郡县与分封并行的体制。

采取这样的政体形式,首先是形势使然。刘邦"起微细,诛暴逆,平定四海,有功者辄裂地而封王侯",裂土分封正是楚汉战争期间群雄拥护刘邦的基本前提。

秦末农民战争爆发后,分封势力迅速反弹,各地反秦武装纷纷自立为王。灭秦后,项羽更在咸阳大封十八诸侯,形成诸侯割据局面。楚汉战争开始后,刘邦的实力远逊于项羽,为了联合一切可以联合的力量,全力对付项羽,他一方面拉拢项羽分封的诸侯,予以承认;另一方面,将封王作为手段,笼络和激励那些有才能的将领,为汉效命。

刘邦登基前，共承认和分封了六个诸侯王：楚王韩信、梁王彭越、淮南王英布、韩王信、赵王张敖、燕王臧荼。登基后又封长沙王吴芮。由于这些诸侯王均非刘姓，相对于后来刘邦分封的同姓诸侯王，历史上称作异姓诸侯王。

中国社会科学院历史研究所所长 卜宪群

汉初面临的政治制度的选择，要么是单一的郡县制，要么是郡国并行制，但是刘邦最后选择了郡国并行制。这里面有主观原因，也有客观原因，我个人认为客观的原因可能更大一点，就是他没有办法。只有采取这样一种制度，才能维持一个大一统的局面，才能够使他这个皇帝得到更多的人拥护。

函谷关是秦汉时期最为著名的一个关口，在刘邦统一天下后，这里成为刘邦与诸侯王统治势力的分界线。刘邦与诸侯王以函谷关为界共治天下。刘邦虽然尊为皇帝，但其直接统治的区域只有函谷关以西、以首都长安为中心的关中十五郡，而函谷关以东的大半疆土都分封给了异姓诸侯王。这些诸侯王虽然接受汉王朝的统一管理，但他们直接治理封地，征收赋税，拥有军队，有很高的自治权，其实力足以与朝廷相抗衡。

而且，这些异姓诸侯王个个骁勇善战、足智多谋。统一后，如何控制这些异姓王，使其服从帝国的统治，成为摆在新帝国面前的一道巨大的政治难题。

函谷关复原图

况且，承认和分封这些异姓王并非都出自刘邦本意。

楚汉战争开始后不久，刘邦便令韩信独自率领一支军队北上作战。高帝四年（前203年）十一月，韩信平定齐后，已成为左右楚汉战争形势发展的一个决定性因素。

更让刘邦耿耿于怀的是，高帝五年（前202年）十月，刘邦与项羽决战时，约韩信、彭越出兵，合击项羽，两人却都按兵不动，结果导致刘邦大败。刘邦在张良建议下，为韩信加封土地，并封彭越为梁王，两人才率兵前来。

从韩信、彭越封王的过程，就可以看出他们与刘邦之间存在着根本利益冲突，彼此猜忌，互不信任。对于新兴的统一的汉王朝来说,异姓诸侯王的存在显然是一股强大的离心势力,是王朝稳定和统一的巨大隐患。

果然,刘邦登基仅五个月,便发生了燕王臧荼谋反事件。刘邦亲率大军平叛。臧荼的实力在七位诸侯王中并不突出,因此,刘邦仅花了不到两个月时间就顺利平定叛乱。

平叛后,刘邦立即封自己的密友太尉卢绾为燕王。

这件事表明,当时刘邦仅把臧荼反叛看成是一个孤立事件,还没有意识到异姓诸侯王的存在本身便是对统一王朝的威胁。

次年年初,有人告韩信谋反。

这令刘邦刚刚放松的神经又绷紧了。众将纷纷请缨:"亟发兵,坑杀竖子耳!"刘邦默然不语。他问陈平意见,陈平反问他:陛下精兵可比得过楚?刘邦说:比不上。陈平又问:陛下手下的将领用兵有超过韩信的吗?刘邦说:没有。陈平因此建议,假托巡游云梦泽,趁韩信前来拜谒时,只消一个力士便可将韩信拿下。

韩信被武士抓住后,不禁仰天长叹:"果如人言'狡兔死,良狗烹;高鸟尽,良弓藏;敌国破,谋臣亡'。"

刘邦实际上心中十分清楚,韩信谋反并没有坐实。但他太过于忌惮韩信的才能,必除之而后安。然而,他也不忍心将韩信处死,于是将韩信贬为淮阴侯,置于自己眼皮底下。

这次事件充分反映了当时汉中央与诸侯国的形势对比关系。刘邦虽然名为皇帝,但实际地位更像周王。当时的诸侯和周时的诸侯一样,不仅拥有完全的治国权,而且拥有强大的军队。汉中央的军力甚至比不上一个楚国,更何况七个诸侯王。这一局面对于汉中央显然十分危险。

汉画像石拓本。图中二人并立,一是门卒,一为亭长,当是汉诸侯王鲁王生前之役吏。

此时,一位大臣建议将齐地分封给皇室子弟。刘邦茅塞顿开,他决定在关东大封同姓子弟,安插在异姓诸侯国之间,与异姓诸侯王抗衡。

这年正月,刘邦大封同姓,封堂兄刘贾为荆王,王五十三县;弟弟刘交为楚王,王三十六县;哥哥刘喜为代王,王五十三县;庶子刘肥为齐王,王七十三县。同姓诸侯与异姓诸侯形成犬牙交错之势,力量大致相当。

刘邦本可以有另一个选择,即在关东建立郡县制,由中央直接统辖。但刘邦君臣认为，秦王朝就是因为废除分封，以致秦末战争在关东爆发后，孤立无援，导致败亡。历史的惯性在起作用，分封制已有数千年的历史，全面的郡县制却只在秦朝实施了十几年时间。而且，秦帝国仅仅十五年就灭亡了，这让刘邦君臣不能不对全面推行郡县制产生怀疑。

秦汉之际，匈奴冒顿单于趁中国内乱之机，迅速扩张势力，控制了塞北蒙古高原，并向南侵犯中原。

这一年，匈奴包围韩国都城马邑（今山西朔州），马邑形势危殆。韩王信一面向中央求援，一面派人向匈奴求和，这一举动引起刘邦的疑心，派人斥责他。韩王信担心被杀，索性举城投降匈奴。匈奴乘胜长驱直入，越过句注塞（今山西代县北），直抵晋阳（今山西太原西南古城）。

次年，刘邦亲自率三十万大军北伐韩王信及匈奴。由于轻率冒进，在平城白登山（今山西大同东北）被匈奴四十万精兵团团包围，七日后才侥幸脱险。

刘邦回师长安，路过赵国。

赵王张敖娶了刘邦和吕后的女儿鲁元公主。此次刘邦驾临，张敖对这个皇帝老丈人甚是恭敬。刘邦生性不拘小节，对张敖态度恶劣，甚至在赵国大臣面前辱骂他。张敖自己倒可以忍受，大臣贯高、赵午等人却忍无可忍，背地里谋划刺杀刘邦，拥立张敖为帝。

高帝八年（前199年）十二月，刘邦率兵清剿韩王信余党，途中准备留驻柏人（今河北隆尧西南）。贯高等人叫人埋伏在厕所中，欲待刘邦如厕时刺杀他。后因刘邦临时决定离开而没能刺杀成功。

《史记》记载，刘邦想要留宿时，突然心动，便问属下，此县叫什么名字，一听说叫柏人，就说："柏人者，迫于人也。"于是决定不住了。这个故事颇具传奇色彩，可能有后人增饰的成分。

次年，贯高的仇家将此事告发了。刘邦因张敖未参与谋反，又念在他是女婿的分上，未杀他，贬为宣平侯，改封自己的儿子代王刘如意为赵王。

至此七位异姓诸侯王已有四位被废。

韩信被废为淮阴侯后，一直郁郁寡欢。他自负才气、功劳举世无双，如今却落得与屠狗夫樊哙同列的下场，这让他实在气难平。他没有想到，还有更可悲的事情在等着他。

高帝十年（前197年）九月，赵相国陈豨发兵反叛，自立为代王。刘邦亲自率兵平叛，临行前令韩信随从，又派人召梁王彭越出兵，协同作战，不料，二人重演垓下一幕，称病不从。彭越只派了自己的将领前往。

次年冬，刘邦平定陈豨叛乱。与此同时，长安宫中也上演了惊心动魄的一幕。

据史载，这年正月，韩信舍人告韩信与陈豨勾结，想里应外合，袭击留守的吕后和太子刘盈。吕后与相国萧何合谋，谎称刘邦已杀陈豨，骗韩信入宫道贺，将其抓获，并立即将他杀死。

史载，刘邦听说韩信被杀后，"且喜且怜之"，生动地反映了刘邦复杂的心态。他可惜韩信是个难得的人才，是汉王朝的头等功臣，但也正因为如此，才让自己不放心，现在吕后终于替他除了这块心病。

梁王彭越称病，不随刘邦出击陈豨，令刘邦大怒，派人责备彭越。彭越十分惶恐，想亲自谢罪。他的部将劝他，不如就此反了。彭越不听。结果，此事被人告发，刘邦将彭越免为庶人，流放到蜀。

彭越在押解途中遇到吕后。彭越向吕后哭诉，求她在刘邦面前说情，吕后假意答应。但一见到刘邦，吕后便劝他杀了彭越，以免后患。于是，吕后令人再告彭越谋反，刘邦下令夷彭越三族，将彭越砍头示众，身体剁成肉酱，分给诸侯王，以此警示他们。

韩信是否谋反虽有疑点，但史籍言之凿凿。彭越却不同，史籍明确记载他没有谋反，是被吕后陷害。他们二人的死表明，汉王朝对异姓诸侯王的态度已经发生了逆转，欲除之而后快。而促成这一转变的是比刘邦更心狠手辣的吕后。史籍关于刘邦时期吕后干政的记载不多，但是从这两件事就可以窥见，吕后当时不仅对内政有相当大的决策权，而且对诸侯、大臣也有很大的影响力，这为她在刘邦死后控制朝政打下了基础。

淮南王英布狩猎时，接到彭越的肉酱，不禁心惊胆寒。他担心自己也落得这样的下场，于是开始悄悄招兵买马，窥探周边郡县动静。

七月，英布得知自己的宠姬和一位大臣饮酒，醋意大发，要杀那位大臣，大臣逃到长安告英布谋反。刘邦派人前往调查。英布知道辩解不清，索性举兵反叛，并很快攻陷荆国，杀荆王刘贾。已年过半百、抱病在身的刘邦，在无将可派的情况下，亲自率兵平叛。

高帝十二年（前195年）冬十月，刘邦与英布在蕲县西遭遇，大败英布。英布逃至番阳（今江西鄱阳东北），被当地人所杀。刘邦也被流矢所中。

回师途中，路过家乡沛县，刘邦隐约意识到自己将不久于人世，便决定留宿几日，设宴款待父老乡亲。看着眼前熟悉的一切，回想起十几年峥嵘岁月，刘邦感慨万千。他起身起舞，慷慨悲歌："大风起兮云飞扬，威加海内兮归故乡，安得猛士兮守四方！"不禁老泪纵横。

自刘邦废赵王张敖，改封自己的儿子刘如意后，便成惯例，以后每废一异姓诸侯王，就将其地分给自己的子弟。破淮南王英布后，刘邦因荆王刘贾无后，便将荆国改为吴国，封侄子刘濞为吴王，王三郡、五十三城。

据说，刘邦举行完封吴王仪式后，就心生悔意，对刘濞说：你的样子有反相。他拍着刘濞的背，语重心长地说：五十年后东南有乱，难道是你吗？天下同姓一家，千万不要反啊！刘濞叩头说：不敢！

这一记载的真实性已无从查证，但真实的历史中，五十年后刘濞果然举兵反叛。

从高帝五年（前202年）起，一直到高帝十二年（前195年），长达八年的时间，刘邦的主要精力就用在了铲除异姓诸侯王上。他分封的八个异姓诸侯王：臧荼、韩信、彭越、英布被杀，张敖被废为列侯，韩王信逃到匈奴。最后一个被封的异姓诸侯王——燕王卢绾，本是刘邦最亲密的"发小"，也因被告造反，被迫逃往匈奴。仅留下一个势力最弱的长沙王吴芮。与此同时，刘邦企图以血缘关系来维系王朝，陆续分封齐王刘肥、吴王刘濞、代王刘恒等刘姓子弟为王。相比于异姓诸侯王而言，刘姓诸侯王所占的地盘更为广阔，但刘邦仍不放心，他与大臣杀白马，歃血盟誓："非刘氏而王，天下共击之。"至刘邦去世时，共有九个同姓王。

公元前195年四月甲辰，刘邦结束了波澜壮阔的一生。

然而，同姓诸侯王就可以与汉中央王朝和平共处吗？

吕后称制。 五月己巳，刘邦和吕后十七岁的儿子太子刘盈即

魏晋画像砖《商山四皓》

皇帝位，是为汉惠帝。尊吕后为皇太后。

惠帝为人善良，与性格强悍的母亲吕后相处，自然居于下风。因此，他在位的七年（前194—前188年），朝政实际上掌握在吕后手中。

"商山四皓"：东园公、夏黄公、绮里季、角里先生。据《陈留志》："园公姓庾，字宣明，居园中，因以为号。夏黄公姓崔名广，字少通，齐人，隐居夏里修道，故号曰夏黄公。角里先生，河南轵人，太伯之后，姓周名术，字元道，京师号曰霸上先生，一曰角里先生。"《史记·留侯世家》记载，四人皆八十有余，须眉雪白，世有高名。刘邦登基后屡次请他们出来做官，都被拒绝，而隐居到商山，故被称为"商山四皓"。刘邦立长子刘盈为太子，封次子如意为赵王。后来，见刘盈天生懦弱，才华平庸，而次子如意却聪明过人，才学出众，有意废刘盈而立如意。吕后闻听，非常着急，便遵照开国功臣张良的主意，聘请商山四皓。有一天，刘邦与太子一起饮宴，见太子背后有四位白发苍苍的老人，问后才知是商山四皓。四皓道："我们听说太子为人仁爱，又有孝心，礼贤下士，天下人都愿意为他效死，所以我们也来追随他。"本来，刘邦要易太子就受到大臣们的反对。吕后母子与刘邦同起于草莽，患难与共，大臣们看着刘盈长大，有了深厚感情，因此坚决反对易太子。此刻，刘邦目送四皓的背影，感叹太子羽翼已丰，彻底放弃了易太子的想法。

但是，刘邦清楚吕后的为人，担心身后吕后会加害如意，特地给如意立了一个"贵强相"，即地位尊贵、性格强悍的王相周昌。但是，这一道保险仍然保护不了如意母子。

刘邦尸骨未寒，吕后便将如意之母戚夫人囚禁起来，并三次派使者召赵王如意进京，都被周昌严词拒绝。吕后便使计，先召周昌进京，然后又召如意。惠帝知道母亲的想法，便让如意日夜不离左右。但百密一疏，一天他早起狩猎，如意年少贪睡，惠帝不忍叫醒他。就这一会儿工夫，吕后便派人让他喝下毒药。

如意一死，吕后更无忌惮，叫人砍断戚夫人手脚，挖掉眼珠，弄聋耳朵，熏哑嗓子，扔在厕所

西汉"皇后之玺"玉玺，汉高祖陵附近发现。

中,称作"人彘"("人猪"之意)。不知出于什么心理,吕后叫惠帝来观看。惠帝见后大哭,一病一年多,从此终日饮酒作乐,不理政事。

五年后,亦即惠帝七年(前188年)八月戊寅,正值风华之年、二十三岁的惠帝驾崩离世。吕后立年仅数岁的刘恭为帝,自己临朝称制,开后世太后临朝听政先河。

吕后一临朝,立即背弃高帝誓约,一方面封自己的侄子吕台为吕王,另一方面对自己不喜欢的刘姓王侯痛下杀手,先后杀了三个刘姓王。对于吕后的做法,丞相陈平、太尉周勃等大臣虽然心中不满,但因畏惧吕后的权威,不敢公然反对。

吕后一方面封吕氏家族为王侯,另一方面也在不断分封刘姓子弟,以换取平衡。她还不断让刘吕两家联姻。从这些做法来看,她并没有贸然以吕氏取代刘氏江山的想法。

高后八年(前180年)七月,吕后病死。临死前,命赵王吕禄统领北军,吕王吕产统领南军。

听到吕后逝世的消息,慑于其淫威的齐王刘襄联合诸刘姓王,起兵反吕。

风云突变,长安一片紧张气氛。太尉周勃、丞相陈平设计,夺取南北军,诛灭吕氏。废掉吕后立的另一位少帝刘弘,迎立刘邦中子代王刘恒,是为文帝。

刘邦当初大封同姓子弟，就是想吸取秦不封诸侯、孤立无援的教训，希望同姓王能在刘氏江山危殆之时成为一道坚实的屏障。在诛除诸吕这件事上，同姓王的确发挥了重要作用。然而，吕氏问题一解决，同姓诸侯王与中央朝廷的矛盾便凸显出来。

削藩与七国之乱。文帝三年（前177年），济北王刘兴居发兵反叛。六年（前174年），又发生淮南王刘长谋反事件。

不久，文帝接到一封来自梁国太傅贾谊的上书。

贾谊当时只有二十多岁。他学识渊博，才高八斗，更难得的是他对政治有着与其年龄不符的敏锐、成熟和睿智。他所上书即著名的《治安策》。顾名思义，即为国家长治久安之策。

"臣窃惟事势，可为痛哭者一，可为流涕者二，可为长太息者六！"贾谊以杰出政治家的敏锐目光，透过歌舞升平的表象，看到国家潜藏的巨大隐患。

贾谊像

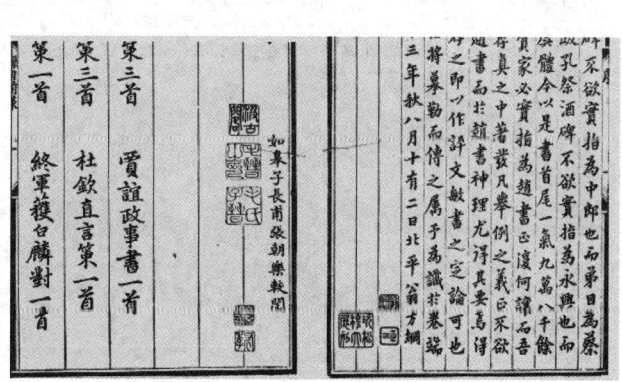

清刊本《两汉策要》中的贾谊政书

贾谊所说"可为痛哭者"指的就是诸侯王问题。贾谊形象地将汉朝比喻为患了"大肿"病的病人，小腿粗得跟腰一样，指头如大腿，如果不及时治理，必然危及生存。对此，他提出"众建诸侯而少其力"的策略，即广分诸侯王子弟，将诸侯国分割成若干个小国，削弱其国力。文帝虽深以为然，但同时认为坚持清静无为的国策更为重要，因此没有采纳贾谊的建议。

文帝十二年（前168年），贾谊因梁王摔死，伤心过度，加之政治上不得志，抑郁而终，年仅三十三岁。

与此同时，又一位青年才俊脱颖而出。他就是官拜太子家令、人称"智囊"的晁错。

文帝十五年（前165年），晁错上书，建议削藩。当年，齐王刘则死，无子。文帝借此机会，于次年重封齐王、淮南王时，

汉画像石上的宴乐百戏场面

黑漆朱绘六博具，长沙马王堆三号墓出土。

将齐一分为六，淮南一分为三，履践了贾谊"众建诸侯而少其力"的建策。

文帝后元七年（前157年），文帝驾崩，太子刘启即位，是为景帝。值得一提的是，长沙王吴著也死于这一年，由于无后，封国被废。汉朝最后一个异姓诸侯国随之消亡。

景帝即位后重用晁错，两年中连升两级，任御史大夫。晁错是激进的改革派，提出许多改革措施。景帝三年（前154年），他再次建议削藩，上书洋洋三十章，矛头直指吴王刘濞。

文帝时，吴王刘濞太子入朝，与当时还是太子的刘启一起饮酒、博戏。吴太子与刘启争博道，刘启一怒之下，拿博局砸死吴太子。刘濞由此怨恨朝廷，称病不朝。文帝最初想治他的罪，但最终还是隐忍下来，并派人安抚他。

然而，文帝的宽大却被刘濞视为软弱，其行为更加骄横。

郡国并行

更令朝廷不安的是吴国强大的国力。吴国东面临海，可煮海盐牟利。境内豫章郡（治所在今江西南昌）有铜山，刘濞派人铸铜钱，号称"吴钱遍天下"。因有这两项，吴国富埒天子。刘濞依仗其财力竭力笼络百姓，不收赋税，甚至出钱雇人替百姓服朝廷的劳役。这一切不能不令朝廷忧虑。

晁错强烈建议削藩。他认为吴王迟早会反，"削之亦反，不削亦反。削之，其反亟，祸小；不削，反迟，祸大"。晁错的话令景帝十分震动。此时，恰巧楚王刘戊进京，晁错便列举他的罪状，建议处死他。景帝便以楚王、赵王、胶西王犯法为名，削减了三国封地。

削藩触动了诸侯王的根基。刘濞知道下一个轮到的就是自己，于是联络楚、赵、胶西、胶东、淄川、济南六国，准备起兵反叛。当朝廷削夺吴国封地的诏书一到，刘濞率先在广陵（今江苏扬州西北蜀冈上）起兵，打出"诛晁错"的口号。六国纷纷响应，史称"七国之乱"。

景帝立即派太尉周亚夫等将领，分兵三路阻击叛军。

晁错为人刚直，作风硬朗，自任事以来得罪不少大臣。此时，被晁错奏免官职的袁盎趁机面见景帝，建议杀了晁错，下诏恢复诸侯王的原有封地，说这样七国就会罢兵。景帝惊恐之余，接受袁盎的建议，在晁错上朝时将其逮捕，直接押至长安东市，就地腰斩，当时晁错尚穿着朝服。

然而，当朝廷使者来到刘濞军中，令刘濞拜受皇帝诏书时，吴王刘濞仰面大笑：我现在已经是东帝，还需要拜谁！

至此，景帝放弃幻想，一心平叛。

七国叛军首先遇到景帝弟弟梁王刘武的坚决抵抗，攻城不下。太尉周亚夫趁机断其粮道，叛军转而进攻屯兵下邑（今安徽砀山东）的周亚夫军。周亚夫坚壁不出，待叛军断粮，人心涣散，大败其军。刘濞弃军逃走，仅有数千将士随从，楚王刘戊自杀。刘濞逃到东越，东越王杀了他，将他的首级送往长安。

七国之乱仅三个月就被平定。

九年后，即景帝中元五年（前145年），景帝下令诸侯王不得治国，将任用王国官吏的权力收归中央，降低官员级别，改丞相为相，减省吏员，以和中央相区别。诸侯王权力大大削弱，中央集权显著加强。

景帝后元三年（前141年），景帝驾崩，十六岁的太子刘彻即位，是为汉武帝。此时中央与诸侯王的实力对比已发生重大变化，中央统辖的郡有四十个，而王国有二十五个。

元朔二年（前127年），汉武帝采纳大臣主父偃的建议，颁布"推恩令"：诸侯王除了由嫡长子继承王位以外，可以推"私恩"，把封国的土地分给子弟为列侯。而按照汉制，列侯的封国隶属郡，地位与县相当。诏令一下，王国纷纷请分国封子弟。

这一政策不仅使王国的辖地自然缩小，国力大减，还落得个皆大欢喜。

元狩元年（前122年），淮南王刘安和衡山王刘赐谋反，事情败露自杀。汉武帝下令尽捕其宾客党羽，牵连致死的据说有数万人。为此，武帝特意颁布了《左官律》和《附益法》。前者规定王国官为"左官"，汉代尚右，称"左官"显然是歧视；后者限制士人与诸王交游。

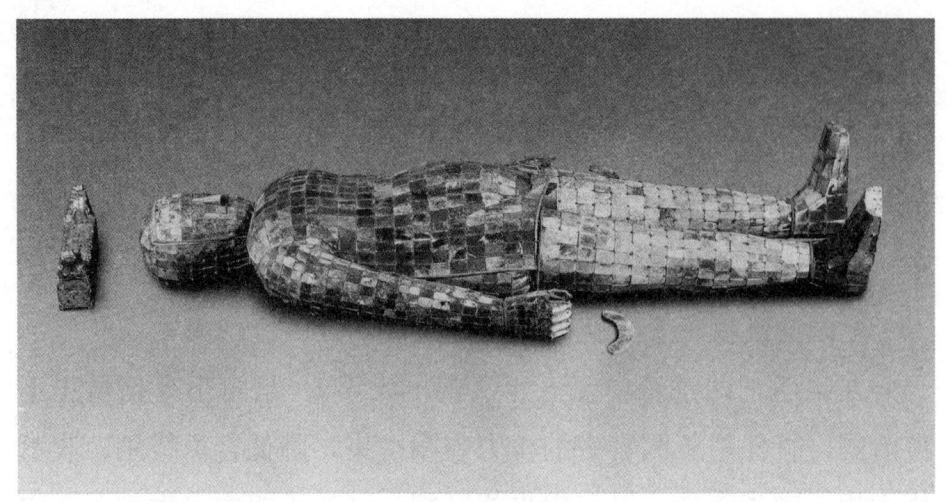

河北满城出土中山靖王金缕玉衣，反映了诸侯王的奢靡生活。

扰攘百余年的诸侯王问题，至此彻底解决。从此，诸侯王唯得"衣食租税"，不得参政，已与一般富豪无异。

中国社会科学院历史研究所所长　卜宪群

《左官律》就是禁止中央王朝的士人随便去到诸侯王的地方做官，《附益法》就是禁止朝中的大臣和诸侯王之间结成朋党。二者实际上都是为加强中央集权而采取的措施。

由于秦帝国只存续了十五年，使得它所建立的统一的中央集权官僚制国家模式带有浓厚的试验色彩，这种模式是否能够延续下来，在汉初仍是一个未知数，而当时异姓诸侯王势力的强大更加大了它的不确定性。如果汉初统治者不能很好地解决统一与分封的关系问题，对于后世的影响显然不可估量。然而，汉王朝毕竟是继秦之后的第二个统一帝国，无论是秦帝国治国的经验和教训，还是完备的官僚体制和统一的观念，都被作为丰富的遗产保留下来，对秦汉之际的人们产生着深刻的影响。在这样的历史背景下，汉初统治者顺应历史潮流，以其智慧，花费百余年的时间，终于完美地解决了统一与分封的问题。终两汉四百余年，诸侯王问题再也没有成为困扰中央王朝的心腹之患。

在此后两千多年的中国历史中，分封制尽管还一直存在，但已无足轻重，郡县制已毋庸置疑地成为主流。它在全国范围内的普遍推行与不断完善，为建立"上下相维，轻重相权"的行政体制创造了有利的政治环境。与分封制不同，作为中央集权制的重要支柱，郡县制对维护国家统一、保障社会稳定与促进经济发展，具有积极作用。正因为如此，郡县制取代分封制，代表着时代发展的潮流，顺应了历史发展的规律。

文景之治

汉画像石《农耕纺织图》

民以食为天,长久以来,评价一个王朝的好坏,米价是个重要标准。秦末战乱给社会经济造成严重破坏,汉初出现大饥荒,小米的价格从平日的每石百十来钱涨至五千钱,出现人相食的惨状,饿殍遍地,满目疮痍。汉初统治者推崇黄老之术,采取"轻徭薄赋""与民休息"的政策,大力发展经济,经过几十年苦心经营,公私仓廪俱丰足,米价最低达到每石数十钱。

后世史官评价这一时期——"周云成康,汉言文景,美矣!"

马王堆汉墓帛书《老子》

马王堆汉墓随葬《老子》帛书。1972年,湖南省长沙市东郊四公里外浏阳河畔马王堆乡的考古发现,震惊了世界。

在这个南北长二十米、东西宽十七米、深二十米的墓葬中,考古工作者发现了一具时逾两千一百年、保存完好的女尸。

女尸出土时,皮肤仍呈淡黄色,富有弹性,部分关节仍能活动。注射防腐剂时,软组织随之鼓起,然后逐渐扩散,和新鲜尸体十分相似。

随葬的刻有"妾辛追"的印章,揭示了墓主人的名字。在其他随葬物上,印有"轪侯家丞"和"轪侯家"字样。根据《史记》等史料的记载,惠帝二年(前193年),长沙国丞相利苍被封为"轪侯"。随后发掘的二、三号墓进一步证实,这就是轪侯利苍的家族墓,一号墓的女尸是利苍夫人辛追,墓葬距今至少已有两千一百多年。

马王堆三座汉墓共出土三千多件珍贵文物,包括五百多件漆器,大量珍稀丝织品,覆盖在一号汉墓内棺上的两米长的T形帛画,以及彩俑、乐器、兵器、印章,等等。

特别值得一提的是,三号墓一涂漆木匣中出土了二十八种帛书,计十二万余字。帛书内容丰富,包括六艺类,如《周易》;诸子类,如《老子》甲乙本(附佚书三篇);兵书类,如《刑德》甲、乙、丙三种;术数类,如《五星占》;方术类,如《五十二病方》（附佚书四篇），等等。

这些书显然是墓主人生前所爱，反映了墓主人的信仰和生活习俗。随葬大量《周易》、阴阳五行、星占类书籍，表明墓主人崇信卜筮问卦。《五十二病方》和《导引图》等，则反映墓主人注重养生保健。

值得玩味的是墓中随葬的《老子》甲乙本。

《老子》，今本又称《道德经》，据说是道家开创者、春秋时期的老子李耳所撰，是道家的经典文献。马王堆《老子》甲乙本中，《道经》与《德经》的顺序与今本恰恰相反，《德经》在前，《道经》在后。

为什么在诸子百家众多典籍中，墓主人会选择《老子》伴自己于地下？

汉初的休养生息政策。史籍记载了汉高祖刘邦这样一件事。

刘邦统一天下后，谋臣陆贾进言献策时，常常说《诗》怎么说、《书》怎么说。刘邦自幼不喜欢读书，更讨厌动辄引经据典的儒生。他大骂陆贾："乃公居马上得之，安事《诗》《书》！"

陆贾回答说：马上得之，宁可以马上治乎？文武并用，是长久之术。秦任刑法不变，以致灭亡。假使秦并天下后，行仁义，效法先圣，陛下安得而有之？

刘邦面有惭色，命陆贾将秦亡汉兴以及历代国家成败原因著录成书。陆贾于是著《新语》十二篇。据说他每完成一篇，就上奏给刘邦，刘邦无不称善，左右山呼万岁。

《新语》中有一篇《无为》。陆贾总结秦亡的原因，说："事逾烦而天下逾乱，法逾滋而天下逾炽，兵马益设而敌人逾多。秦非不欲治也，然失之者，乃举措太众、刑罚太极故也。"意思是说，秦始皇并不是不想治理好天下，但秦朝之所以灭亡，就是因为举措太多、用刑太过。他主张："道莫大于无为，行莫大于谨敬……故无为者乃有为也。"

陆贾的思想深受《老子》影响。《老子》的核心思想是"道""德"，而达到道德最高境界的方法就是"无为"。《道经》中说："道常无为而无不为。"《德经》中说："天下之至柔，驰骋天下之至坚。无有入于无闻（一说"间"）。吾是以知无为有益。不言之教，无为之益，天下希及之。""我无为，人自化；我好静，人自正；我无事，人自富；我无欲，人自朴。"道家到战国末期发展出一个流派，即"黄老"之学，"黄"指黄帝，"老"指老子。

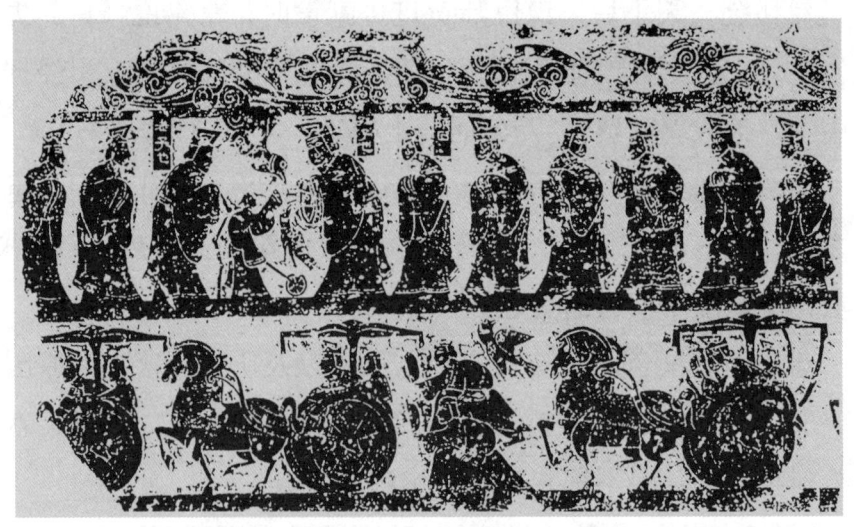

汉画像石《孔子见老子》

"黄老"思想与道家的区别在于,它吸收和掺杂了一些神仙家和法家的思想。

汉初,主张"无为而为"的政治家、思想家并非陆贾一人。信奉"黄老"哲学,主张"与民休息""无为而治",在当时已蔚然成风。这一风气的形成,既是建立在总结秦亡教训的基础上,也是迫于汉初严酷的社会现实。

秦末战争给社会经济造成严重破坏。汉初出现大饥荒,物价飞涨,小米每石从平日的百十来钱涨至五千钱,许多地方出现人吃人的现象,人口损失过半,特别是一些大都名城,人口只有原来的十分之二三,到处是一片残破凋零景象。连刘邦这个皇帝都凑不齐四匹同样颜色的马驾车,有的将相只能乘坐牛车。

面对这样严峻的社会现实,汉初统治者保持了清醒的头脑。他们充分意识到,现在不是享乐的时候,必须安抚百姓,让百姓休养生息,否则江山不保。

刘邦在位时期主要面临两大政治课题:一是异姓诸侯王问题;二是稳定社会秩序、恢复发展经济问题。刘邦的精力主要放在第一个问题上,但对于第二个问题,他同样不敢掉以轻心,采取了一系列措施。

高帝五年(前202年),刘邦登基后不久,便下令解散军队,让战士复员回乡,给予他们加赐爵位、优先授田、免除赋税徭役等优惠待遇。同时令那些在战乱中逃到山泽中的百姓各归本土，恢复原有的爵位和田宅，官吏不得歧视虐待。因饥荒自卖为奴婢者，一律免为庶人。

两年后，刘邦下令对生孩子的妇女，给予免除两年赋税、徭役的优惠，鼓励生育。

次年，为了打击商人投机倒把，高帝继承秦的重农抑商政策，下令禁止商人穿丝绸衣服、携带兵器、乘车骑马。不许他们做官，并加倍征收他们的赋税。

高帝十一年（前196年），刘邦下诏宣称：减省赋税，禁止郡国随意征收献赋，明确规定中央每年只向每人征收六十三钱。

据史载，高帝在位期间，与民休息，凡事简易，禁罔疏阔，多次大赦天下，并厉行节约，根据需要向百姓征收赋税。当时关东漕运至关中供给中央各官府的粮食，每年不过数十万石。而到汉武帝时，就增加到四五百万石，增长了近十倍。

高帝时，大臣都十分俭朴。贵为相国的萧何，置田宅必居贫瘠处，家中连院墙都不修治。他看到长安地区人多地少，便请示刘邦，开放皇家园林上林苑，让百姓进去种地。

山东大学经济学院教授　陈新岗

汉初的休养生息政策，并不是随意的安排，而是一种理性的选择。历朝历代开国的皇帝、王朝都要实行这种政策，说明它是符合规律的，必须要这样做，没有别的出路。

惠帝高后垂拱而治。刘邦去世后，太子刘盈继位，是为汉惠帝。惠帝即位第二年，相国萧何去世，曹参接替相国之职。

人们都说，新官上任三把火，但曹参却反其道而行之。他吩咐手下，一切都按萧相国时的规矩办，自己则无所事事，日夜和属下、朋友喝酒。他提拔的人都是些敦厚木讷、不善文辞的人，那些精明强干、有自己主张的官吏不升反降。大臣们看他整天不干事，都想劝他这样不行。结果到了相国府，就被曹参拉去喝酒，一醉方休，根本没有说话的机会。

上行下效，相国如此，官吏可想而知。相舍后园紧挨着吏舍，能听到吏舍每天饮酒作乐，吟唱喧闹。曹参的手下实在看不下去，心生一计，一天特意邀请曹参游后园，希望曹参听到后能整顿一下。谁想到曹参一听，兴头大起，叫人立刻置备酒席，坐下来一边喝，一边与吏舍对歌相和。

曹参如此做，其实有深刻的思想根源。汉初，曹参被派到齐国任丞相。他曾遍召境内长老诸生，询问治国良方。当时胶西有一位修习黄老学说的盖公，给他宣讲"治道贵清静而民自定"的黄老思想，曹参深为折服，用这一思想治理齐国，果然取得良好效果，被人盛赞"贤相"。现在他当了中央王朝的相国，便把这一思想应用到王朝政治上。

但惠帝不理解曹参的用心，对他很不满。他叫来也在朝中做官的曹参的儿子曹窋，让他趁便问曹参："君为相，日饮，无所请事，何以忧天下乎？"曹窋去问曹参，曹参大怒，叫手下打了曹窋二百大板，说："天下事岂容你插嘴！"惠帝责备曹参，说是自己让问的。曹参问惠帝："陛下觉得和高帝相比，谁圣武？"惠帝说："朕岂敢望先帝！"曹参又问："陛下看臣与萧何谁贤？"惠帝说："君好像不如萧何。"曹参于是道："高帝与萧何定天下，法令既明，今陛下垂拱（袖手），参等守职，遵而勿失，不就可以了吗？"惠帝觉得很有道理。

虽然曹参只当了三年相国就去世了，但是萧何、曹参的做法却深得民心。史载："相国萧、曹以宽厚清静为天下帅，民作'画一'之歌。""画一"之歌唱道："萧何为法，讲若画一；曹参代之，守而勿失。载其清靖，民以宁壹。"

最典型的事例是惠帝时期兴建长安城墙。惠帝为了不给农民增加负担，城墙的建设花费了五年时间，只是在二年至五年的冬季正月农闲时间，征发附近十五万农民三十天，届时不管工程进度如何，都停工让农民回家。

惠帝在位仅七年就去世了。惠帝死后，吕后临朝称制，她大肆清除刘姓诸侯王，公然违背刘邦誓约，封吕氏为王，几乎危及刘姓天下。但是她也清楚地认识到，凝聚人心、休养生息对于社会稳定的作用。在治国方针上，她依然坚定贯彻刘邦的"无为而治"政策。

惠帝、吕后时期采取的一系列与民休息的政策有：惠帝即位当年就减轻田租,从十税一减至十五税一;在位期间,惠帝三次下诏减轻刑罚,废除秦始皇时所立"挟书律",奖励孝悌力田,鼓励生育;吕后临朝时期,废除夷三族罪和妖言令,放宽对商贾的限制,两度实行货币改革,以促进经济发展。

司马迁评价说:"孝惠皇帝、高后之时,黎民得离战国之苦,君臣俱欲休息乎无为,故惠帝垂拱,高后女主称制,政不出房户,天下晏然。刑罚罕用,罪人是希。民务稼穑,衣食滋殖。"应当说司马迁的评价是客观而公允的。

中国社会科学院历史研究所研究员 杨振红

评价历史人物不能仅仅看其品德,还要看其对社会发展的作用和影响。吕后虽然心胸狭隘,心狠手辣,如她对戚夫人以及刘姓诸侯王的所为,但是这属于宫廷内部斗争,在当时并未波及、影响王朝政治与社会。就执政而言,吕后事实上一直在积极贯彻刘邦制定的"无为而治"政策。

吕后死后,代王刘恒被推为皇帝,是为汉文帝。文帝被周勃、陈平等大臣推为皇帝,有两个重要原因:一是文帝为人"仁孝宽厚",二是文帝的母家薄氏诸人都谨慎善良。事实证明大臣的选择十分英明。

文帝之治。文帝即位第一年就办了几件深得民心的事:第一件,下诏废除"收孥相坐律令",即不再对犯罪者亲属实行连坐,

汉文帝母薄太后曾病三年，文帝侍奉不怠，衣不解带，汤药必先亲尝后奉母。图为清代四川绵竹年画《孝行图》，描绘的正是文帝亲奉汤药的情景。

将他们没官为奴。第二件，颁布养老令，对年八十以上的人，发放米、肉、酒、帛、絮等实物，进行慰问。第三件，下令郡国，不让他们上贡朝廷。

这还仅仅是开始。文帝二年（前178年）废除"诽谤妖言""祝诅上"（即诅咒皇帝）罪，给予一定的言论自由。次年，任命执法公正、体恤民情的张释之为廷尉。张释之执法奉行疑罪从轻的原则，因此犯罪案件大幅度减少，据称文帝时"断狱四百，有刑错之风"。

文帝十三年（前167年）又在刑法方面做出一项重大改革。

这年五月的一天，文帝看到一份上书，不禁感慨万分。

上书的是个女孩，名叫缇萦。她的父亲淳于公是齐国的太仓令，因犯法，被判肉刑。淳于公没有儿子，只生了五个女儿，他被抓时，气急败坏地骂女儿："生女不生男，一点儿用也没有！"小女儿缇萦心如刀绞，父亲押解到京，她一路跟来。她上书替父亲鸣不平："死者不可复生，人被处肉刑就不能恢复原样，即使想改过自新，也没有办法。妾愿意没官为婢，赎父亲的罪。"

缇萦至孝至勇的行为深深触动了文帝。他于是下令百官讨论，废除黥（脸上刺字）、劓（割鼻）、斩趾等肉刑，以笞刑、服苦役等替代，并将无期刑改为有期刑。

石印画《缇萦》

肉刑由来已久，据《汉书·刑法志》记载，西周时五刑，即有墨、劓、宫、刖、杀罪各五百。商鞅变法时又增加凿颠（开凿头颅）、抽胁（抽去其肋骨致死）、镬亨（用鼎镬煮杀人）之刑。而且，在文帝改革前，人一旦被判刑，便终身为徒隶，不能恢复自由身份。虽然后代不同程度地恢复了一些肉刑，但和文帝以前仍有质的区别，因此应当说，文帝十三年废除肉刑，将无期刑改为有期刑，在中国古代法制建设上是一大进步，意义重大，影响深远。

汉文帝的统治宽厚不仅仅表现在刑法上，他还非常爱惜民力，实行轻徭薄赋。即位第一年，颁布了养老令，给八十岁以上的老人发放米、肉、帛等物品，让地方官按时慰问。同时下令郡国不要搜罗奇珍异宝上贡朝廷。文帝二年（前178年）、十二年（前168年），曾两次下诏免除百姓一半田租，将十五税一的税率降至三十税一。十三年（前167年），更下令免除全部田租。算赋也由每人每年一百二十钱减至每人每年四十钱。遇到灾荒年月，文帝还出台临时政策抚恤百姓。他还大力减少徭役，将成年男子的徭役从每年服役减为每三年服役一次。

汉文帝时期，同姓诸侯王坐大的问题日益突出，成为汉王朝的心腹大患。贾谊在《治安策》中提出"削藩"，请求文帝削夺诸侯王的国土，以削弱他们的力量。文帝为了政权的稳定，基本没有采用贾谊的建议。虽然这种姑息最终酿成了景帝时代的"七国之乱"，但在当时，削藩显然还为时过早。

中国社会科学院历史研究所所长 卜宪群

贾谊是洛阳才子，曾经给汉文帝出过很多的主意，《治安策》就是其中之一。汉文帝没有完全采纳贾谊的主张，但是也不是一点没有吸收他的建议的合理成分，他把淮南国和齐国都进行了拆封。当时，他没有进行削藩，主要是当时面临的形势所决定的。文景时期，据有的学者统计，全国人口大概一千三百多万，诸侯王控制的人口大概有八百多万，在这样一种实力对比之下，让汉文帝完全采纳贾谊的建议进行削藩，对汉文帝来说是不现实的。

文帝始终都把稳定放在第一位，内政如此，外交也是一样。匈奴屡屡撕毁和约，入侵边境。文帝怕刀兵再起，百姓遭受战争之苦，下令严守边塞，不发兵追击。

地处南方的南越国在刘邦时期，向汉朝称臣。吕后当政时，下令禁止卖铁器给南越，向南越出售牛马也只能卖公的，不能卖母的。南越王赵佗大怒，干脆自称武帝，与汉朝抗衡。吕后发兵征讨，未能成功。文帝即位后，写了一封客气的亲笔信，派陆贾带着出使南越，表明汉朝和南越和平相处的诚意。这是一次重要的行程，陆贾作为汉朝和南越友好关系的使者，千里迢迢从汉来到南越，把文帝的信交给赵佗。赵佗看信之后，又感动又惭愧，马上去掉帝号，上书称臣。

汉文帝是个宽厚的皇帝，但也是颇有手腕的政治家，他所有措施都旨在巩固政权。文帝刚从代国进京登基，入未央宫，就拜亲信宋昌为卫将军，掌管南北两军，把军权控制在自己手里，又大封拥立自己的朝中功臣，展示自己的谦逊态度，使功臣集团安心。看时机合适，又让列侯回到自己的封国，趁机罢免绛侯周勃的相位，以抑制功臣集团的势力，并先后平定了济北王刘兴居和淮南王刘长的谋反。

汉文帝像一个勤快精巧的工匠，兢兢业业地编织着大汉盛世这件前所未有的素纱襌衣。他宽厚仁爱，深刻认识到农业为天

印有"长乐宫器"的南越式陶鼎

下之本，衣食足，才能够百姓安。他多次下诏劝课农桑并亲为表率，十三年（前167年），下诏恢复古代帝王亲耕藉田、皇后亲桑的礼仪。百姓在这样宽松的环境下，努力耕作，日渐富庶，和汉文帝一起为这件素纱襌衣织上最美丽的图案。

举世绝伦的素纱襌衣虽然是文帝时期巧匠的杰作，但是汉文帝自己却一直穿着黑色粗丝做的衣服。他最宠爱的妃子慎夫人，为了节省布料也不穿贵族妇女流行的曳地裙服。宫中所使用的帷帐都很朴素。文帝一心想成为天下人的表率。汉文帝的节俭在历

马王堆汉墓出土素纱襌衣。

马王堆汉墓出土了大量国宝级的文物，漆案、漆盘、丝绸和私家小型乐队陶俑等，每一件都令人叹为观止。而这件重量只有四十九克的素纱襌衣，却让其余的宝物都黯然失色，被视作湖南省博物馆的镇馆之宝。它用纱料制成，"薄如蝉翼"、"轻若烟雾"、巧夺天工，至今都是世界上最轻的衣服，即使在科技如此发达的今天，也难以超越。素纱襌衣虽已重见天日，但它的制作方法却和编织它的能工巧匠一起湮没，无迹可寻。

代皇帝中都非常少见，他在位二十多年，宫室苑囿没有新建，衣服车马也是久不更新。他曾经想造一座露台，得知大概要花百金（约一百万钱），说："百金，相当于中产之家十户的家产，我侥幸奉先帝的宫室，常常担心辱没了先帝，还建造什么露台。"于是中止了计划。

事实上，文帝刚即位时也耽于射猎宴乐，史称"一日再三出"。当时一个列侯的侍卫，名叫贾山，上书劝谏他，说"臣恐朝廷之解弛，百官之堕于事也"，皇上这样做，会"绝天下之望"。文帝善于纳谏，立刻减少了游猎的次数，可谓从善如流。

文帝后元七年（前157年），文帝驾崩。为了纠正当时的厚葬之风，他临终前遗诏薄葬："朕闻之，盖天下万物之萌生，靡

汉文帝霸陵

不有死。死者天地之理，物之自然，奚可甚哀！当今之世，咸嘉生而恶死，厚葬以破业，重服以伤生，吾甚不取。"

令吏民出临三天后就可以脱掉丧服，不禁止百姓婚嫁、祭祀、饮酒、吃肉，不要用布车和兵器送葬，夫人以下嫔妃均遣出宫归家。史载：文帝"治霸陵，皆瓦器，不得以金银铜锡为饰，因其山，不起坟"。

文帝霸陵坐落在今陕西西安东郊凤凰嘴。它依山起陵，墓葬开凿于山崖中，没有封土。从历年出土的文物看，也确如史载，只有瓦器，还没有发现金银等珍宝器物。这样简朴的陵墓在两汉甚至两千年帝陵中绝无仅有。

长信宫灯

宋代史学大家司马光评价文帝说："专务以德化民，是以海内安宁，家给人足，后世鲜能及之。"文帝被后世视为仁君德政的典范。

景帝之治。景帝即位后，继续奉行"与民休息"政策。景帝即位当年，就免除一半田租，实行三十税一，并成为定制，为后代所继承。第二年，又下令将男子服正役的年龄从十七岁提高到二十岁。在年成不好的时候，还下诏不接受郡国贡献，降低皇宫饮食标准。

在减轻刑罚方面，景帝主要做了几件事：

第一，对官吏贪污受贿罪的量刑进行调整，力求公平。

第二，废除残酷的车裂刑——磔，改为绞刑的弃市刑。

第三，强调疑罪从轻的原则。他在中元五年（前145年）下诏，痛斥不法官吏徇私枉法，结党营私，以执法"苛刻"为察明，致使无罪者蒙冤，有罪者横行。命令自此以后，凡有疑问的案件，都要上报，进行合议。后元年间再次下诏明确，疑案先交给主管部门合议，如果主管部门仍不能定案的，移送至最高司法机构——廷尉进行终审，强调"治狱者务先宽"。

景帝最著名的刑法改革是"减笞法，定棰令"。文帝废除了肉刑，改以笞刑，虽然是一大进步，但是量刑却过重。例如本来应判斩右趾的现在改为死刑，斩左趾的改为打五百大板，行劓刑的改为打三百大板。这么多板子打下去，一般人都承受不了，以至于死。因此被称作"外有轻刑之名，内实杀人"。景帝深感于此，两次下诏减笞法，最终将笞五百减为二百，三百减为一百。又制定棰令，规定棰必须是竹制的，长五尺，宽的一头厚一寸，窄的一头厚半寸，并且把竹节全部削平。板子只能打在屁股上，中途不得更换打手。这样挨过板子的人基本都可以活下来。

景帝除了在减轻刑罚和轻徭薄赋上下功夫外，还在整顿吏治方面大做文章。景帝后元年间，因年成不好，出现饥荒。景帝深为痛心，他下诏质问百官：问题到底出在哪里？是不是官吏贿赂为市，鱼肉侵夺百姓造成的？他敦促各郡国长吏，必须认真履行自己的职责，若有违法乱纪者，丞相要上报，予以惩治。并命将此诏书布告天下，使天下百姓都明白他的心意。

为了让农民安于生产，他下诏对官吏征发百姓采挖黄金珠玉者，以贪赃盗窃罪论处。

汉初规定，家资达到十万钱（即中产之家）才可以做官。为了广泛招揽人才，景帝将十万钱的标准降至四万，放宽门槛，让家境贫寒的廉洁之士也能够进入官僚阶层。

中国社会科学院历史研究所研究员 邬文玲

从个人品行上来说，历代对文帝的评价比对景帝要高。文帝是表里如一的，他确实是实行仁政，是一位仁厚之君，这是历代都没有争议的。景帝在仁厚之外也有刻薄寡恩的一面，例如为了平息七国之乱，不惜把忠心耿耿的重要谋臣晁错杀了。这是他们两人最大的不同。文帝和景帝一致的地方，就是他们都重视国计民生。

景帝后元三年（前141年），四十八岁的景帝病逝。

至此，汉王朝建立已六十一年，汉初残破、萧条景象一扫而光。史载：如果没有遇到水旱灾害，百姓都人给家足。城乡粮仓都装满了粮食，府库储藏了大量财物。国库的钱，数以亿计，因长期不用，穿钱的绳子都腐朽了，数都没法数。太仓堆满了新旧

汉景帝阳陵出土的人物俑

粮食，有的因没地方存放，只好放在外面，以致腐烂不可食。街巷中随处可见到马，阡陌之间更是成群遍野。地位卑贱的看门人都吃上了小米和肉，官吏因无事可做，就忙着生养孩子。人人自爱而怕犯法，都以行义为先。

这样一片社会安定、经济繁荣、人民安乐的景象，是在汉初统治者制定的"与民休息""黄老无为"政策下取得的。特别是文、景时期一系列惠民措施，更博得后世的一致称颂。据统计，文景时期共颁布了八次大赦令。东汉著名史学家、《汉书》的作者班固，在《景帝纪》后赞道："汉兴，扫除烦苛，与民休息。至于孝文，加之以恭俭，孝景遵业，五六十载之间，至于移风易俗，黎民醇厚。周云成康，汉言文景，美矣！"将文帝、景帝时期的统治与周代的成康时代相媲美，誉为"文景之治"。文帝、景帝的谥号便由此而来。古谥法"道德博闻曰文"，"由义而济

文景之治 | 107

曰景"。

　　文景之治是中国历史上罕见的盛世，然而繁荣景象背后，也掩藏着重重危机。经过汉初几代统治者的清静无为、休养生息，的确是一扫秦末的残破凋敝，出现了欣欣向荣、百业俱兴的盛景。然而诸侯王和匈奴的威胁并没有完全被消除，特别是北方匈奴，一直是汉王朝梦魇般的劲敌。从汉高祖刘邦时代开始，就不断受到来自北方的骚扰和挑衅。新兴的汉朝无力与匈奴大规模长期征战，只有采取和亲与安抚。然而，怀柔只可以换取短暂的和平与宁静，却无法保证长治久安。

　　时代呼唤变革。中国历史上最辉煌的时代随着新皇帝的即位，徐徐拉开帷幕。

汉武帝

汉武帝像

公元前141年正月,汉景帝去世,十五岁的太子刘彻即位,是为汉武帝。汉武帝在位长达五十四年,占西汉王朝统治时间的四分之一,开创了中国帝制时代第一个恢宏盛世。

初试锋芒。武帝母亲即景帝王皇后的身世颇为传奇。王皇后的母亲臧儿是汉初七个异姓诸侯王中最早反叛的燕王臧荼的孙女。臧儿有两个女儿,长女即皇后王娡。臧儿先将王娡嫁给一个姓金的人家,生了一个女儿。后来臧儿听算命的说,女儿将来一

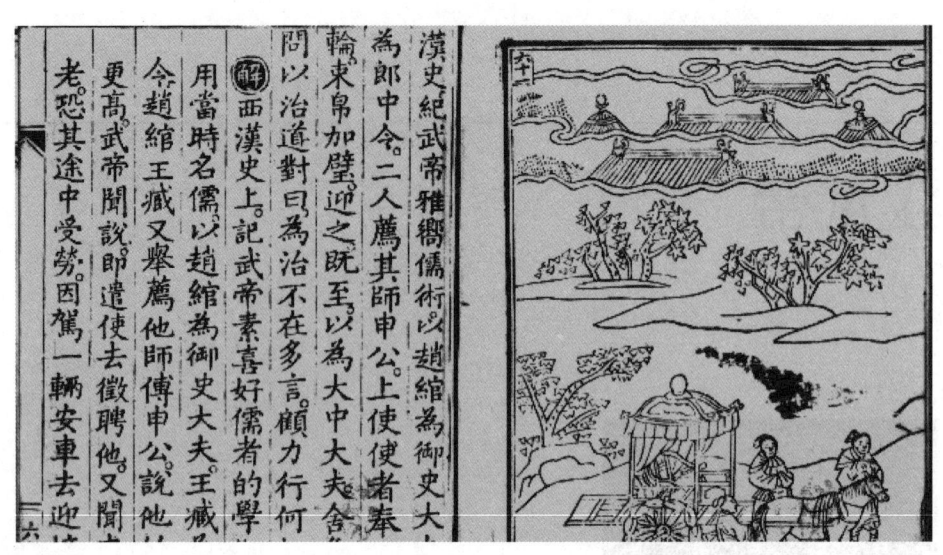

《帝鉴图说·汉武好儒》

定会大贵，便后悔将女儿嫁给家世平庸的金家，提出离婚。将王娡送进太子宫，没承想这倒真的印证了算命先生的话。王娡进宫后，得到太子刘启即后来的汉景帝的宠幸，接连生下三女一男。男孩就是汉武帝刘彻。

即位伊始，这位少年君主便显现出超常的才略和胆气。建元元年（前140年）岁首十月，武帝下了即位后的第一道诏书，令各地推举贤良方正、直言极谏之士。他要将天下贤才尽数招揽到朝廷，辅佐他建立一番惊天动地的伟业。

丞相卫绾上奏，请求罢免修习法家、纵横家学说的贤良，认为这些学说会扰乱国政。这一建议马上得到武帝的许可。

汉初一直奉行黄老"无为"政策，对百家思想持自由开放的态度。此次武帝同意卫绾的请求，罢免法家、纵横家贤良显然不同寻常，意味着汉王朝的统治思想将要发生重大转变。

六月，卫绾因病免相。武帝趁机对大臣做了一次大调整，任命祖母窦太皇太后的侄子窦婴为丞相，舅舅田蚡为太尉，赵绾为御史大夫，王臧为郎中令。窦婴、田蚡的外戚身份固然惹眼，但四人均崇尚儒学才是这次调整的关键。

果然，不久他们便将儒家主张的建明堂、行巡狩、改正朔服色等制度提上议事日程。

事情尚在酝酿之中，便遇到强大阻力。阻力来自窦太后。

窦太后是文帝皇后，武帝的祖母。窦太后很少干预政事，但唯有对尊崇儒术这件事十分反感。史称窦太后"好黄老言，不说（悦）儒术"。武帝和大臣要尊崇儒术，贬黜百家，自然担心窦太后会反对。于是赵绾建议，索性不向窦太后所在的东宫奏事。窦太后闻知大怒。

武帝不敢公然违抗祖母的意愿，于是罢免窦婴、田蚡，并将赵绾、王臧下狱，二人被迫自杀。但这只是表面的妥协。建元五年（前136年），武帝宣布设立五经博士，儒学的地位进一步提高。

但对武帝来说，更为迫切的是解决北方边患问题。建元三年（前138年），武帝向全国征募愿意出使西域者。此举其实剑指匈奴。

建元六年（前135年），身历四朝的政治老人窦太后寿终正寝，至此，汉武帝长达六年的政治"禁锢期"宣告终结，属于刘彻的时代终于到来。

阴山山脉

内蒙古阿拉善盟匈奴岩画。在古代，阴山南北是广阔的草原，这里曾经生活着一支古老的游牧民族——匈奴。他们逐水草而居，猎牧于山林草原，从发现的岩画中可以看到匈奴人的生活状况。

匈奴王像

剑指匈奴。战国中期,匈奴崛起。他们不断蚕食、征服周边弱小民族,并南下侵扰中原地区。秦始皇统一中国后,曾派蒙恬率军北击匈奴,夺取河套地区,迫使匈奴北迁。但秦末战争爆发后,匈奴趁中国内乱,又南下夺回河套。

秦汉之际,匈奴头曼单于太子冒顿杀死他的父亲,夺取单于之位。这是一位强有力的君主,他东灭东胡,西击大月氏,南并楼烦、白羊河南王,很快便控制了整个蒙古草原,号称控弦之士三十万。

汉初,匈奴不断侵犯汉朝边境,进行掳掠。高帝七年(前200年),匈奴南下攻打汉分封的诸侯国韩,韩王信不敌而投降。匈奴直抵晋阳。汉高祖刘邦率三十万大军前往阻击,在平城白登山（今山西大同东北）陷入匈奴包围圈，被困七天七夜，险些被俘。高祖通过贿赂单于阏氏（夫人），才得以逃脱。此役对汉朝来说是一次重大挫败，百姓编歌谣："平城之下亦诚苦！七日不食，不能彀弩。"

平城之战令高祖意识到，当时尚不具备用武力解决匈奴问题的国力，于是采纳谋臣刘敬的建议，与匈奴缔结"和亲"。和亲的内容主要包括以下四点：第一，汉将一位公主嫁给匈奴单于；第二，汉每年送给匈奴大量丝绸、酒、食物等礼物；第三，汉与匈奴结为兄弟之国；第四，双方以长城为界，互不侵犯。高祖死后，惠、吕、文、景四朝均选送公主，与匈奴续订和亲之约，赠送的礼物数量逐年增加。

"和亲"虽然缓解了汉匈之间的紧张关系，但匈奴一旦遭遇灾荒，就撕毁合约，南下掳掠。文帝十四年（前166年），匈奴十四万骑兵甚至深入到距长安仅七百里的地方。

单于天降瓦当，内蒙古包头市出土。

单于和亲瓦当，内蒙古包头市出土。

更让汉朝君臣感到耻辱的是，高祖死后，冒顿单于送了一封国书给吕后，说："陛下独立，孤偾独居。两主不乐，无以自虞。愿以所有，易其所无。"吕后大怒，要斩使者，发兵攻打匈奴。当时群臣情绪激昂，但几位头脑清醒的大臣理性分析形势，认为出兵并没有必胜的把握。吕后知道他们说得有理，只得婉辞回书，重修和亲之约。

匈奴无疑是汉的心腹之患。文帝时，贾谊曾上书，发出"可为痛哭者一，可为流涕者二，可为长太息者六"的慨叹。其所谓"可为流涕者"指的就是匈奴边患。他痛心道："今匈奴嫚侮侵掠，至不敬也，为天下患，至亡已也，而汉岁致金絮采缯以奉之。""陛下何忍以帝皇之号为戎人诸侯，势既卑辱，而祸不息，长此安穷！"

文帝时曾有意抗击匈奴。文帝三年（前177年），匈奴入侵河套地区，文帝调集八万骑兵，前往高奴，准备阻击。匈奴闻风撤走。文帝亲临甘泉，阅兵视察。恰在此时，国内发生诸侯王反叛事件，文帝遂罢兵回朝。次年，匈奴求和亲，文帝召开朝议，让大臣讨论是继续和亲还是出击。结果大臣都认为应当和亲，致使文帝放弃北击匈奴的想法。

壮怀激烈的武帝，决心彻底解决匈奴问题。然而，对于汉是否具备独自对抗匈奴的能力，他没有十足的把握，他需要一个同盟者。他听说匈奴大败月氏后，月氏人西迁至西域一带。冒顿单于用月氏王的头骨做饮器，月氏人对匈奴恨之入骨。武帝于是决定派人出使西域，联络月氏人，共同夹击匈奴。

秦汉时将玉门关、阳关以西包括今新疆和中亚的广大地区称作西域。这里以天山为界分为南北两部，分布着数十个大小不等的国家。他们生活在沙漠的绿洲上，或以游牧为业，或以农耕为主，或兼营农牧业。对于汉朝人来说，西域是一个遥远而神秘的地方。

一个叫张骞的郎官响应招募。武帝于是派这位年轻的冒险家率领一百多位应征者，携带大量丝绸、食物，从长安出发了。由于路途遥远，途中又要经过匈奴之地，谁也无法预想张骞一行会遭遇怎样的命运。

建元六年（前135年）年底，匈奴派使者前来求和亲。武帝召集群臣，商议对策。大臣一如既往地分为主战、主和两派，最终主和派占了上风。虽然武帝听从了多数大臣的意见，但显然这并非他的本意。

两年后（元光二年，前133年），雁门马邑（今山西朔州）豪族聂壹通过大臣王恢上言，建议诱歼匈奴。这一次，武帝坚定地站在了主战派一边。

汉朝调集三十万大军，埋伏在马邑山谷。聂壹诱匈奴十万骑前往马邑，距马邑百余里时，单于看到牛羊遍野，却无人放牧，不禁心中生疑。他抓获一个汉军吏，从他口中得知武帝的计划，立即杀死聂壹，掉头撤退。

汉匈从此断绝和亲，汉匈关系进入一个全新的历史时期。

中国社会科学院历史研究所副研究员 赵凯

"马邑之谋"是汉朝第一次有计划地试图与匈奴人展开军事上的角逐。虽然没有成功，但是它的标志性意义很大，实际上"马邑之谋"拉开了汉匈战争的大幕。

元光六年（前129年），匈奴入侵上谷郡。武帝令汉军分四路出击，每路一万骑，围剿匈奴。汉匈战争正式开始。

四路军中有两路战败，一路未与匈奴遭遇，只有将军卫青率领的一路直捣匈奴单于府——龙城，歼灭七百人。这个小小的胜利，给朝野上下极大的鼓舞。

卫青是武帝皇后卫子夫的同母异父弟弟。卫子夫曾是武帝姐姐平阳公主家的歌女，卫青是公主家的家奴，出身卑贱。武帝到姐姐家玩时看上卫子夫，平阳公主便将她送进宫。她很快便给武帝生了个儿子，当时武帝已经二十九岁，第一次有儿子，因此对卫子夫十分宠爱。卫青也长得一表人才，善骑射，善结交，武帝认为他有将帅之才，对他格外器重，不断提拔他。起初，大臣对此颇有微词，但经此一役，都佩服武帝知人善任。

西汉马踏匈奴石雕

此后,汉军连年与匈奴交战,不断取得胜利。

元朔二年(前127年),卫青率兵击败楼烦、白羊王,收复河套地区,汉在这里设朔方(治今内蒙古杭锦旗北)、五原郡(治今内蒙古五原)。

元朔五年(前124年),卫青率三万骑大败匈奴右贤王,斩首一万五千余人,右贤王仅率数百人逃脱。

元狩二年(前121年)春,骠骑将军霍去病出陇西(今甘肃临洮),过焉支山(今甘肃山丹县东大黄山)一千余里,大败匈奴,杀两王,俘浑邪王子,歼灭八九千人。

当年夏,霍去病越过居延泽(今内蒙古额济纳河上游),至祁连山(今甘肃酒泉南方),歼灭三万余人,俘两千五百人。

这两次战役给匈奴右翼以致命打击,造成匈奴内讧。这年秋天,浑邪王杀休屠王,率部四万余人降汉。汉在河西陆续设立酒泉、武威、张掖、敦煌四郡。

霍去病是卫青的外甥,十八岁进宫,任侍中。他和卫青一样,是中国历史上不世出的杰出军事人才,善骑射,骁勇善战。他跟随卫青出击匈奴后,很快便脱颖而出。经过这两次战役,他的地位逐渐跃居卫青之上。

元狩四年（前119年），武帝命卫青、霍去病分两路出击匈奴。卫青部出塞千余里，穿越漠北，重创单于部，单于仅率数百骑逃走，汉军追至窴颜山赵信城（今蒙古国杭爱山南），歼敌一万九千人。霍去病部出塞两千余里，大败左贤王部，斩首七万余人，封狼居胥山（今蒙古国肯特山），临瀚海（今贝加尔湖）而还。

匈奴从此一蹶不振，他们编歌谣唱道："失我焉支山，使我妇女无颜色；失我祁连山，使我六畜不蕃息。"其主力向西北远徙，出现"幕南无王庭"的局面。

汉向新建立的西北、北方边郡移民，修筑长城、烽燧，派兵数十万屯田戍守。

两年后（元狩六年，前117年），霍去病因病英年早逝，年仅二十四岁。武帝十分悲痛，将其安葬在自己的寿陵——茂陵（今陕西兴平）东，将坟冢建成祁连山的样子，以此纪念他北伐匈奴的伟大功绩。

茂陵石雕之伏虎，霍去病墓前。

南方的战事。武帝开疆拓土，扩大版图，并不限于蒙古草原。秦末战争爆发后，越人相继脱离秦王朝的控制，南海郡尉赵佗自立为南越王。楚汉战争期间，闽越和东瓯首领曾帮助汉军攻打楚军。汉建立后，刘邦分别封他们为闽越王和东瓯王。后又派使者出使南越，令赵佗臣属。但三个封国实际上处于半独立状态。

建元三年（前138年），闽越发兵围攻东瓯，东瓯向汉告急。汉水军从会稽（今江苏东部及浙江西部）出发，前往相救。闽越闻风撤走，东瓯请求举国内迁。武帝将他们安置在长江与淮河之间。这些越人逐渐与当地人融合，成为今天汉民族的一部分。

建元六年（前135年），好战的闽越王将兵戈指向南越，南越向汉求救。汉大举发兵，分两路进击闽越。大军尚未翻越五岭，闽越人十分震恐，杀其王，向汉谢罪，汉罢兵。

武帝向闽越发兵的同时，派番阳（今江西鄱阳）县令唐蒙出使南越。唐蒙到南越都城番禺（今广州）后，南越人拿蜀的蒟酱招待他。他很奇怪，蜀与番禺相隔千山万水，蜀的东西怎么到番禺的？他多方打听后了解到，番禺城西北的牂牁江可连通蜀，夜郎（今贵州西北部及云南、四川两省部分地区）是连通

人操蛇屏风铜托座，广州西汉南越王墓出土。

南越与蜀贸易的中转站。唐蒙因此建议武帝，可沿牂牁江出兵南越。这激发了武帝经营西南的兴趣。

元光五年（前130年），武帝以唐蒙为使者前往西南，夜郎及周边部族纷纷表示愿意归汉，汉在此设立犍为郡（治今四川宜宾）。汉开始修建南夷道，自僰道（今四川宜宾境内）通往牂牁江。

东北战事与财政困局。在辰韩的北面，高丽、沃沮的南面，是称作东夷的濊貊。元朔元年（前128年），濊貊首领率众二十八万人归汉，汉在此设苍海郡。

云南省晋宁出土的西汉文物铜孔雀

汉武帝自建元三年（前138年）出兵救东瓯以来，战事不断扩大。特别是元光六年（前129年），汉匈战争全面爆发后，几乎连年征发十余万将士，军需供应花费巨大。西南方面，仅平定反叛的费用即以巨万计。东北方面，苍海郡设立仅两年，"人徒之费，拟于南夷"。汉初六十余年休养生息积攒下来的财富，在十余年间消耗殆尽，朝廷出现严重的财政危机。

捉襟见肘的财政,令武帝不得不放慢开疆拓土的步伐。元朔三年(前126年),他被迫撤销建立两年的苍海郡,停止西南方面的经营,专心对付北方的匈奴。

张骞凿空西域。这一年,十三年前奉命出使西域的张骞回到长安。原来,张骞西行途中被匈奴人抓获,十年后伺机逃脱。他辗转到达已迁居妫水流域的大月氏。大月氏已在此安居乐业,无意东归。张骞无奈返回,途中又被匈奴扣留一年多。当年随他出使的一百多人,回到长安时,只剩下他和一个贴身奴仆。

张骞此行虽然没有达到预期目的,但自此打通了中国通往西方的道路,中国开始与中亚、西亚甚至欧洲接触,这在世界文明史上具有重要意义,故被誉为"凿空"。

张骞把他出使西域的所见所闻详细地讲给武帝听,说汉朝正西方一万里处有大宛国,出产骏马——汗血马。大宛西南有大夏国,他在大夏曾见到邛的竹杖、蜀布,是大夏东南的身毒商人贩来的。他由此推想,身毒离蜀应不远。

受交通手段的限制,当时世界上各个文明彼此隔绝。武帝第一次听到汉以外还有如此广阔的世界,不禁十分向往。他命张骞等分四路出使身毒,北路行至氐、苲,南路行至嶲、昆明,受到当地部族的阻截。滇王没有听说过汉,问汉使者:"汉孰与我大?"此次受阻,让武帝下决心重新经营西南。

财政改革。要经营西南,首先必须解决经费问题。元狩三年(前120年)的大移民更加剧了财政的紧张。

元光三年(前132年),黄河在濮阳瓠子(今河南濮阳)发生大决口,流入巨野泽,与淮河、泗水连成一片,泛滥十六郡。武帝当即征发十万士卒进行堵塞,但很快又被冲垮。此后,武帝听信大臣和望气家的话,不予堵塞,放任自流,以致灾区连年饥荒,百姓生活没有着落。元狩三年(前120年),武帝决定将灾民七十二万五千口迁往西北边郡,一方面解决灾民的生活困难,一方面充实西北边郡。此举花费数以亿计。

面对这样的财政困境,武帝清醒地意识到,只有大刀阔斧的财政改革,才可能使他渡过难关。

武帝最先改革货币,但不成功,盗铸猖獗。在此情况下,武帝一反常规,开始任用商人理财。

秦商鞅以来就实行重农抑商政策。当时有"七科谪",即七类贱民,其中商人以及父母、祖父母为商人者,就占了四类。国家对他们实行歧视性政策。汉建立后,继续奉行重农抑商政策,高祖时曾下令,不允许商人穿丝质衣服、乘车骑马,并加倍征收他们的人头税。惠帝以后虽然放宽限制,但仍不许商贾做官。

元狩四年（前119年），武帝任命齐地的大盐商东郭咸阳和南阳的大铁商孔仅为财政大臣大农令的副手——大农丞，专管国家命脉产业——盐铁事宜。洛阳贾人之子侍中桑弘羊，因精于计算，更得武帝赏识。在他们的筹划下，一系列财政改革措施陆续出台。

首先，实行盐铁国营，在各地设盐官、铁官，掌管盐铁的生产和销售。天汉三年（前98年），武帝又将酒的酿造和贩卖收归国营，称作"榷酤"。

元狩五年（前118年），废除半两钱，发行五铢钱，币重与名称相符。元鼎四年（前113年），下令取消郡国铸币权，货币由上林三官统一铸造，第一次将铸币权控制在中央手中。货币自此稳定下来，五铢钱长期使用，一直到隋时。

元狩五年末，开征车船税和缗钱税，称作"算车船""算缗钱"。"算"为征税的单位，"缗"指串铜钱的绳子。规定，工商业者无论有无市籍，均须按经营成本申报纳税，违反者罚戍边一岁，没收财产。同时，重申不允许商人占有土地的政策。

为了防止商人隐匿财产，元鼎三年（前114年）武帝下告缗令，令检举揭发者可得被告者一半财产。告缗波及全国，商贾中家以上大多被告，短短几年内，政府没收的"财物以亿计，奴婢以千万数，田大县数百顷，小县百余顷，宅亦如之"。

元封元年（前110年），武帝下令在各地设均输官，将中央充裕的物资，从出产地直接运往所需地区，减少运输费用。同时颁行平准法，在京师设平准官，接受均输货物，贱买贵卖，一方面可增加国家收入，一方面可平抑物价。

此后，桑弘羊又建议允许百姓用捐粮换取做官吏、赎罪和免除徭役的资格。此令一出，一年之中，国库就堆满了粮食。

武帝财政改革的实质就是将以往的自由经济改为由国家控制经济的运作。由于改革主要针对商贾、富人群体，因此，虽然改革的力度很大，但并没有给百姓增加多少负担，史称"民不益赋而天下用饶"。这对于维持社会稳定，实现武帝的伟大功业至关重要。国家为了防止官吏随意向百姓赋敛，还特意制定了"擅赋法"。汉兵出征，沿途郡县只需提供粮草。

迅速充盈的国库，为汉的军事行动提供了坚实的后盾。元鼎二年（前115年）至元封六年（前105年）十年间，汉在开疆拓土和外交方面均取得了辉煌成绩。

元鼎五年（前112年），汉出兵南越，平定王相吕嘉反叛，设立儋耳（治今海南儋县西北）、珠崖（治今海南海口东南）、南海（治今广东广州）、苍梧（治今广西梧州）、郁林（治今广西桂平西）、合浦（治今广西合浦）、交阯（治今越南河内西北）、九真（治今越南清化西北）、日南（治今越南广治西北）九郡。

次年，汉平定西南且兰（今贵州黄平西）等族反叛，设牂柯（治今贵州福泉）、越巂（治今四川西昌东南）、沈黎（治今四川汉源东北）、汶山（治今四川茂汶）、武都（治今甘肃西和）五郡。

元封二年（前109年），汉出兵征服滇国，设立益州郡（治今云南晋宁东），赐滇王王印。

至此，五岭以南及西南地区几乎全部并入汉的版图。

经营朝鲜与西域。秦汉之际，燕人卫满在朝鲜半岛称王，以王险（今朝鲜平壤）为都城。惠帝时，卫满与汉约定，为汉外臣保塞。卫满逐渐征服真番、临屯，疆域达数千里。传王位至孙子右渠时，拒绝入朝，并大量引诱汉朝逃亡的人。

元封二年（前109年），汉发兵从海陆两路攻入朝鲜。次年，朝鲜大臣杀右渠降汉，汉设立真番（治今朝鲜黄海南道信川郡）、临屯（治今江原南道江陵）、乐浪（治今朝鲜平壤南）、玄菟（治今朝鲜咸镜南道咸兴）四郡。

经过二十余年经营，武帝时代的中国疆域，东抵日本海、黄海、东海及朝鲜半岛中北部，北逾阴山，西至中亚，西南至高黎贡山、哀牢山，南至越南中部和南海，较秦时扩大近一倍。

汉在少数部族聚居区实行郡县和部族首领双重统治，尊重当地习俗，并给予不收赋税的优惠。

汉在西域及中西交通方面，同样取得了很大进展。

匈奴在元狩四年（前119年）遭遇大败后，逐渐向西北迁徙，西域成为汉匈争夺的焦点。元鼎二年（前115年），武帝派张骞再次出使西域，联络乌孙，欲结和亲，共击匈奴。此行虽没有达到目的，但张骞派出的副使到达大宛（位于今中亚费尔干纳盆地）、康居（位于今巴尔喀什湖和咸海之间）、大月氏、大夏（古希腊巴克特里亚王国，位于今阿富汗北部）等国，与这些国家建立了联系。

元封三年（前108年），汉派兵征服北道的楼兰（今新疆罗布泊西)、姑师(后称车师,今新疆吐鲁番),控制了西域门户。

元封六年(前105年),武帝将细君公主嫁给乌孙王,结和亲,进一步巩固了汉对西域的控制。中国与西方世界的交通从此畅通无阻,由于当时的贸易主要以丝绸为主,因此这条道路被誉为"丝绸之路"。

元封元年(前110年)岁首十月,武帝第一次领兵北巡。十八万骑兵分十二部,浩浩荡荡,从云阳出发,经上郡、西河、五原,出长城,北登单于台,至朔方,临北河,在那里举行了盛大的阅兵仪式。他派使者向单于宣战:"南越王头已县(悬)于汉北阙矣。单于能战,天子自将待边;不能,亟来臣服。何但亡匿幕北寒苦之地为!"

单于大怒,立斩接待使者的官吏,扣押汉使者,但却不敢应战。

封禅之旅。汉武帝这次北巡有着特殊的意义,系为即将举行的封禅大典做准备。封禅,是战国以来帝王的最高理想,只有开启盛世的圣德帝王才有资格行封禅礼。武帝显然认为自己已经具备这样的资格。

元封元年(前110年)正月,武帝开始了封禅之旅。四月,在泰山东举行了封泰山大典。礼毕,武帝携霍去病的儿子侍中、奉车都尉霍子侯,两人登上泰山山顶。在泰山东北的肃然山举行禅礼后,武帝在奉高(今山东泰安东)西南四里处的明堂大会群臣。群臣向武帝祝寿,歌颂他的功德。武帝宣布,以此年为元封元年。

接下来的数年,相对以往的峥嵘岁月,稍显平淡。

元封二年(前109年),数万士卒堵塞了黄河决口,为害二十余年的水患终于得到治理。

元封五年(前106年),卫青病逝,武帝将他葬在茂陵的东面,与霍去病墓相望。

这一年,武帝进行了一项重大制度改革,即在郡国之上设立州,将京畿以外的郡国分为十三州。州设刺史,主要职责是监察郡国守、相等二千石官员和强宗豪右。州刺史初设时级别不高,秩六百石,仅相当于一个大县县令,远低于所监察郡国长官,但后来其权力越来越大,影响也越来越大。

太初元年(前104年),在太史令司马迁等人建议下,武帝改正朔,颁行新历——"太初历",行用夏正,以建寅之月即正月为岁首,色尚黄,数字用五。至此,武帝稽古礼文的文治工作基本告成。

巫蛊之祸。平静的社会表象下,其实早已暗流涌动,并最终在武帝晚年以惊人之势爆发。

太初、天汉年间,关东地区不时传来农民暴动的消息。他们多者聚集数千人,少者数百人,攻城邑,夺库兵,劫死囚,杀官吏。泰山、琅邪郡尤为严重,道路不通。

武帝好大喜功,自即位以来就不断用兵四边。他喜欢铺张排场,连年出巡,举行各种祭祀典礼。生活奢靡,在位期间修建了大量宫殿苑囿。太初元年建造的建章宫,规模宏伟,史称有"千门万户"。为了追求长生不老,迷信方士,炼丹求仙。这些都花费巨大,给人民带来沉重负担。一位大臣曾当面批评武帝:"内多欲而外施仁义。"切中武帝要害。武帝虽然在思想文化方面,罢黜百家,但治政却并非纯用儒术,而是广泛吸纳法家思想和手段,外儒内法。史称"以法制御下,好尊用酷吏"。他任用的郡国二千石官大多是执法严厉的酷吏。赋役沉重,统治残酷,是造成武帝后期社会动荡的直接原因。

武帝派兵镇压农民暴动,花费数年,才大致平定。但仍有很多反叛的农民逃到山泽,重新聚集。于是武帝制定"沉命法",规定地方官若不能及时发觉并镇压叛乱,要被处以死刑。地方官害怕被杀,索性欺瞒不报。结果社会愈来愈动荡不安。

而令武帝始料不及的是,更大的灾祸居然起于萧墙之内。

征和二年(前91年),有人告发丞相公孙贺父子行巫蛊,牵连两位公主和许多贵戚大臣。

巫蛊是当时盛行的巫术,即将木偶作为仇敌的化身,埋在土中,对其进行诅咒,认为这样就可让仇敌死。武帝迷信神仙鬼神,所以当时京城里充斥着方士女巫,都希望借此换取荣华富贵。这些女巫往来宫中,教那些不得宠的妃子行巫蛊。公孙贺案发,牵出宫中行巫蛊事。武帝原本怕死,一听大怒,杀死宫人及大臣数百人。即便如此,武帝心中仍十分不安,担心巫蛊应验。

一天他睡觉时，梦到数千个木偶拿着棍子追打他，他被吓醒，自此就病倒了。

颇受武帝宠幸的水衡都尉江充，曾得罪过太子刘据。他看到武帝年老多病，担心太子即位后对自己不利，于是对武帝说，武帝的病是因为巫蛊。武帝便命江充为绣衣使者，治巫蛊案，获罪而死者达数万人。江充告太子行巫蛊。太子求见武帝不得，无以自明，被迫发兵，矫诏杀死江充。

武帝命丞相刘屈氂率部与太子大战于长安城中，喋血死伤者数万人。结果太子兵败自杀，皇后卫子夫也自杀。

福无双至，祸不单行。匈奴经过十余年的休养，逐渐恢复元气，自元封末年起，边塞烽烟再起。征和二年（前91年），匈奴再次侵边。次年，武帝派贰师将军李广利等分三路出击匈奴。李广利是武帝宠姬李夫人的哥哥，颇受武帝信任。李广利纵兵深入，至燕然山时，被单于五万骑兵包围，李广利寡不敌众，投降匈奴。消息传来，武帝族灭李广利家。

接连发生的事件令年迈的武帝备受打击。巫蛊案经调查后发现，多属不实。武帝意识到太子很可能是因为恐惧举兵，并无反叛之心，心中不免伤痛。此时，恰好一个叫田千秋的郎官上书，替太子诉冤。武帝立即将他从三百石的郎官提拔为中二千石的大鸿胪，并族灭江充等构陷太子的官吏。

轮台罪己诏。武帝意识到，政策的转变已经等不到下一代了，必须提前改弦更张。

征和四年（前89年），桑弘羊等大臣提出，在轮台（今新疆轮台）开屯田，设亭障，以巩固汉在西域的地位。武帝借此之机颁布了轮台诏，批评屯田是"扰劳天下"，他深刻反省和检讨自己多年来的执政策略："朕即位以来，所为狂悖，使天下愁苦，不可追悔。"同时提出国家政策的全面转变："自今事有伤害百姓，糜费天下者，悉罢之！"即政治上从严刑峻法转向宽松温和，经济上从垄断财利转向发展农业，对外关系上从战略进攻转向战略防御，对待百姓从重赋繁役转向轻徭薄赋。

中国社会科学院历史研究所研究员 宋艳萍

汉武帝是中国历史上第一个以罪己诏的形式来自我批判的皇帝。有了错误能主动承认，而且能积极改正，这一点是应当肯定的。因为当时确实存在着严重的社会问题，连年战争使国库空虚，这引起了社会各阶层强烈的不满，很多批判的声音随之而起，这让汉武帝不得不进行反思。

针对武帝即位以来热衷求仙的举动，田千秋上奏："方士言神仙者甚众，而无显功，臣请皆罢斥遣之！"由于这些年来求仙一无所获，武帝此时也省悟："天下岂有仙人，尽妖妄耳！节食服药，只是可以少些病罢了。"于是欣然同意田千秋的提议。由于田千秋两次上奏均吻合武帝心意，于是拜为丞相，封富民侯，寓意为"思富养民"，宣明武帝休养生息的决心。

武帝的这一举措扭转了汉帝国"海内虚耗，户口减半"的厄运。

武帝一直非常清楚汉建立以后的政局变化和自己的使命，他曾说："汉家庶事草创，加四夷侵陵中国，朕不变更制度，后世无法；不出师征伐，天下不安；为此者不得不劳民。若后世又如朕所为，是袭亡秦之迹也。"因此，到了晚年，他可以改弦更张，与民休息。这也正是他超越秦始皇的地方。

后元二年（前87年），七十岁的武帝病逝，临终前，立八岁的少子弗陵为太子，即汉昭帝，命大臣霍光、金日磾、上官桀辅政。

东汉史学家班固盛赞武帝在"稽古礼文"方面的功绩，认为他卓然罢黜百家，表章六经，察举贤才，兴建太学，修郊祀，改正朔，定历数，协音律，建封禅，"号令文章，焕焉可述"，有三代之风，称其"雄材大略"。但又批评他不如文、景恭俭济民。

宋代史学家司马光则认为，武帝"穷奢极欲，繁刑重敛，内侈宫室，外事四夷，信惑神怪，巡游无度，使百姓疲敝，起为盗贼"，几与秦始皇无异！然而，秦以之亡，汉以之兴者，是因为武帝能"尊先王之道，知所统守，受忠直之言"，"好贤不倦，诛赏严明，晚而改过，顾托得人"。

不同时代的史家基于不同的立场，对武帝做出了不同的评价。无论如何，汉武帝不愧为雄才大略之主，其文治武功均对此后的中国产生了巨大的不可估量的影响。

两汉经学

北京国子监

十三经，是儒家的十三部经典著作，涵盖了儒家学说的基本内容。现存于北京孔庙与国子监的夹道内的十三经刻石碑有一百八十九块，包含着《易》《书》《诗》《周礼》《仪礼》《礼记》《春秋左传》《春秋公羊传》《春秋穀梁传》《论语》《孝经》《尔雅》《孟子》等经文。刻石成于清乾隆年间，故又称"乾隆石经"，是当时朝廷提供的科举考试的标准文本。"乾隆石经"碑文书法遒劲，是清代书法家蒋衡历时十二年才完成的作品。

在中国历史上，将儒家经典刻在石碑上是一种传统，最早从汉朝开始，距今已有两千多年的历史，"汉石经"的经文是历代朝廷选士的必读文本。勒石刻经、树碑垂范，拥有无可比拟的、尊崇的政治地位。

匹夫而为万世师，一言而为天下法。孔子从平民到"素王"，从生前颠簸流离，到身后万众敬仰，这一切都要从石经说起，从两汉说起，从经学说起，从儒学蜕变成经学说起。

熹平石经。 迄今有文字可考的镌刻儒家经籍的石经有七种，汉代的"熹平石经"、曹魏的"正始石经"、唐朝的"开成石经"、后蜀的"广政石经"、北宋的"嘉祐石经"、南宋的"御书石经"、清朝的"乾隆石经"。

"熹平石经"镌刻于东汉灵帝熹平四年至光和六年（175—183年），历时九年才完成。内容为《周易》《尚书》《鲁诗》《仪礼》《春秋》《公羊传》和《论语》，是中国历史上刊刻最早的一部石经，也称作"汉石经"。又因其经文全部是用隶书一种书体刻成，故又称作"一体石经"。"熹平石经"刻成后，立于京都洛

为保存儒家经典，东汉灵帝熹平四年（175年），朝廷下令，把经过官方审定的经书，用隶体朱书刊刻在四十八块石碑上，作为读书人的标准教材。这就是东汉著名经学家蔡邕书写的"熹平石经"。每块石碑高一丈、宽四尺，矗立在京师洛阳太学讲堂的东侧。碑成之日，盛况空前，前往观看及摹写者填塞街陌，每日车乘达千余之多。然而，经过岁月的沧桑，今天看到的"熹平石经"已经是一块块残缺不全的碑石，一部分存放在西安碑林博物馆，另一部分则收藏在上海博物馆。图为石碑所刻《周易》文字。

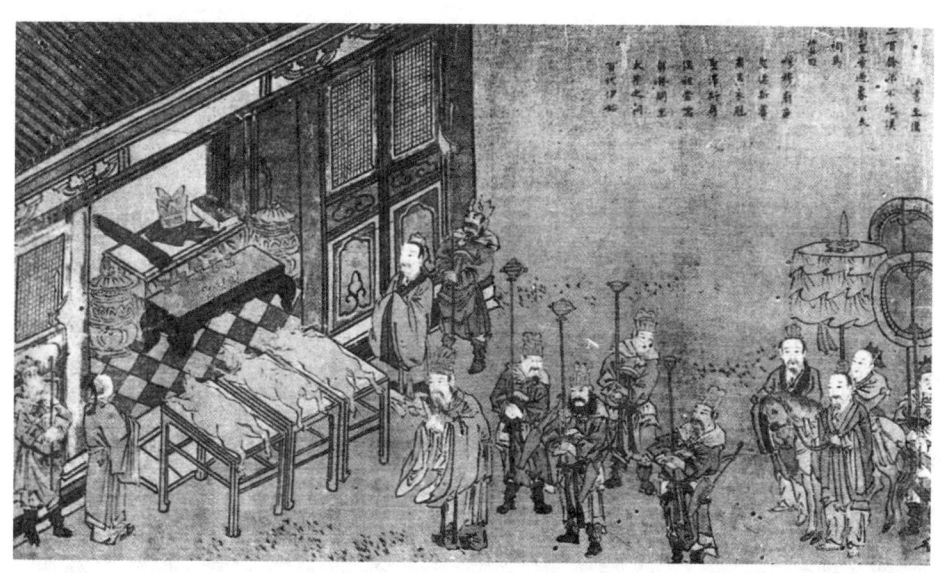

在山东曲阜文物局档案馆,珍藏着明朝成化、弘治年间(1465—1505年)彩绘绢本《孔子圣迹图》三十六幅,这些彩绘绢本展现了孔子的生平事迹。其中一幅《汉高祀鲁》描绘刘邦祭孔场面的彩绘,还原了历史的真实图景。从图中可以看出,汉高祖刘邦到达孔墓时,以最隆重的方式祭奠孔子,献上"太牢"的厚礼。这是史料记载中最高统治者第一次公开祭拜孔子。

阳的太学之中。它集汉代隶书之大成,被奉为书法的典范。令人遗憾的是,从三国时起,"熹平石经"在历经了无数次的浩劫之后,几乎毁失殆尽。

汉高祀鲁。先秦时期,儒家只是诸子百家中的一家,地位并不隆尊。秦统一中国后,以法家思想理论建立国家制度,儒家及其他诸家的思想受到排斥,乃至于焚书坑儒,烧毁民间的藏书,民间有偶语《诗》《书》者即犯杀头之罪。等项羽军队进入咸阳烧了秦的宫室后,就连博士官所藏的《诗》《书》和百家之言也在大火中灰飞烟灭。汉王朝初建时,百废待兴,文化上则是一片荒芜。

公元前 195 年，当刘邦打败最后一个有实力的异姓诸侯王英布，并带着病体祭奠孔子时，他似乎已经隐隐感到，只有儒家的思想才是确保汉朝长治久安的最适合的治国思想。然而，当意识到这一点时，他的生命已即将到达终点。祭孔后不到半年，刘邦病逝，而此时的儒学还远未成为最受尊崇的经学，甚至连重要的典籍都无法找到。

汉朝基本上继承了秦朝的政体与制度，刘邦在世时，整日东征西讨，连秦朝严禁民间藏书的法令也未废除。直到他死后三年多，汉惠帝才正式下令废除"挟书律"。又过了六年，汉文帝废除诽谤妖言之罪，开始大幅度地包容各种流派，鼓励学术发展，同时大收典籍，广开献书之门。除墨家已在秦末衰微，先秦时期活跃在政治、文化舞台上的儒家、道家、法家、阴阳家等各种学说在汉初并立。尤其是儒家，在经过秦朝的压制后急欲重振，实现救济苍生、治理社稷的抱负。然而，汉初，儒家虽然受到一定程度的重视，但在长年战乱、土地荒芜、经济凋敝、社会矛盾加剧的国情下，道家的"无为"思想显然更符合当时的社会条件，因而占有主导地位。

汉初政局。历史上著名的"文景之治"就是在道家无为而治的政策下出现的。从刘邦开始一直到汉景帝，汉朝治国者一直倡导与民休息的理念。在政策方面，实行郡县制与分封制并行，给予诸侯国很大的自治权；经济政策方面，鼓励农耕、轻徭薄赋；社会政策方面，坚持抑制豪强，以德化民；对外政策方面，厉行和亲弭兵。在楚汉战争后的六十多年时间里，整个社会得到了休养生息，逐步达到了国富民强。

而文景盛世中正隐藏着深刻的社会矛盾，尤其是世风的败坏令有识之士十分担忧。"文景之治"盛世下深层的社会矛盾，我们还可以从当时贾谊的《治安策》中窥见一斑。

贾谊说：秦要统一天下，实行商鞅的变法，弃绝礼义仁爱，秦的功业虽成，但是倡导功利，使社会风俗败坏：聚众辱寡，以诈欺诚，恃强凌弱，年轻人欺负年老人，社会混乱达到极点。现在虽然是汉朝，秦朝遗留的风俗并未改变。如今世人追求奢侈，竞相攀比，朝廷对此没有定制，致使人们抛弃礼义，丢掉廉耻，且一天比一天严重，可以说月异而岁不同。人们做事唯利是图，最严重者为了利益去杀害自己的父亲和兄弟。盗贼敢于割断窗帘、门帘进入内室，甚至偷走高祖、惠帝两庙的器具，竟还敢在光天化日之下，到大都市抢劫官吏，夺取钱财。还有的伪造文书，骗走国家粮库近十万担粟米，敛取民赋六百余万钱。有的还乘坐驿车，周游郡国，招摇撞骗。这些人寡廉鲜耻到了不可复加的地步，可是我们朝廷大臣，只把地方官员不在规定期限内向朝廷上交统计数字的文书作为重大问题，对于风俗的恶化、世风的败坏，却熟视无睹，没有引起警觉，反而认为这是合情合理的事。

贾谊（前200—前168年），今河南省洛阳市人。西汉初年著名的政论家、文学家。十八岁即有才名，二十余岁被文帝召为博士。不满一年被破格提为太中大夫。二十三岁时，因遭群臣忌恨，被贬为长沙王的太傅。后被召回长安，为梁怀王太傅。梁怀王坠马死后，贾谊深自歉疚，直至三十三岁忧伤而死。其著作有《过秦论》《论积贮疏》《陈政事疏》《治安策》《吊屈原赋》等。

贾谊希望汉文帝能重视礼仪教化，但汉文帝只是部分地采纳了他的意见，整体上仍实行道家无为的施政方针。才华横溢的贾谊受到丞相周勃、太尉灌婴等权臣的极力抵制，很快就被排挤到地方，英年早逝。

道家思想也受到各诸侯国王的尊崇。淮南王刘安就是其中的一位，他组织撰写的《淮南子》囊括了多家思想，但以道家思想为主。他希望汉朝廷一直采取无为而治的政策，这样，诸侯国会有更大的自由，可以更好地发展，可以更好地拱卫中央朝廷。然而事实上，以吴、楚、齐为代表的诸侯国的领地几近"天下之半"，诸侯王国的人口也超过全国人口的一半，这种政治格局不

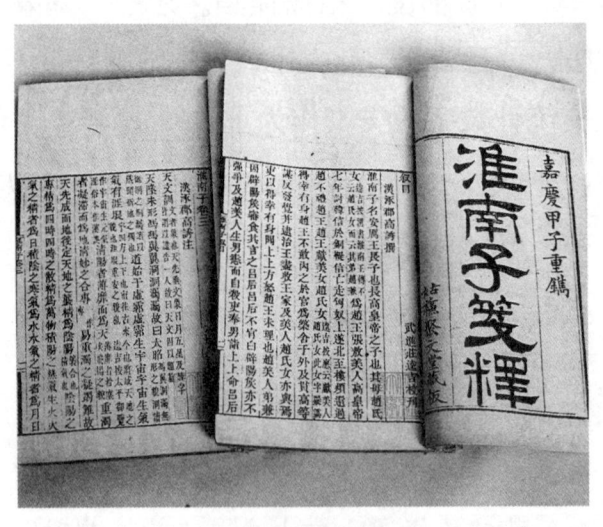

清刻本《淮南子》

仅使政府大量的纳税人口被剥夺，国家财政被严重侵蚀，而且使诸侯王国逐渐强大，独立倾向明显，也使中央集权的统一帝国时刻面临着被分裂的威胁。

汉景帝时，曾到伏生处学习《尚书》的晁错已成为御史大夫，他强烈地意识到诸侯国对中央政权的威胁，明确提出了削藩建议，并得到汉景帝的支持，不料由此引发了吴楚七国之乱。七国之乱虽然被迅速平定，但汉王朝与诸侯国间的矛盾仍然尖锐，儒家主张的积极有为、大一统的思想也与道家无为而治、守旧因循的保守思想产生了激烈的交锋。

在武帝独尊儒术前，两个学派的确发生过激烈碰撞。

辕固生因为传习《诗经》，曾在景帝时做了博士。有一次，辕固生和道家的黄生在景帝面前争论。黄生说："汤王、武王并不是秉承天命继位天子，而是弑君篡位。"辕固生反驳说："不对。夏桀、殷纣暴虐昏乱，天下人的心都归顺商汤、周武王，商汤、周武王顺应天下人的心愿而杀死夏桀、商纣，这不是秉承天命又是什么？"黄生说："帽子虽然破旧，但是一定戴在头上；鞋虽然新，但是必定穿在脚下。为什么呢？这正是上下有别的道理。夏桀、商纣虽然无道，但是身为君主，理应身处上位；商汤、周武王虽然圣明，却是臣子，理应居下位。君主有了过错，臣子不能直言劝谏，反

《圣庙祀典图考》中的伏生

而借其有过而诛杀君主，取代他而南面称王，这不是弑君篡位，又是什么？"辕固生答道："如果非按你的说法，那么高皇帝取代秦朝即天子之位，也不对吗？"这时汉景帝听不下去了，于是说："吃肉不吃马肝，不算不知肉的美味；谈学问的人不谈商汤、周武王是否受天命继位，不算愚笨。"于是这场争论停止了。自此以后学者再不敢争辩汤武革命的事了。

景帝的母亲窦太后喜欢《老子》这本书，有一次召来辕固生，问他读这本书的体会。辕固生说："这不过是俗人的言语罢了。"窦太后恼怒道："它怎么能与内容如同管制犯人似的儒家诗书相比呢！"于是让辕固生入兽圈刺杀野猪。景帝知道是太后发怒而辕固生直言并无罪过，就给了辕固生一把锋利的兵器。辕固生下到兽圈内去刺杀野猪，一刺，野猪便应声倒地。太后无话可说，只得作罢。

罢黜百家，表章六经。到汉武帝时，在"无为而治"统治思想指导下的帝国政治已出现了若干危机，积累的社会矛盾已呈爆发趋势，这使得汉王朝不得不对以往的治国理政观念进行反思，也不得不采取相应的积极措施应对危机。在统治思想上，逐渐脱离黄老学说，转向积极有为的儒家学说，成为汉代统治者一个必然的选择。

建元元年（前140年），汉武帝采纳丞相卫绾的奏议，凡是学习申不害、商鞅、韩非、苏秦、张仪学说的人，不得被推选做官。这意味着，法家、纵横家的思想被摒弃。与此同时，迎儒家耆宿申公来朝，并仿古制，设明堂辟雍，改历易服，这意味着汉武帝要用儒家思想来修礼仪，整顿已经颇为混乱的社会秩序。

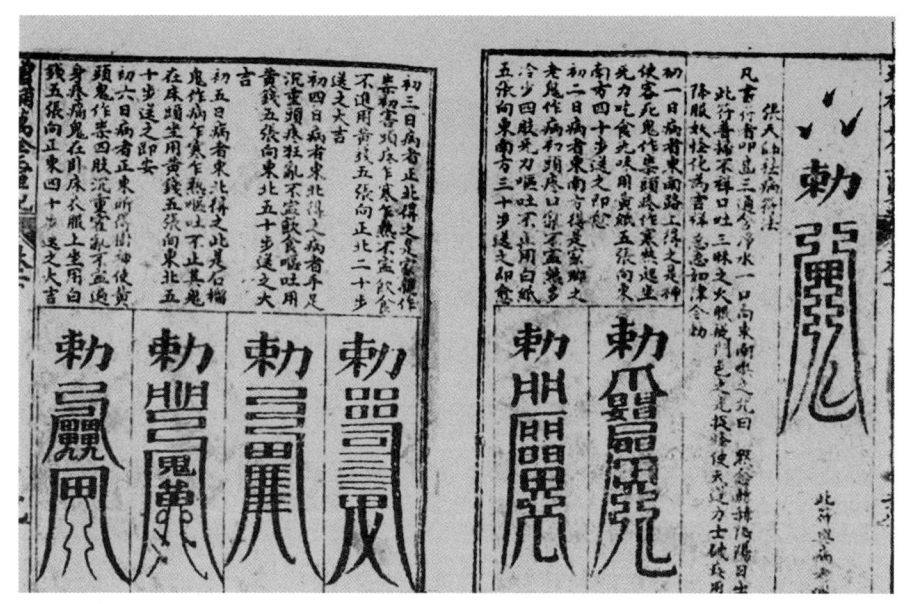

《周易》书影

建元五年（前136年），汉武帝下令置《诗》《书》《礼》《易》《春秋》五经博士，儒家的各门经学在官府中更加完备。

公元前134年，董仲舒在《举贤良对策》中建议："诸不在六艺之科、孔子之术者，皆绝其道，勿使并进。"就在这一年，武帝将不治儒家五经的太常博士一律罢黜，提拔了布衣出身的儒生公孙弘为丞相，优礼延揽儒生数百人，还批准为博士官置弟子五十人。

因此，班固在《汉书·武帝纪》中这样评价赞扬武帝："孝武初立，卓然罢黜百家，表章六经。"

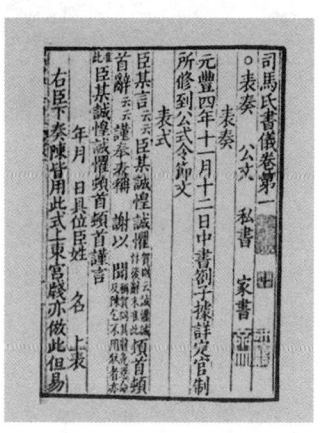

《仪礼》书影

中国社会科学院历史研究所所长 卜宪群

其实,"罢黜百家,独尊儒术"的说法并不见于汉代史籍,这是近代的说法,1916年,易白沙先生在《青年杂志》上发表了题为《孔子平议》的文章,称"罢黜百家,独尊儒术,利用孔子为傀儡,垄断天下之思想,使失其自由"。正因如此,近年来,有学者质疑汉武帝实行"罢黜百家,独尊儒术"政策的真实性。我们认为,从历史事实去考察,"罢黜百家,独尊儒术"这种政策还是被推行了的。

董仲舒像

董仲舒与汉代经学。儒学转变为经学,成为汉代政治统治理论,成为两千多年中国古代社会的主导思想,董仲舒是位关键人物。

董仲舒(前179—前104年),是汉代经学的奠基人。关于他的籍贯,司马迁《史记》说他是"广川人也"。自古以来,由于地方行政区划的变更,对董仲舒的籍贯的解释一直众说纷纭,清代《畿辅通志》中就有德州、枣强、景州三种说法。

董仲舒在汉景帝时任博士,讲授《公羊春秋》,其核心思想

"大一统""天人感应"理论,为后世封建统治者提供了统治的理论基础。他的著作汇集于《春秋繁露》一书。

汉武帝时,董仲舒先后任江都易王刘非、胶西王刘端国相,后辞去官职,居家著书,朝廷每有大事,都会派遣使者或廷尉,到他家里问询。

董仲舒的学说以诠释《公羊春秋》为基础,将先秦天道观和阴阳、五行学说结合起来,杂糅其他诸子百家的思想,建立了一套新的儒学理论的体系,使其成为汉代的官方统治哲学。它对当时社会所面临的一系列现实与历史问题,都给予了比较系统的回应。

北京大学高等人文学院院长 杜维明

董仲舒在修《公羊春秋》时,着重体现了微言大义,他的目的是要改变这个世界,为这个世界创造一种新的文明秩序。

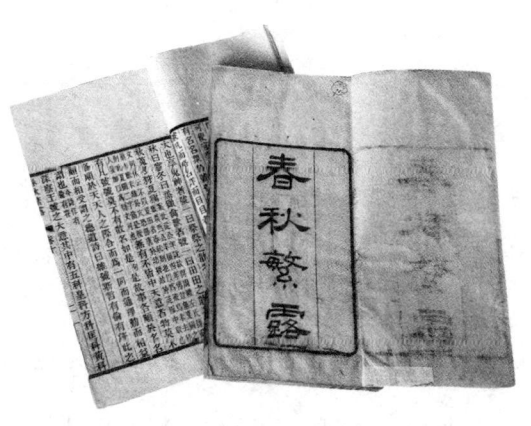

《春秋繁露》书影

两汉经学 | 143

经学脱胎于儒学，与儒学就有了差异。《说文解字》等古代字典与文献，把"经"解释为织布的纵线，后转义为法度、常规、常典，这样就可以"以经邦国"了。

经既然是常典，就不是一般人留下的东西。《博物志》说："圣人制作曰经，贤者制作曰传。"为什么"圣人制作曰经"呢？"盖经者非他，即天下之公理而已。"所以，在汉代，经专指周公和孔子留下的儒家旧典，即《易》《书》《诗》《礼》《乐》《春秋》，一般称作六经、六艺。

汉初，每经置一博士，各以家法教授，由于《乐》缺佚，无人传授，故称五经博士。到西汉末年，研究五经的学者逐渐增至十四家，所以也称五经十四博士。

《易》《书》《诗》《礼》《乐》《春秋》是经学的基本经典，这些都是先秦儒者口耳相传，陆续抄录的。根据汉代人的说法，抄录这些经的木牍竹简，长二尺四寸。后来作为启蒙用书的《孝经》《论语》也被确认为"初经"或"小经"。《孝经》规制为一尺二寸，《论语》为八寸。

上个世纪，朝鲜曾经发掘原汉代乐浪郡汉墓，其中出土一部《论语》，这应该是现存已知最早版本的《论语》，其规制是否符合汉代人所说的定制，由于我们无法看到实物，也就无法知晓了。

在汉代，经学的传承也十分讲究，门派严格，传承有序。《易》有施、孟、梁丘、京氏；《尚书》有欧阳，大、小夏侯；

《诗》有齐、鲁、韩；《礼》有大戴、小戴；《春秋》有严、颜。这些都被立博士，列入官学系统，各派的传承脉络十分清晰。

一般来讲，汉代的经师大都一生专攻一经，即所谓白首穷经。这种执着的精神、朴拙的态度，也是后代把汉学称作"朴学"的原因。

在西汉，经师一般不是来自贵胄之家，而大多是以平民入仕做官。到了东汉，平民入仕的经师经过数代以后，已成为缙绅贵族，经学为这些累世把持一种经典的大家族垄断。这些家族，不单在政治上把持权力，在经济上成为豪门，而且还拥有社会道德思想上的话语权。在地方，他们的影响甚至超过了专制皇权。汉代民谣形象地记述了这种情况："州郡记，如霹雳，得诏书，但挂壁。"

经学与政治秩序。与先秦儒学比较，两汉经学有自己的一些鲜明特点。

其一，经学是汉代的儒学。先秦的儒家著作传到汉代，残损严重。比如《礼》，现在一般称作"三礼"，即《仪礼》《礼记》《周礼》，在西汉初年，仅存"士礼"十七篇。所以，修复旧典，只能借用增字解经、推衍经义的方法。这恰恰是汉儒最乐意做的事，汉儒解经，动辄万言，十分常见。

其二，经学是神圣化的儒学。汉代儒学得以独尊，那么儒学的创始人孔子也就拥有圣人和素王的地位。司马迁曾用《诗经》的话来评价孔子："高山仰止，景行行止"，但这远远不够，孔子还被描述为在天庭的神人，为汉立法制宪，祭孔也成为重要活动。

其三,经学是谶纬化的儒学。谶是秦汉间巫师、方士编造的预示吉凶的隐语。纬是汉代附会儒家经义衍生出来的著作,是相对"经"而言的。经的本意是织布的纵线,纬就是横线。谶与纬作为神学预言,在实质上没有多大区别,在汉代,经学地位提高,就产生了傍依、比附经义的纬书。纬以配经,就称作"经纬";谶以附经,就称为"经谶";谶纬往往有图,所以又叫"图谶""图纬"。用谶纬解经,也就开启了经学神秘化和庸俗化的大门。

其四,经学是通经致用的儒学。与先秦的儒学不同,汉代的经学有更明确的目的性,更加强调其实用性。比如,在汉代,《尚书》中的《禹贡》篇被用作治理黄河的参考文献,《洪范》篇被用来预测世事变迁;还有《春秋》一书被用来作为审判罪犯的标准,就是所谓的"春秋决狱";而《诗经》则被用来作为谏书,规劝执政者改过自新。

中国社会科学院历史研究所研究员 孙晓

当然,我们还可以找到更多汉代经学与先秦儒学的不同。经学脱胎于儒学,却不同于儒学,这中间主要的原因是社会变化了,所依赖的社会背景不同了。孔子时代,儒家比较侧重强调"礼"和"仁",孔子说:"克己复礼为仁,一日克己复礼,天下归仁焉!"礼讲求的是等级秩序,仁讲求的是人与人关系和睦,这与先秦人分等级的宗法制是一致的,尊尊亲亲,国家安定,社会和谐。秦汉时代，礼崩乐坏，宗法制为编户齐民制取代，社会等级不再森严，小农家庭成为基本的社会细胞。所以汉代经学家比较侧重强调"孝"，因而我们常说"汉以孝治天下"。"孝"的观念来源于家庭伦理，把这种家庭伦理放大，就可以用来规范社会秩序和政治秩序。

在汉代，蜕变为经学的儒学对社会秩序与政治秩序的影响是深远而广泛的。特别是武帝"罢黜百家"以后，经学家通经致用的特长更得到了淋漓尽致的发扬。

"天子"作为皇帝的专称，就是这时经学家的一个创造。"王者父事天，故爵称天子。"皇帝称作天子，君权来自神授，皇权合理性这个问题就解决了。这是其他各家学派无法解决并刻意回避的问题。为了使这个神话臻于完美，汉代经学家还经过了二百年的努力，最后，经学家贾逵在《左传》中找到尧的一个后代，名叫刘累，曾在夏代做过大臣，贾逵认为刘邦就是刘累的后人。这样，刘邦就可以通过尧上溯到黄帝，具备了上帝的血统。刘邦以后，王莽、曹丕称帝，也是把自己的血统追溯到舜，再上溯到黄帝，以证明自己做天子的合理性。

经学家正名定分，解决了皇权的合理性，主要目的是强化中央专制集权，这迎合了汉王朝的政治需求。

"春秋大一统"理论便是汉代经学家的一个创建。阐发《春秋公羊传》的经师从儒家经典《春秋》中推衍出"大一统"概念。"大"的意思是重视、尊重；"一统"的意思是天下诸侯皆统系于天子。"六合同风，九州共贯"，这种以道统为核心的政治伦理，强化了中央专制集权的权威，对两千多年来的中国及东亚社会的影响极巨且深。

《公羊传·隐公元年》："何言乎王正月？大一统也。"徐彦疏："王者受命，制正月以统天下，令万物无不一一皆奉之以为始，故言大一统也。"《汉书·王吉传》："《春秋》所以大一统者，六合同风，九州共贯也。"

"三纲五常"理论也是汉代经学家的一个重要创建。所谓三纲即君为臣纲、父为子纲、夫为妻纲；所谓五常即仁、义、礼、智、信。虽然三纲五常连用始于宋代的朱熹，但是，对这些观念的论述，汉儒已经十分明晰。三纲五常是以规范秩序为核心的社会伦理，两千多年来，一直深刻影响着中国人的文化心理。

中国社会科学院历史研究所研究员 王启发

经学是用阴阳五行来论证纲常观念的，用自然秩序来证明社会秩序的合理性，所以，"天不变道亦不变"。经学被后人称作名教，也是因为过分强调这些道德概念，以名为教，固化等级观念，规范社会秩序，调节人际关系。

经学家用阴阳五行理论改造先秦儒学，主要目的是通过比附的方法论证古代专制集权政体与等级制度的合理性。但是，经学家也巧妙地改造这些观念,创造出"阴阳灾异论",借以限制皇权,规范帝王行为。

汉代是个迷信的时代,在经学家看来,天与人是相通的,也就是存在"天人感应",皇帝的行为符合天道,天会出现祥瑞予以褒扬,祥瑞一般指美丽罕见之物,如瑞星瑞云、珍稀草木、麒麟凤凰等等。皇帝做的事不符合天道,天就会降下灾异,做出警示,灾异就是自然灾害和怪异的现象。武帝晚年,灾异频繁出现,社会动荡,武帝下了一道自我反省罪过的诏书,也是中国历史上第一份内容丰富、保存完整的"罪己诏"。

汉代经学家十分相信阴阳灾异论。但是这种理论若要运用,还得审慎。西汉昭帝时,有个叫眭孟的人,是董仲舒的再传弟子,擅长以灾异为预言。昭帝元凤三年(前78年),泰山有大石自立,石后有数千只白色乌鸦,同时皇家园林也发生了枯柳复生、虫蛀树叶成文字的怪事。眭孟便以《春秋》之意推论,上书要昭帝求索贤人,禅以帝位。这套由灾异推衍出禅让的理论,企图动摇皇权的根本,结果为眭孟惹来杀身之祸。

今文经学与古文经学。汉代的经学又分为今文经学与古文经学。今文经是指传承有序、用汉代隶书写就的、被列为学官系统的经书。对于古文经,我们认为,不能望文生义,简单以为古文经是用古文即篆书写就的经书。准确来说,古文经是指西汉平帝以前、未得立于中央学官的经书。其来源有三,即汉代发现的古文本经书、民间传本和作伪本。治古文经则称为古文经学。我们现在看到的《诗经》就是古文经,是毛氏传本,称为《毛诗》,

郑玄像。

郑玄（127—200年），字康成，今山东高密人，官至大司农。曾入太学攻《京氏易》《公羊春秋》《九章算术》等，又从张恭祖学《古文尚书》《周礼》和《左传》等，最后从马融学古文经。游学归里之后，复客耕东莱，聚徒授课，弟子达数千人。著述计百万余言，世称"郑学"，为汉代经学的集大成者。

长期流传于民间。《毛诗》就不是用古文书写的。20世纪在安徽阜阳发掘的部分《诗经》简牍，用汉隶书写，与《毛诗》一样，是民间传本，属于古文经。

今文经与古文经为争立学官，争夺官方正统地位，曾发生多次激烈交锋。古文经在东汉比较盛行。

古文经的兴起，应该是经学自身的反省和自我批判的结果。古文经用发掘的古文文本、民间传本甚至伪造的经本，来正本清源，并以尊崇周公来压制今文经对孔子的崇拜。这在一定程度上制止了今文经学把经学神圣化的趋势。古文经斥纬书为诬妄，这同样遏制了今文经学把经学庸俗化的企图。古文经学倡导对经文字词的考据与训诂，这无疑强化了经学的学术特征。

到东汉后期，一位经学大师出现了，他就是郑玄。他力求融合今文经与古文经，遍注儒家经典，经学进入了一个"小统一时代"。

经学的文化渊源。尽管经学脱胎于儒学，但其文化渊源是多重的。这似乎暗合了《周易·系辞》"天下同归而殊途,一致而百虑"所讲的道理。

中国社会科学院历史研究所所长 卜宪群

应该说,经学有容乃大、中庸平和的思想体系,符合汉代新秩序与旧制度混合的社会现实。儒学在汉代之所以得到独尊地位,一方面在于它关注现实,解决现实问题,与时俱进;另一方面在于它善于从其他学派汲取营养,而不是抱残守缺。

经学从道家学说中化用了"道"的概念,混合了天道与人道,混合了自然秩序与社会秩序,混合了天道观与先王观,"道"被社会化和实用化,从理论走向实践。这样,"无为"就变成了"无不为","与民休息"也就变成了"积极进取"。

经学还借用了法家的国家学说,弥补了自身对君主权威与国家制度认知的缺失,模糊了国家与社会、国家制度与社会秩序之间的界限,在强调国家制度管理的同时,也注重社会秩序建设,给冰冷的制度罩上了一层柔软的面纱,给严苛的行政融入了点人间的脉脉温情。正因如此,我们也会说,汉代的政治思想,是"内法外儒"或"内儒外法",不管如何,其目的不过都是为了达到"内圣外王"之道罢了。

经学从墨家学说中汲取了"天志、天德、天意"等思想,天被人格化,其学说也被神圣化。而经学从墨家吸取的"小康与大同"的理论,更是用来作为对现实社会的解释和对理想社会的设定，直到现在，这样的理论还是那样的深入人心。

经学从阴阳五行学说中得到更多营养，经学家大多擅长说阴阳，解五行，这使得传统儒学变成"天人之学"，强化了学说的道德权威。但是，以阴阳五行解释经义，也给经学庸俗化打开了方便之门。

两汉以降，先秦诸子多湮灭不彰，经学独贵，究其原因，并不仅仅在于经学善于吸收各个学派的营养，还因为其他各学派自身也有缺憾。

也许我们可以这样理解——

道家太"糊涂"。道家的理论，得其真谛的人成了隐士，得其形式的人成了道士。道家一派的余脉后来演化为宗教，都是因为"道"这个基本概念被固化了，不会因时制宜、因地制宜。其实，作为道家学说的"道"原本十分高明，后来被道士改造为具有人格的宗教元神，道家的始宗也就变成教主，学术蜕变为宗教。

法家太"明白"。法家的理论，得其真谛的人成了循吏，得其形式的人成了酷吏。法家学说融入经学后，学说流传衰绝。真正的原因在于法家知今不知古，知新不知旧，知近不知远，知君不知民，知法律不知教化，知国家不知社会，知制度不知秩序，结果反为聪明所误。

墨家过于平民化。墨家的理论，得其真谛的人，如东汉的王充、桓谭之流，成为社会批判的先驱；得其形式的人，如西汉郭解、剧孟等人，成为快意恩仇的侠客。

阴阳家过于神秘化。阴阳家的理论，得其真谛的人成为智者（科学家），得其形式的人成为方士。这个学说神秘难验，虽然能长期流传于民间,但始终不能登大雅之堂。

司马迁的父亲司马谈也是一位历史学家,《史记·太史公自序》记录了他对诸子学说的评价。他曾批评儒家"博而寡要"。也许司马谈错了,他指出的儒家缺点,恰恰是其优点。儒家的"博",可以让它像海绵一样,广泛吸取各家之长;"寡要",即缺乏重点,这样儒家便不会固步自封、抱残守缺,而能与时俱进、发扬光大。

正因如此,在两千多年的中国古代社会,经学的影响是其他学说无法比拟的。如先秦儒学演化为经学一样,经学自身也不断演化。这种演化根据不同时间、不同地域甚至不同民族、不同国别而进行,与时俱新,各有侧重。或强调"礼乐",或强调"仁义",或强调"忠勇",或强调"诚信",或强调"理",或强调"心",或"移孝为忠",或"以名为教"。

中国社会科学院历史研究所研究员 孙晓

有一种观点,认为经学化的儒学是一种宗教,所以把儒学称为儒教。我们不这样看,我们习惯把它视作一种学术,一种学说。经学没有来世观念,而其他宗教均把来世作为最终慰藉。经学没有繁杂的科仪,而科仪是宗教的主要形式。更重要的是,经学有强烈的自我反省和自我批判的精神,关注现实,经世致用,这是任何一种有别于宗教的学术学说的基本特征。

取得独尊地位的经学,虽然有神圣化、庸俗化的倾向,与专制皇权沆瀣一气，狐假虎威；有"诛心"一样的道德强制，也有为一己之私，不遗余力排斥其他流派的举措，但是它强烈的现实关怀，经世致用的特征，自我批判的精神，又足以彰显其作为学术流派的本质。

今天，我们在文庙里祭拜孔子，我们的感觉与在其他宗教场所并不相同。我们面前的这尊泥像，很亲近，很熟悉，如同家人，我们如同在与他进行一场文化的对话……

无论如何，这位先师，与其他哲人一样，仍在滋润着我们的文化，启迪着我们的智慧，规范着我们的行为。

祭孔乐舞

昭宣政治

汉昭帝像

后元二年（前87年），汉武帝辞世。这位统治中国长达五十四年的雄主，北击匈奴、东并朝鲜、南诛百越、西逾葱岭、征服大宛、凿空西域，使得汉王朝的疆土空前广阔。

然而，在这个强大帝国的背后，却隐藏着重重危机。外患并未彻底根除，内乱接连不断，全国多地频繁爆发农民起义。建国百余年后，大汉帝国走到了生死存亡的关键时刻。何以能够扶大厦之将倾、挽狂澜于既倒，从而避免重复秦朝覆亡的悲剧？大汉王朝迎来了它的另一个重要时期——昭宣时代。

汉武的政治遗言。今天陕西的周至县，汉代写作"盩厔"，是汉代离宫——五柞宫所在地。五柞宫据说因宫中有五棵遮天蔽日的大柞树而得名。

汉武帝后元二年（前87年）二月，虽然已经进入仲春，但周至依然一片肃杀，五柞宫的气氛更是凝重。刚刚行幸于此的汉武帝，病情突然加重。他在病榻上，下诏立少子即八岁的弗陵为太子，拜奉车都尉、光禄大夫霍光为大司马大将军，金日磾为车骑将军，太仆上官桀为左将军，辅佐少主。

仅隔一日，武帝撒手人寰。

这位统治中国长达半个世纪的一代雄主，一生纵情挥洒他的豪情、他的雄心，在建立了伟大功业的同时，也在其身后留下一个庞大的烂摊子。大批朝臣因卷入巫蛊之祸，或处死，或被抓，朝野上下人心惶惶。长年用兵四边，大兴土木，使国家财政枯竭，大量农民破产流亡，各地暴乱不断。

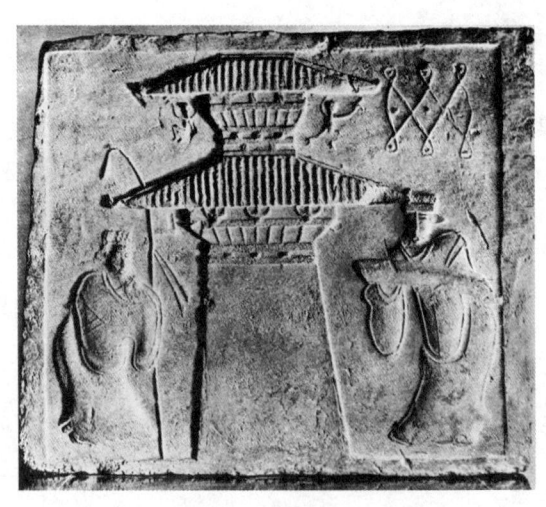

汉画像石上的戴武冠侍卫

甘肃玉门花海汉代烽燧遗址出土的一件七面棱形觚，上面书写的文字，据考证正是武帝给太子弗陵的遗诏。"苍苍之天不可得久视，堂堂之地不可得久履，道此绝矣！"道出了武帝对生命终将逝去的无奈。"善遇百姓，赋敛以理；存贤近圣，必聚精士；表教奉先，自致天子。胡孩（亥）自氾（圮），灭名绝纪。审察朕言，众（终）身毋失。"武帝的谆谆教诲，充盈着他对幼子的殷殷期待，也流露出他深深的忧虑和不安。将偌大的王朝、严峻的局面交付给八岁的少子和几位外姓辅政大臣，将会是怎样的结局？汉王朝的命运将何去何从？

武帝去世的第二天，太子弗陵即位，是为汉昭帝。由于昭帝年龄尚幼，朝政由大司马大将军霍光主持，史称"政事壹决于光"。此后二十年，霍光牢牢把持朝政，两次废立皇帝，可称之为"霍光时代"。

霍光，字子孟，为霍去病同父异母弟。他十多岁随霍去病入宫，任郎官。由于性格沉稳，处事谨慎、周详，二十多年从未出过差错，深得武帝信任，出则奉车，入则随侍左右。巫蛊之祸后，霍光并没有因为是卫氏的亲戚受牵连，反而成为武帝心目中可"任大重，可属社稷"的首

《历代画像传》中的大将军霍光

选。武帝病重前，曾令画工画了一幅《周公负成王朝诸侯图》送给霍光，这实际上等于宣示天下，他要立少子为帝，以霍光辅政。

霍光能够顺利掌控政局，有一个很重要的因素，就是当时的丞相田千秋势力很弱。田千秋原本只是一个在高祖庙任职、禄秩几百石的小郎官。巫蛊事件后，他因上书为卫太子讼冤，正合武帝心意，一下子被提拔为中二千石的九卿，数月后又擢为丞相。这在汉代历史上前所未有。史载"千秋无他材能术学"，才能平庸，加上他在朝廷素无根基，自然不能与深处枢机二十余年的霍光分庭抗礼。

自战国以来，"丞相"（不同时期不同国别称谓不同，事权则一）一直是百官之首，无"大司马"官。元狩四年（前119年），因卫青在反击匈奴战中取得大捷，武帝始以卫青为大司马，冠大将军号。当时大司马位虽高，却不负责管理政务，没有官署属僚。武帝以霍光为大司马大将军辅政，意味着这一职务开始超越丞相成为权力中枢，政府行政体制发生了重要变化。西汉后期，这一职位多任外戚，成为外戚专权的凭借。

忠诚显然是武帝选择辅政大臣的首要条件。然而，辅佐少主、主理天下，仅有忠诚显然是不够的。有控制朝政大局的能力，能够按照武帝所期望的方式治理天下，对于武帝和汉王朝来说同样重要。

历史无法假设，我们不知道武帝晚年是否有更好的选择。历史事实是：霍光主政的二十年，虽然朝廷内部斗争激烈，跌宕起伏，但是，武帝晚年动荡不安的社会局面却得到很好的控制，社会稳定发展，为"宣帝中兴"打下了良好基础。

昭帝即位最初的几年，除了应对突发事件、施行一些惠政外，国家少事。霍光亲历了武帝中晚年政治的转折，无论是从个性还是观念出发，他都会选择忠实地执行武帝晚年的"与民休息"国策。谏大夫杜延年的建言更强化了他的这一思想。

谏大夫是所谓的言官，专门负责为皇帝建言献策，虽然职位不高，但地位重要，可能影响国家政策的制定。始元四年（前83年），杜延年任谏大夫。他痛感武帝时期过于奢侈，连年用兵，以致"海内虚耗，户口减半"，多次劝霍光修文帝之政，"示以俭约、宽和，顺天心，说（悦）民意"，并建议霍光在全国范围内推举贤良、文学之士，询问百姓疾苦。从霍光此后的举措来看，杜延年的建言显然对霍光时政治产生了重要影响。

始元五年（前82年）六月，昭帝下诏令三辅、太常举贤良各二人，郡国举文学各一人。

贤良、文学是汉代察举的两个科目。贤良指德行贤良，文学指通晓经义。举贤良始于汉文帝，举文学的开始时间不详。昭帝此次诏举文学是历史记载的第一次。武帝以前所举贤良不局限于治儒学者，还包括一些修习法家等百家之学的人，武帝"罢黜百家"后,所举均为儒生。

盐铁会议。次年春二月的一天,建章宫举行了一场特殊的朝廷会议。来自全国各地的贤良、文学六十余人,与朝廷大臣齐聚一堂。会议由丞相田千秋主持,主题是受诏询问贤良、文学,百姓疾苦所在及朝廷推行教化的关键。

事前谁也没有想到,会上辩论异常激烈,以至这次会议竟然成为中国历史上最为著名的会议之一。御史大夫桑弘羊更没有想到,自己居然会成为众矢之的。

贤良、文学激烈抨击武帝推行的盐铁国营、酒榷、均输等经济管制政策,历数其弊端,认为这是与民争利,是造成百姓贫穷困苦的根源。

作为这些政策的制定者,桑弘羊反驳道:这些管制措施是制衡周边民族、安定边疆、满足国用的主要经费来源,是"国家大业",绝不可废。

说到周边民族政策,贤良、文学又掀起新的一轮攻击。他们认为,武帝长期对外用兵,劳师苦众,夺取的却是蛮荒无用之地,当今之策不如"偃兵休士",恢复和亲。

桑弘羊驳斥道:和亲从未换来边境安宁,匈奴反复无常,若不进行打击必然给边境带来后患。武帝出击匈奴不仅无过,而且是一件"著于海内,藏于纪府"的伟大功绩。

双方分歧的根本在于执政理念和施政方针。贤良、文学信奉儒家学说,主张以德治国,教化为先,反对严刑酷法。桑弘羊则认为只有法治才能保证国家政令的推行、社会的稳定,否则"其乱必也"。

由于谁也说服不了谁，会议在僵持中结束。

这次会议，双方争辩之激烈，观点之对立，史所罕见。当时丞相史就指责贤良、文学说："夫辩国家之政事，论执政之得失，何不徐徐道理相喻，何至切切如此乎！"由于这次辩论的焦点集中在武帝的盐铁政策上，史称"盐铁会议"。宣帝时桓宽根据原始档案，撰写了《盐铁论》一书，保留了这一历史会议的珍贵记录。

中国社会科学院考古研究所研究员 刘振东

这个争论的根源，实质上在于两派的执政理念和施政方针是不一样的。武帝去世以后，国家的政策制度走到了十字路口。是继续武帝的政策呢，还是要有所改变，适应当时的社会现状？这是一个很实际的问题，也是一个很严峻的问题。盐铁会议上的争论实际上也反映了当时的社会现实。

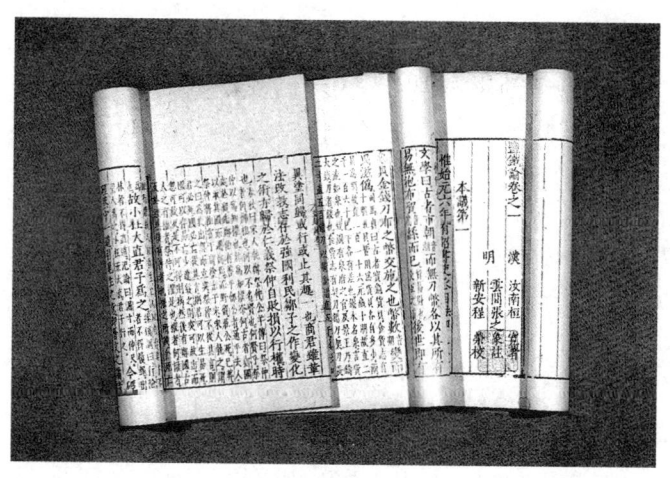

《盐铁论》书影

五个月后，朝廷颁布了一项决定：废除酒专卖和关内铁官。

据《盐铁论》记载，这个决定是包括桑弘羊在内的大臣提出，霍光代表昭帝奏可的。霍光在这件事上充分尊重了大臣的意见。但是，这件事仍然埋下了桑弘羊与霍光决裂的隐患。在桑弘羊看来，举贤良、文学以及召开盐铁会议本身已经反映了霍光的态度。

燕王谋反。 桑弘羊是一个极聪明且自信的人，尤其是在武帝中后期他成为武帝的智囊之后。武帝晚年，他的思想并没有随着武帝一起转弯，而是始终坚信积极有为的方针是正确的。霍光执政后所采取的"与民休息"的"无为"政策，令他难以接受。而且，他本指望子弟可以凭借他的功劳得到封赏，如今不仅没有加官晋爵，反而遭受如此的攻击。他实在是气难平。

昭帝即位没几年，朝廷便聚集了一帮对霍光不满的人。除了桑弘羊外，还有身为外戚的辅政大臣上官桀父子、燕王刘旦和鄂邑长公主。

燕王刘旦是武帝第三子。卫太子死后，刘旦年龄最长，他本以为自己被立为太子、即皇帝位是顺理成章之事。没想到武帝遗诏立年幼的弗陵为太子，他无法接受。他怀疑这是霍光等大臣搞的宫廷政变。一接到诏书，他便和几个宗室密谋反叛，尚未举事，消息泄露出去。霍光念在刘旦是武帝、昭帝至亲的分上，没有像对其他几个宗室一样加以严惩，仅派人讽喻而已。刘旦表面上"叩头服过"，但内心却一直不服。

辅政大臣上官桀原来与霍光的关系甚好，两家甚至结为亲家，霍光的女儿嫁给上官桀的儿子上官安，并育有一女。昭帝即位后，上官桀父子不顾霍光的反对，通过昭帝长姐鄂邑长公主，将上官安的女儿送进宫。始元四年（前83年），上官氏被立为昭帝皇后，上官安以皇后父加赐骠骑将军号、封列侯。上官桀父子为了报答长公主的恩德，几次提出给长公主宠幸的面首丁外人封侯赐官，霍光以高祖规定"无功不侯"为由拒绝。上官桀父子及鄂邑长公主由此与霍光结怨。

这些对霍光不满的人很快便勾结在一起，他们要除掉霍光。

这天，霍光出宫休沐，一封号称是燕王旦的上书递交到昭帝手上，举报霍光出京检阅羽林军，僭越帝制，道上称跸，预先置办饮食，并擅自调增幕府校尉，专权自恣，疑有非常。

上官桀等人显然过于低估昭帝的智商。十四岁的昭帝立刻就识破这封信是伪造的。霍光出阅羽林和调校尉最多是近十天发生的事，刘旦远在燕国，怎么能这么快就得到消息，又上书长安？何况霍光现在大权在握，若真要谋废昭帝，又何须一个小小的校尉？

上官桀等人见谗毁霍光不成，于是策划由长公主设宴邀请霍光，准备设伏杀了他，废昭帝。元凤元年（前80年）九月，阴谋泄露，长公主、刘旦自杀，其余参与谋反者全部被灭族。

一场颠覆政权的危机安然渡过，霍光的地位更加稳固，史书称"威震海内"。

霍光主政与霍氏族灭。元凤四年（前77年）正月丁亥日，十九岁的昭帝在未央宫"加元服"，即举行成人仪式——冠礼。

一般而言，年幼的皇帝成人后便可亲政，但昭帝依然将政事"委任"于霍光。

三年后，即元平元年（前74年）四月，年仅二十二岁的昭帝突然病死。昭帝无子，他的猝然离世令霍光和大臣们措手不及。国不可一日无君，然而，立谁为帝令霍光等朝臣十分为难。

武帝六子中，此时只有广陵王刘胥在世，群臣都认为应立刘胥。但霍光不这么看，当初武帝放弃年长的刘胥而选择昭帝，就是因为刘胥品行有亏。他和大臣们商议，立武帝之孙昌邑王刘贺。刘贺这年约十八九岁。

但事实证明，这仍不是一个好的选择。史书谓刘贺"好游猎，驱驰国中，动作亡（无）节"。做了皇帝，并没有让刘贺有所收敛。若仅仅是生活奢靡，也许并没有太大问题，问题是这位新君急于摆脱霍光的控制，建立自己的执政班子。他将昌邑官属全部征至京城，并超迁拜官。这让霍光等朝廷旧臣十分不安。

霍光与几位重臣密谋，以刘贺"荒淫迷惑，失帝王礼谊，乱汉制度"为由，请求皇太后废黜刘贺。昌邑王即位仅二十七天便被废，他从昌邑带来的二百余臣僚，除少数几人外，悉数被杀。

选立新的皇帝再次被提上日程。由于武帝子孙零落，可供选择的人并不多。这时，流落民间、身为庶人的卫太子孙刘病已进入了霍光的视野。

卫太子因巫蛊事件兵败自杀，妻妾、子女均被杀，当时刘病已刚刚出生几个月，被收系狱中。廷尉监丙吉、掖庭令张贺等人可怜他尚在襁褓，派女囚喂养他，他才历经磨难活了下来。昭帝时承认了他的皇室血统身份。

此时的刘病已年方十八岁。卫太子家族几乎灭绝,刘病已在朝中无人可以倚仗而便于操控,这应当是霍光选择刘病已的一个重要原因。

元平元年(前74年)七月庚申,刘病已被迎入未央宫,当日便举行了登基典礼,是为宣帝。第二年正月,霍光稽首表示要归政皇上。宣帝谦让表示一切仍需委任大将军,结果一切都如昭帝时一样,凡事先向霍光汇报,然后再向宣帝上奏。

宣帝生长于民间,史称他喜游侠,斗鸡走马,游遍三辅地区。丰富的社会阅历,加之天资聪颖,使得他比同龄人成熟、老练得多。他很清楚自己能否坐稳皇位,取决于霍光,昌邑王就是前车之鉴,因此对霍光恭敬有加。史载,宣帝即位拜谒高庙时,霍光随从骖乘,宣帝感觉"若有芒刺在背"。后来车骑将军张安世骖乘,宣帝"从容肆体",才真正有了做皇帝的感觉。

地节二年(前68年)三月,霍光病逝,宣帝为他举行了隆重的葬礼。

班固赞曰:霍光……受襁褓之托,任汉室之寄,当庙堂,拥幼君,摧燕王,仆上官,因权制敌,以成其忠。处废置之际,临大节而不可夺,遂匡国家,安社稷,拥昭立宣,光为师保,虽周公、阿衡，何以加此！然光不学亡术，暗于大理，阴妻邪谋，立女为后，湛溺盈溢之欲，以增颠覆之祸，死财三年，宗族诛夷，哀哉！

宣帝对霍光的感情十分复杂。一方面，他感激、敬重霍光，是霍光把自己从一个庶民立为一朝天子，并在武帝之后的二十年保住了风雨飘摇的刘姓天下。霍光对汉室的忠心，无可置疑。班固甚至认为霍光匡扶汉社稷的功绩，即使是阿衡、周公也无以复加。宣帝何尝不清楚这一点，所以，他为霍光举办了一个堪比人君的隆重葬礼。但另一方面，他又对霍光心存忌惮和不满。霍光身为人臣，却可以"擅废立主"，专制擅权，任用、放纵霍氏家族，横行天下。这促使宣帝在霍光死后开始削夺霍氏权力。

霍光死后两年，霍氏因谋反罪被灭族。

霍光虽然对汉室忠心耿耿，但是权力欲和控制欲很强，私心也很重。他一方面牢牢控制朝政，另一方面大肆封赏、提拔自己的亲属。儿子霍禹、侄孙霍云做了守卫宫殿的中郎将，霍云的弟弟霍山为奉车都尉，两个女婿分别为东、西宫卫尉，京城兵权都控制在霍氏手中。其他的堂兄弟、女婿、外孙等也都做了内朝官，自由出入宫省，史书称"党亲连体，根据于朝廷"。这些都为霍氏家族的覆灭埋下了隐患。

霸王道杂之的宣帝政治。汉宣帝终于可以亲理政事了。他自幼生长于闾阎,深知百姓艰难,故励精图治,希望百姓过上好日子。他宣布五天举行一次朝会,听取百官汇报,并建立一套完善的管理考核制度,信赏必罚。

为了广泛听取民意,打开言路,他允许吏民给皇帝上封事。

所谓封事,就是将上呈皇帝的奏章装在皂囊中,封缄其口,以免内容泄露。最初规定,吏民上封事必须一式两份,其中一份标上"副"字,即为"副封"。领尚书者先打开副封,如果认为内容不足取,可直接退掉,不呈给皇帝。这样,封事能否呈给皇上,实际上是由领尚书的权臣决定的,这为权臣弄权、干政提供了条件。后来,在御史大夫魏相的建议下,宣帝废除了"副封"制,解决了权臣壅蔽言路的问题。

宣帝认为治政的关键在于吏治,吏不清廉、公平,政治就会衰败。而吏治的关键在于地方官,他经常对大臣说:"庶民所以安其田里而亡叹息愁恨之心者,政平讼理也。与我共此者,其唯良二千石乎!"每当任命州刺史、郡太守、诸侯王相等地方官时,宣帝都亲自召见,详细询问执政方略,然后综核名实。治政确有成效的,就颁诏书加以勉励、赏赐,朝官需要增补时,依次从这些人中递补;有名实不符的,则予以处罚。每逢年初郡国上计(地方官员向朝廷上报一年的治理状况),宣帝都亲自询问地方官政令得失,了解民情。他反对频繁调换郡太守,认为只有这样,百姓才会有安定感,才会服从管理。

地节三年（前 67 年）三月，宣帝下诏表彰胶东相王成"劳徕不怠"，八万多口流民主动回乡登记户籍。表彰的目的显然是向天下宣示，要大力推行循吏政治。

《汉书》中有一篇《循吏传》。所谓循吏，唐代注释大家颜师古解释说："循，顺也，上顺公法，下顺人情也。"也就是世人所说的好官。《循吏传》共收了六个人的传，其中五人是宣帝时官，即王成、黄霸、朱邑、龚遂、召信臣。从这些循吏的事迹来看，主要是重视民生，大力推行教化，鼓励农桑。例如，龚遂任渤海郡太守时，为了扭转当地的奢靡之风，规定每人必须种一棵榆树、一百根薤、五十根葱、一畦韭菜，每家养两头母猪、五只鸡。见到有人佩带刀剑，就质问他："何为带牛佩犊！"让他卖了刀剑买牛、牛犊。虽然当时就有人说这些循吏的政绩中有虚假的成分，但总体上说，宣帝时的吏治在西汉乃至整个中国历史上都值得称道。故《循吏传·序》说："汉世良吏，于是为盛。"

自武帝以来，盛行严刑峻法，"以刻为明，深者获公名，平者多后患"。律令烦苛，"文书盈于几阁，典者不能遍睹"，经常出现"罪同而论异"的情况，更为奸吏弄虚作假提供了条件，"所欲活则傅生议，所欲陷则予死比"。廷尉史路温舒因此上书，认为只有"省法制，宽刑罚"，才可兴太平之风。宣帝深以为然，十二月下诏置廷尉平四人，取公平之意。并且，每到季秋审核地方上交的疑案时，宣帝都亲临宣室，斋戒判案，人称公平。

接着，宣帝公布了一系列减免刑罚的措施。

地节四年（前66年）九月，为了鼓励孝道，下诏子女包庇父母、妻子包庇丈夫、孙子包庇祖父母罪行的，都不治罪。这对后世产生了深远影响。

元康二年（前64年）夏五月，宣帝再次下诏斥责一些地方官舞文弄法，欺上瞒下，明令二千石各察官属，"勿用此人"，"吏务平法"。

也是在这年五月，宣帝下诏将自己的名字"病已"改为"询"。因为自秦始皇以来，皇帝的名字要行避讳，"病已"两字是常用字，难避讳，百姓上书经常因忘记避讳而被治罪。宣帝为了方便百姓，决定更名为"询"，并下诏，以前因触讳治罪的，一律赦免。

元康四年（前62年）春正月，宣帝下诏：年八十以上的老人，除诬告、杀伤人外，其他一切罪行都免于刑罚，以终天年。由于政通人和，风调雨顺，连年丰收，这一年谷价降至一石五钱。

但宣帝并非一味施行仁政，而是因地因时制宜，在大力推行循吏政治的同时，也在三辅等官僚、豪强势力盘踞的地区，重用以"任刑罚"出名的能吏。例如，《汉书·循吏传》谈到宣帝时的官吏时就说，赵广汉、韩延寿、尹翁归、严延年、张敞等，"皆称其位，然任刑罚"，严厉打击豪强势力、贪官污吏。由于他们不择手段，不避权贵，故多不得善终。

宣帝晚年，曾与后来的元帝、当时的太子刘奭闲聊。刘奭批评宣帝"持刑太深"，认为"宜用儒生"。宣帝勃然作色道："汉家自有制度，本以霸王道杂之，奈何纯任德教，用周政乎！"并感慨道："乱我家者，太子也！"

所谓王道、霸道是古代人对君主两种不同统治方式的称谓。古称有天下者为王，诸侯之长为霸。春秋战国时期，统一成为大势所趋，故当时人推崇夏商周三代之政，称王道，认为这是一种以仁义道德教化治理天下的方式；而将春秋霸主凭借武力、刑罚、权势等进行统治的方式称霸道。但事实上，治理国家必须兼用霸、王两道，不可偏废，否则国家必然大乱。宣帝深明此理，"霸王道杂之"正是对宣帝政治的最贴切解读。

在西域和匈奴问题上，宣帝同样取得了巨大成功。

昭帝时，匈奴贵族因争夺单于位连年内战，开始衰落，由于自顾不暇，对西域的控制也逐渐削弱。汉武帝末，李广利出征大宛后，开始在渠

苏武，汉武帝天汉元年（前100年）出使匈奴，被扣留，在北海（今贝加尔湖）牧羊，历经十九年，于昭帝始元六年（前81年）返回长安。

黎（今新疆轮台东南、尉犁西北）设校尉，进行屯田。汉与匈奴以车师（今新疆吐鲁番西北）为中心，展开了对西域的长期争夺。宣帝时，侍郎郑吉领渠黎屯田，后迁卫司马，使护鄯善以西的南道。神爵年间，匈奴再次内讧，日逐王先贤掸率部一万余人投降汉，郑吉率部接应。匈奴在西域的势力受到重创，汉重新夺回车师。神爵二年（前60年），汉在车师都城乌垒城（今新疆轮台东北）正式设立机构，并护车师以西的北道，号"都护"府。西域都护府的建立，标志着西域正式成为中国的行政管理区。

五凤年间（前57—前54年），匈奴分裂为五单于，后兼并为南北两部。南部呼韩邪单于为了求生存，向汉称臣归附，并于甘露元年（前53年）遣子入侍。

甘露三年（前51年）正月，呼韩邪单于亲自入长安朝见汉天子，汉宣帝在甘泉宫举行了盛大的欢迎仪式。宣帝以"客礼待之，位在诸侯王之上"，并颁赐黄金质"匈奴单于玺"，以册封形式承认呼韩邪为匈奴的最高首领。呼韩邪担心受到北匈奴郅支单于的攻击，希望留在保禄塞（今内蒙古包头西北），为汉保卫边塞。汉匈结束了近一百年的战争关系，进入一个全新的友好相处的历史时期。两年后，即黄龙元年（前49年），呼韩邪再次入长安朝见宣帝。

此年年底，宣帝病逝于未央宫，结束了二十五年的统治。汉宣帝被后代尊为中宗，意谓中兴之主。汉宣帝对内轻徭薄赋、整饬吏治，对外安定边疆，将西域正式纳入中国版图。众多功绩使得他与高祖刘邦、文帝刘恒、武帝刘彻并列，成为西汉正式拥有庙号的四位皇帝之一。

汉宣帝和他的前任汉昭帝共执政三十八年，践行汉武帝后期的休养生息政策，政治清明，呈现出"吏称其职，民安其业"的和谐繁荣景象，后代历史学家称之为"昭宣中兴"。

从汉武帝发布"轮台诏"到汉昭帝时期的"盐铁会议"，再到汉宣帝的"霸王道杂之"，从积极有为到休养生息，汉帝国的统治者们艰难地抉择着历史的方向。大汉帝国在辉煌与危机转圜之际的这一次平稳过渡，注定在时空长河中留下悠远的记忆。昭宣时代，为历史勾勒出了一个强大王朝的温和背影。

汉元帝时王昭君出塞和亲，被呼韩邪单于封为"宁胡阏氏"。图为明人绘《明妃出塞图》，描绘昭君出塞的情景。

王莽改制

王莽像

在中国历史上,有一个王朝总是被忽略和轻视,以至于人们对它不太熟悉。这个王朝就是西汉与东汉之间的新朝。

新朝建立于9年,灭亡于23年,仅存十四年,是中国历史上短命的王朝。人们对新朝的忽视,并不是因为它享国甚短,传祚无继。其实,与新朝相比,秦朝的国祚也不过十五年,但是在任何一本史书上,却都要用浓墨重彩来描绘。

新朝的建立者是王莽,他代汉自立。这种异常的行为,被东汉初年的史学家班固在《汉书》中确定为"篡汉"。班固的定性几乎为后代所有的史学家沿用。人们不愿意把这个时期称作新朝，而称作"新莽"。

直到近代，胡适开始为王莽翻案："王莽受了一千九百年的冤枉，至今还没有公平的论定。"胡适认同王莽改革中的土地国有、均产、废奴三大政策，并指出"王莽是中国第一位社会主义者"。

要理解以上的矛盾和疑问，一切还应该从王莽自身说起。

王莽执政。王莽祖籍为山东章丘龙山镇平陵城，王莽的祖先，原为战国时期齐田氏，因汉初失国，齐人谓之"王家"，因以为氏。王莽是新都哀侯王曼次子、孝元皇后王政君的侄子。王莽幼年十分坎坷，父兄先后去世，他跟随叔父一起生活。王氏是外戚家族，当时权倾朝野，先后有九人封侯，五人担任大司马，族中其他人更是多为将军、列侯，生活奢靡。只有王莽"独孤贫，因折节为恭俭"，而且勤奋好学，拜当时名儒沛郡（今安徽淮北境内）陈参学习《礼经》。他服侍母亲及寡嫂，抚育兄长的遗子，行为严谨检点。对外结交贤士，对内侍奉诸位叔伯，十分周到。伯父大将军王凤生病，他精心护理，亲尝汤药，几个月不解衣带，蓬头垢面。

汉成帝阳朔三年（前22年），王莽被任命为黄门郎，后升为射声校尉。后其叔父王商上书，愿意把其封地的一部分让给王莽。当时朝中的许多名士都为王莽说好话，汉成帝也认可王莽贤能，永始元年（前16年），封王莽为新都侯、骑都尉及光禄大夫侍中。王莽身居高位，却总能礼贤下士、清廉俭朴，常常把自己的俸禄分给门客和平民，甚至卖掉自己的车马衣服去接济穷人，所以不管在民间，还是在朝野，他都深受爱戴，名声甚至超越了他那些大权在握的叔伯。

北京大学历史学系教授 刘华祝

班固的《汉书》对王莽的评价的确不太准确。班固借用《论语》的话，说王莽"色取仁而行违"，但通观《汉书》可以看到，王莽代汉而立的前后，其人格还是比较一致的。王莽为臣时，有一次，一些官员来探望他的母亲，见到王莽的夫人衣不曳地，破布蔽膝，穿着十分简朴，还以为是他家的婢仆。后来王莽当上皇帝，依旧比较简朴，并勤于政事。

成帝绥和元年（前8年），王莽继他的三位伯、叔之后出任大司马，时年三十八岁。此时的大司马既是外朝首领，又是"内辅之臣"。王莽当上大司马后，生活更加克勤克俭，政治上广泛招纳贤良，所得赏赐都用来款待儒士。

过了一年，汉成帝薨，汉哀帝继位，新的外戚傅氏、丁氏掌权，王氏家族受到沉重打击。王莽因得罪傅太后，被免职归家，退隐封地新野，杜门自守。这个时候，其次子王获杀了一个奴婢，王莽逼迫王获自杀。因此，王莽在读书人中的声誉日增，官员为王莽鸣冤上书的数以百计。

关于王莽杀子，后来史家多用沽名钓誉来解释，这种解释值得商榷。一般来说，要图谋篡位的大奸之人应知道，自己的儿子是最好的帮手，如果儿子犯罪，往往是千方百计庇护。若是像王莽，为了一个并不严重的罪名就逼杀儿子，即使是为了博得声誉，也是难以理解的。

元寿元年（前2年），王莽回到京城。元寿二年（前1年），汉哀帝无子而薨。王政君掌传国玉玺，王莽出任大司马，立汉平帝，得到朝野的拥护。元始元年（1年），王莽推辞再三，最后还是接受了"安汉公"的爵位，但是他却把俸禄拿出来，作为两万八千人的封赏。

王莽为安汉公，遂任命刘歆为"羲和"，这个新造的官名原来的意思是传说中的太阳神，这时变成"典儒林史卜之官"，刘歆也就成为当时意识形态与学术文化的最高领导人。他与王莽同心协力，以"罔罗遗失，兼而存之"为名，将《左传》《毛诗》《逸礼》《古文尚书》立于学官，后来又立《乐经》。每一经的博士增为五名，六经共三十名，每一博士领弟子三百六十人，共有弟子一万零八百人。此外，又征召通晓一艺的教授十一人，以及懂得《逸礼》、《古文尚书》、《毛诗》、《周官》、《尔雅》、天文、图谶、钟律、月令、兵法、文字等学问者数千人，到京城来"令正乖缪，壹异说"，在全国掀起了一场大规模的古文经学宣传运动。

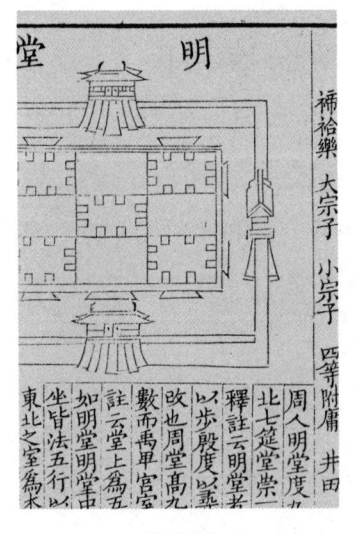

明堂图

从汉武帝"罢黜百家"以来，经学

中的两派,即今文经学与古文经学多次激烈交锋,古文经争立学官的活动也从未停止。到这个时候,古文经才得以立学官,得到朝廷肯定,成为国家正统学说中的一部分。

西周明堂复原图

元始三年(3年),王莽的女儿成了皇后。元始四年(4年),王莽被加号"宰衡",位在诸侯王公之上。

王莽要得天下英才,使古文经学昌明于天下,为此,他在长安开始为学者建造一万套住宅,大力宣扬礼乐教化。在王莽的感召下,儒生与百姓纷纷投入义务劳动,经过十万人的奋力突击,一万套住宅竟然二十天就全部完工了。不仅如此,王莽的恩惠也播于更多的普通百姓。他在长安城中建造五个里,有住宅二百区,让流民居住。此时的王莽希望建造一个能够造福于最大多数人的社会。王莽曾在上书中说:"古时候市无二价,官无狱讼,邑无盗贼,野无饥民,道不拾遗,男女异路,应将古制颁示天下让臣民遵守。"这其实就是王莽的终极理想,他想要按照经书,建造一个小康社会,甚至于建造一个人人平等的大同世界。这种理想,不止是让天下儒生为之倾倒,也几乎激励了各个阶层的民众。先是四十八万余民众,以及诸侯、王公、宗室上奏请求加赏于安汉公王莽,后是公卿大臣九百人请求为王莽加九锡。于是朝廷赐予王莽象征至高无上礼遇的"九命之锡"。

加封九锡后,王莽又派"风俗使者"八人,巡查全国各地,采集民谣，赞颂天下太平，借以彰显王莽宣扬经学的教化之功。此外他通过重金引诱的方法，使匈奴等外族归顺，遣使来朝贺。以此再现经学所讲四夷宾服的太平盛世。这样一来，王莽也就成为经学所讲的修身、齐家、治国、平天下的圣人。

王莽执政，每遇水旱，就只吃素食。有一年盛夏大旱，郡国飞蝗成灾，王莽捐钱百万，献田三十顷，赈灾救荒。满朝公卿见王莽如此，也都纷纷效仿。连王太后也把自己的"汤沐邑"十个县交给大司农，收入用于赈灾。王莽还派出官员，到民间组织捕蝗，同时废汉皇室的呼池苑，改设安民县，让贫民迁居。沿路饮食及所需田宅、器具、犁牛、谷种、食粮等都由官府供给。一时间，朝野上下，对王莽的仁德交口称颂。

与王莽同时期的扬雄，是个孤傲而纯粹的学者，惜墨如金。但他也忍不住留下称赞王莽的文字，说王莽是周公以来最有德行的人。

代汉立新。6年，汉平帝病死，年仅两岁的刘婴即孺子婴为皇太子，太皇太后王政君命王莽"居摄践祚，如周公故事"，暂代天子摄政。至此，王莽不但有周公之名，也有了周公之实。

扬雄像

王莽在朝中的势力本来就很大，代天子摄政，几乎等同于皇帝，这引起了以刘氏宗室为首势力的反弹。王莽软硬兼施，先后镇压了安众侯刘崇、东郡太守翟义、"盗贼"赵明等的反叛与起义。

王莽摄政时，各种各样的符命祥瑞纷至沓来，朝野上下，人们以不同方式劝王莽称帝，改朝换代。这时，在长安求学的梓潼人哀章干脆做了个铜匮，外面写着"天帝行玺金匮图""赤帝行玺某（刘邦）传予皇帝金策书"，匮里写着王莽是真天子，皇太后要顺应天命。还将王莽的八位大臣和他自己以及胡编的人共十一人的名字一一写上，每人写上官职。黄昏时分，哀章穿着黄衣，捧着铜匮去高祖庙，将它交给值班的官员。王莽得知后，择日去高祖庙，将铜匮迎到未央宫前殿。改朝换代的大戏拉开了序幕。

初始元年（8年）十二月，王莽逼迫王政君交出传国玉玺，接受孺子婴禅让后称帝，改国号为"新"，改长安为常安，称"始建国元年"。历时二百一十一年的西汉王朝，就此结束。

北京大学高等人文学院院长 杜维明

王莽通过自己的努力达到了政治上的巅峰，他是一个学术上很有造诣的人，而且能够礼贤下士，有很强的亲和力。所以不能说他的上位完全是靠政治权术，事实上他靠自己的人格魅力，笼络了一大批人。很多祥瑞说，这个时候天命要转移了。不仅如此，接受他观念的儒生相当多，公众舆论也是相当强。在这种情况下，他才能够用自己的方式、用《周礼》的方式来建国。

王莽代汉而立，开创了中国历史上通过符命禅让做皇帝的先河。王莽在朝野得到广泛的支持，用和平的方法接收政权。西汉王朝在平静中消失，一个叫作新朝的新王朝在平静中诞生，两大王朝交接之际，几乎没有太多流血。

中国社会科学院历史研究所研究员 孙晓

我们不同意用班固等传统史学家所谓的"王莽篡汉"来概括这段历史，就如同我们不同意正义或正统必须用鲜血换来一样。我们不怀疑王莽代汉有他个人的主观诉求，但也应该看到，他所处的衰败时代，需要革故鼎新；他所代表的儒生队伍，需要新的政治实践；他那个社会的人民，也渴望圣人的诞生。

读《汉书·王莽传》，我们可以看到班固在评判王莽时的踌躇与犹豫，他甚至隐约假设，若是王莽一直像在成、哀之际那样，"勤劳国家，直道而行"，一定会成为经学所称颂的贤相名臣，百世流芳。我们无法推测王莽心路的变化。我们只是相信，有理想的人都是很自信的，但是，当他把自信当作能力的时候，就有些勉为其难了。

王莽作为儒家一派的钜子，代汉而立，创建一个庞大而崭新的帝国，这在中国历史上绝无仅有。虽然他夺取政权的目的或许与其他王朝缔造者不一样。在中国历史上，时势造英雄，大多开国帝王，为帝王而帝王，为的是获得权力的快感，而王莽则有超越现实利益的更大的政治抱负。他斩获帝王的权力，目的是能够把经学家学说付诸实践，创建一个平等安宁、快乐理想的社会。这一切，我们可以从王莽建立新朝前后实施的一系列具体改革中得到答案。

王莽改制。王莽改制，有其特殊的时代背景。西汉自宣帝以后，元、成、哀、平四个皇帝，或荒淫无道，或年幼无知，把昭宣中兴带来的昌盛局面，一步步糟蹋殆尽，致使民不聊生，哀鸿遍野，社会矛盾日益尖锐，危机四伏。汉宣帝晚年已开始重用宦官和外戚，元帝时石显等宦官擅权，成帝即位后杀了石显，但太后王政君控制了成帝，外戚王氏兄弟子侄把持朝政，为所欲为。哀帝即位后，贬黜王氏，但新的外戚傅氏、丁氏的作为比王氏有过之而无不及。更糟糕的是，哀帝竟封自己的宠臣董贤为大司马卫将军，让他执掌朝政。董贤在短短几年里，积聚的家产竟有四十三亿。由于宦官、外戚轮流执政，贤臣多被罢黜，留在朝廷

画像砖中的耕作图景

内的不是谄媚奉承的佞臣,就是明哲保身的庸臣。朝堂如此,地方上更加黑暗。地方官吏只要结交上权臣,就肆无忌惮,加重对百姓搜刮盘剥。

谈到西汉灭亡,我们一般会归结为政治的腐败。其实还有两个重要的客观因素常常会被忽视。其一是人口自然增长这个变量。根据史料记载,西汉初年的人口不过一千三百多万,到了西汉平帝时,达到六千多万,人口稠密的关东与关中某些地区,每平方公里平均多达千人以上。这个人口高峰一直到唐代才被超越,这样的人口密度与现代相比也差别不大。在生产方式没有革新的时代,人口急剧增长,同样的土地已不堪其负,不能提供足够的粮食,满足果腹之需。其二是自然环境变化的变量。西汉末年,天灾不断,黄河多次改道。成帝、哀帝时,流民以百万计,在发生灾害的年份,流离失所、死于沟壑的百姓更不计其数。

《孝行图》

人口激增，灾害不断，政治黑暗，秩序混乱，带来的是贫富悬殊，奴婢与牛马一起在市场出售，豪强地主对农民的剥削加重，很多人辛劳终年，难以果腹。从官员到百姓，对现实普遍不满，对前途丧失信心，都希望变革，希望社会重新整合。在这种情况下，王莽出现了。

王莽向来有孝悌之名。年轻时，他敬养母亲，赡养寡嫂，抚育侄儿，为人谦恭，这一切并非浪得虚名。为官期间，他谦逊自重，秉公廉洁，节俭朴素，兼济众生，朝野上下，口碑甚好。因此，这时的人们甚至把王莽当成圣人、周公，并不是阿谀奉承。

王莽做了皇帝以后，根据儒家的经义，开始了他的改革。

在政治方面，为了表示革故鼎新，王莽根据《周礼》，将很多政府机构和官职改换名称。如中央官职中，大司农更名为羲和，后改为纳言，等等。地方官职名称也多有改动，如太守改为大尹、连率等。他还增加了一些新的官职，如在中央新置大司马司允、大司徒司直、大司空司若，列于九卿，等等。此外，他还根据古籍，更改了秩禄之号，按照传说的周制，大封五等诸侯。

如果说，王莽的政治改革只是改朝换代的形式，那么，他的经济改革则比较全面而深刻。

为消除西汉末年普遍存在的土地兼并等弊病，王莽在全国范围内推行"王田制"，类似于周代的井田制度，将全国土地国有化，不允许自由买卖。土地国有后重新分配，没有耕地的农民，由政府分给耕地。具体规定是，一对夫妇耕地一百亩，不满百亩的，由政府补足。"王田制"本意无疑是善良的，就是要使耕者有其田，重建经济秩序。然而，这一善意的政策注定会侵犯很多人的利益，首当其冲就是大官僚的利益。

土地集中到这些大官僚、大地主、大商人手里以后，大量的贫民因为没有土地而流离失所，变成了流民，这个社会就会不稳定。王莽采取了王田制度，他说所有的田都是国家的，所以说就可以平均分配。但他把这些大土地所有者的田拿过来，不是触犯了他们的利益吗？

为了逐步实现人人平等，王莽开始禁止奴婢买卖，以此扼制奴婢数量的扩大，倡导平等，重建和谐社会秩序。然而，这项政策在实施过程中也遇到了麻烦，最后结果是上下不得人心。

废奴，把奴隶从大土地所有者手中解救出来，一方面就是想削弱这些集团的势力，另一方面也使国家获得可支配的劳动力。但因为政策执行得不彻底，这些被解救出来的奴隶，可能还没有依附到大土地所有者身边安全。

"五均六筦"政策也开始全面实施，这同样是为了消除贫富差距。五均，即政府控制物价，防止商人操纵市场。王莽在长安及洛阳、邯郸、临淄、宛、成都等城市设立五均官，由政府来控制物价上涨，防止商人操纵市场。从内容看，如果能够实行，可

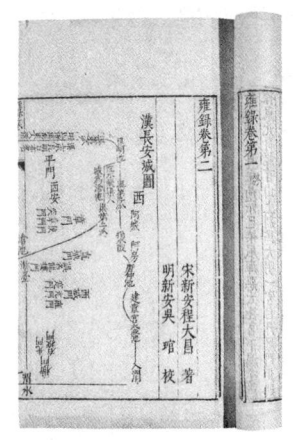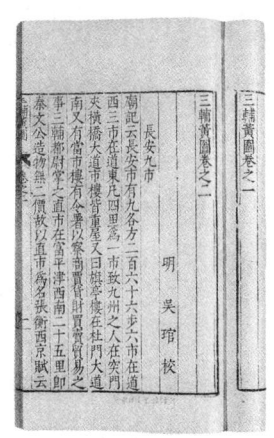

长安城设九市，既见于《三辅黄图》的记载，又有张衡《西京赋》的记载为证。

以得到良好的社会效果。但由于缺乏官僚集团的支持，王莽只能依靠富商大贾来推行这一政策，这样反而形成危害更大的官商垄断集团。

六筦，就是酒、盐、铁器由国家专营，由中央政府统一铸币，经营山上水中的资源国家要收税，以及五均赊贷。这项政策的目的当然是增加国家财政，然而在具体实施中，山林川泽之利收归国有，真正的结果是养肥了主管官员，国家财政收入没有增加，百姓却负担更重。至于正当的商人、手工业者在官营商业体制下，已无立足之地了。

中国社会科学院历史研究所研究员 孙晓

丰年的时候，官府把粮食买回来；灾年的时候，国家的商业机构再把粮食平价卖出去。这样，老百姓丰收的时候，粮食能够顺利地卖出去，灾年也能得到粮食。这种想法是非常好的，包括五均六筦很多措施都是非常好的。但是在实践过程中却遇到了很多的问题，比如，具体执行的官僚阶层，政府要求的是一套，他另搞一套，所以产生的问题非常多，使政策不能够顺利执行。

王莽还频繁地改革币制，他即位前后共进行了四次币制改革，变更发行了几十种货币。其出发点无疑也是善意的，然而，由于货币种类太多，换算起来又十分困难，因此流通非常不便。而且每次易币，都是以新铸的劣质货币代替质量较高的旧币，由于这些货币无信誉可言，所以在货币改革期间，物价飞涨，经济混乱。

新莽货币大布黄千

新莽铜诏版，出土于甘肃合水，为王莽统一度量衡的诏书，刻篆字九行，每行九字。

当时，汉代流行的五铢钱被废掉以后，王莽就增加了很多各种各样名称的钱币。结果这种钱币增加以后，造成的社会混乱更大，因为像王莽别的政策一样，这些钱币是经常变化的，新的钱币来了以后，老百姓还没有熟悉它就变了。所以说它带来的社会问题更多，带来的社会混乱也更严重。

理想与现实之间正在出现巨大的沟壑，王莽改革遇到了重重困难。而人口数量的激增不仅是西汉末年的难题，同样也是王莽必须面对的难题。为了管控不断暴涨的大量流民，王莽规定：凡是无业的游民，每人每年罚布帛一匹；无力缴纳的，由政府组织强迫劳役，劳役期间，由政府供给衣食。这项政策同样是善意与富有理想的，然而实施起来却非常困难。于是，王莽把目光投向了遥远的青海湖。

王莽根据古书有"四海"之说，胁迫羌人"献"出青海湖一带的土地，以便与国内已有的北海郡（国）、南海郡、东海郡合起来凑全"四海"。其主要的目的是为了强制移民，以解决西汉末年人口暴增给关中、关东地区带来的压力。而凑成"四海"，只不过是托古改制的借口罢了。

西海郡故城遗址目前保存完整，东西长六百五十米，南北宽六百米，城墙残址高达四米。四个城门址保存完好，城内还隐约可以看出隆起的墙垣所构成的三个方形或长方形的小区。

城内地势南高北低，南部有建筑遗迹，城北部有一小城，在城址内采集到西汉和王莽时期的五铢钱、货布、货泉、大泉等

位于青海海晏的西海郡遗址　　　　　　　西海郡虎符石柜

五十种钱币以及东汉时期的"西海安定元兴元年作当"铭文瓦当等遗物。

当时王莽就想着，有这个四海一统、四海归一，可以表示出这个国家的强盛。西海也叫羌海，就是羌人住的地方。王莽派审查的人拿了很多金银财宝，到这个地方把羌人贿赂一下，羌人见了非常高兴，就把这个地方给出去了，自己跑到青海湖以西的地方去了。汉王朝就在这个地方建立了西海郡。

这个工程相当浩大。西海郡远离中原，非常偏远、荒凉，主城是西汉王朝花了大量的人力、物力、财力建成的，此后，西海郡成为镇守西部的主要军事基地。

为了缓解国内愈来愈尖锐的社会矛盾，王莽还多次发动与四夷的战争，其本意是通过外部的战争增强国内的凝聚力。然而在具体实施中，这些战争并没有起到缓解国内社会矛盾的作用，反而因战争强征暴敛，更加激化了国内矛盾。

尽管王莽改制的政策都是直面社会现实问题，但在实施过程中遇到了越来越多的无法解决的难题。改制的软弱和多变，不仅没能解决已有的问题，反而带来更多的矛盾。

随着形势的改变，王莽已渐渐由万众拥戴而变为万众背离。

由于王莽改革的全盘失败，原先的圣人王莽几乎已成全民公敌。人心思汉，民间出现了很多刘姓将再次称帝的说法，"刘秀当为天子"的谶语无疑暗示着人们已将希望转移到已经是新朝国师的刘歆身上。刘歆早在建平元年（前6年）为了避哀帝刘欣的名讳而改名刘秀。在种种暗示之下，这位与王莽有着共同理想的大经学家竟然参与了废除王莽的兵变。

新莽败亡。新朝地皇四年（23年）七月，大经学家刘歆因兵变事情败露而自杀。他是新朝的国师，号嘉新公。

刘歆，字子骏，西汉末年经学家、目录学家、文学家。他是沛人（今江苏沛县），西汉皇族，汉代古文经学的开创者，中国经学史上一位举足轻重的人物。他曾与父亲刘向同校皇家藏书，后来子承父业，汇集六艺群书，分类撰为《七略》。这是中国第一部图书目录著作，在学术史上有很高的价值。

中国社会科学院历史研究所研究员 王启发

汉代经学就是儒学汉代化。从学术传统上，汉代经学又分为今文经学与古文经学。今文经学是可以追溯明晰传承脉络，文字用汉代隶书抄写，经本得到朝廷认可，并且得立学官的经学流派。古文经学则是传承脉络不清晰，经本或藏于秘府，或流行民间，未得立学官的经学流派。到西汉后期，经学已成为利禄之途。为争立学官，获得正统地位，古文经学多次抗争。王莽、刘歆是古文经学的坚定支持者。王莽代汉，建立新朝后，古文经学才得以立博士，挤进官学体系。

一般看来，刘歆倾心古文经，是因为他自小跟随父亲刘向整理校对皇家藏书，接触到大量未能流行而且也没有立于官学的经本。他深深感受到这些经本"好恶与圣人同"。王莽倾心古文经，或许是因为他希望古文经可以为他的皇帝梦提供理论支撑。

但是，我们不能否认，王莽和刘歆这两个有远大理想的人，也会把自己的理想添加到古文经学之中，作为一生追求的目标。他们对西汉末年混乱的社会秩序、残破的国家制度失望了，厌恶今文经糅杂百家和对政治的妥协。于是他们以古文经学为基础，规划了理想的政治蓝图。刘歆是设计师，王莽是实践者。

刘歆的死，对王莽打击巨大，因为两人有几十年情谊。此时的王莽"军师外破，大臣内畔，左右亡所信"，从此终日借酒浇愁，几乎不吃东西，读书累了，就靠几案而睡。

改革集团内部分裂，加速了新莽政权的灭亡。这时，各地农民纷纷起义，逐渐形成赤眉及绿林两股势力最强的义军。

新朝地皇四年（23年），王莽在长安南郊举行哭天大典，希望得到上帝的佑护。也就在这一年，绿林军攻入长安，王莽在混乱中为商人杜吴所杀，王莽的首级，悬于宛市之中，数十个军士争相分裂了王莽的尸体。

新朝灭亡后，王莽的头颅被后来历代皇室所收藏，直到晋惠帝元康五年（295年），洛阳武库遭大火，遂被焚毁。

理想主义改制的失败。王莽死了，经学家的理想从巅峰坠落，他们的政治实践也戛然而止。

一个王朝如一个人的生命，诞生以后，终会有寿终正寝那一天。西汉王朝即是如此。与西汉相比，王莽的新朝一世而亡，可谓是早夭。今天我们探讨王莽的失败原因，也许会有一些独到的见解。

对王莽的失败，史书上的评论大体相同，一般都归结为改制无方、食古不化、人心思汉等。然而若综合分析，应该说，王莽失败的原因是多重的。

就客观原因来说，王莽的失败是一种必然。西汉末年人口自然增长加速，带来了大量社会剩余劳动力，改变了农民与土地的依附关系。结果是流民数量暴涨，社会生产生活秩序被严重破坏。以前，在解释王朝兴废原因时，我们过多强调阶层的对立与矛盾，其实，在耕地面积基本固定，生产方式无革命性改变的情况下，人口激增是任何一个王朝都无法承受之重。

此外，自然灾害也加速了王莽的失败。黄河在历史上一共有九次大改道，第一次是在春秋时期，第二次就是王莽新朝的始建国三年（11年）。黄河在魏郡，即今河北临漳县西南决口改道。黄河决口成灾，在汉代并不少见，但这次决口形成了改道，显示出这场水灾的严重，而更严重的是，在人口极为稠密的关东地区，大量耕地被毁。这给了王莽政权最致命的一击。

祸不单行，与水灾相伴又有旱、蝗、瘟疫等灾害。新莽朝的农民起义，大多集中在黄泛区，自然灾害愈重的年份，起义的声浪也愈高。

就主观原因来说，王莽代汉而立，其实是以王莽为中心的儒生集团的一场政治实践。作为儒生，王莽有与传统文人相同的性格缺陷。

其一，习惯把理想当作现实。班固说"莽诵六艺，以文奸言"，这句话的意思是，王莽诵读六经，借以包装自己的谬论。班固的评说是不对的。王莽不过是把梦当成真而已，所以他的改革措施只看到改革社会的必要性，没有顾及社会现实的可能性，所以，好梦难以成真。

其二，做事优柔寡断，犹豫不决。王莽的改制多朝令夕改，遇到困难时，缺乏坚定的信念和百折不挠的勇气。地皇三年（22年），各地农民相继起义，"天下溃畔，事穷计迫"，王莽于是彻底废除井田、奴婢、山泽、六筦之禁，即位以来不便于民的诏令也都废除，可事未及行，而舂陵兵起，新朝灭亡。因为"口惠而实不至"，所以"怨灾及其人"。

其三，过于相信自己，而疑心过重。在王莽代汉的过程中，刘歆起到很重要的作用，但王莽做了皇帝后，便对刘歆有了防范，弃之不用。弃用刘歆，昭示着汉末儒生集团的分裂。与秦始皇一样，王莽是一个勤勉的皇帝，但事必躬亲，很难容人、任人，也许过于勤勉，不善于用人，便很难做一个好皇帝。

就改革本身来说，通过对王莽新政具体政策措施分析，我们也可以看到一些问题。

首先，改革的蓝图就有很大问题，改革的目的和手段相互抵牾，难以统一。汉代经学比较注重社会秩序，对国家与制度则重视不足。这一倾向在古文经学中的表现更为明显，王莽恰恰是古文经学的巨擘。所以王莽改制的顶层设计，其根本目的是社会的整合，不是国家建设。可是，事实上，整合混乱的社会秩序，必须以完善国家制度作为起点。

王莽的"王田制"，将全国土地国有化，按井田制重新分配。其意在于消除土地兼并，使耕者有其田，重建经济秩序，本意是善良的，但这一善良政策注定会失败。原因很清楚，西汉末年，大土地所有者基本是身份性地主，作为官僚，他们充斥于各级政府之中，是土地国有化的最大受害者，所以，这一措施必然引发官僚集团集体反弹。结果，王莽既没有能力兑现耕者有其田的承诺，又触犯了官僚集团的特权利益，损害了自己的政权基础。

王莽禁止奴婢买卖，立意是要扼制奴婢数量的扩大，倡导平等，重建和谐社会秩序。但这项措施却上下不得人心。禁止奴婢买卖，必然危及官僚、豪强的利益，又使失去土地而无路可走的平民断绝了一条卖身为奴的生路。

王莽的"五均六筦"政策，从内容看，如果能够施行，可以得到良好的社会效果。但是由于缺乏官僚集团的支持，王莽只能依靠富商大贾来推行，这样，反而形成危害更大的官商垄断集团。

王莽的改革过急过速，一有想法，便要全国推行。为了保证改制落实，还辅助以严刑酷法。这种不经过试验，不顾各地具体情况的改革，结果往往是朝令夕改，引发更多的社会混乱，改革的结果与改革的初衷背道而驰。

此外，新莽时期，还多次发动与周边民族的战争，这些战争，没有起到用外部民族矛盾缓解国内社会矛盾的作用，反而因强征暴敛，更加激化了国内矛盾。

我们不能同意班固等旧的史学家对王莽的定论，同样我们也不同意胡适的说法，王莽不是"中国历史上第一位社会主义者"。胡适错了，每一个社会主义者都是有理想的人，但是有理想的人并不都是社会主义者。

王莽改制失败了，王莽死了，儒家的政治理想在实践中失败了。但是，我们应该肯定，王莽在中国古代历史中应占有一定的地位，我们还可以从斑驳的历史记忆中，从儒家恢宏的理想和怯懦的实践中，得到一些经验、一些教训。

光武中兴

汉光武帝像

"驱马北邙原,踯躅重踯躅。千年富贵人,零落此山隅。"东汉十二帝,除献帝刘协之外,死后都葬在洛阳附近。邙山,是秦岭—崤山山脉的余脉,北临黄河,南俯洛阳,可谓风水宝地。其间丘冢遍地,墓碑林立。东汉帝陵向来有"北五南六"之说,邙山上的五座东汉帝陵之中,就包括开国皇帝——光武帝刘秀的原陵。

沧海桑田,原陵主人早已驾鹤西去,但他所创立的东汉王朝,却以厚重儒雅之姿,悬布在历史的星空中。

东汉是独立的王朝,又是西汉的延续。在中国历史上,复活前朝的案例并不少见。西周之后有东周，西晋之后有东晋，北宋之后有南宋。然而既能复活前朝，又能发扬光大者，唯有东汉。

人心思汉。延续了二百多年的西汉王朝，在居摄三年（8年）寿终正寝。继立的新莽政权，又于地皇四年（23年）被推翻。已经习惯了大一统秩序的中国大地，陷入极度混乱之中。

从关中到山东，从江淮到河北，大大小小的割据政权，各种名号的农民武装，为争夺粮食、地盘和控制权而厮杀角逐。共同的敌人——王莽倒下之后，哪个集团能够平定天下，谁将成为中国大地的新统治者，成为当时最重要的政治命题。

这个命题的最终答案还没有揭晓，但是答案的选择范围似乎已经划定。

王莽改革的失败，引发了人们对刘氏汉朝的眷恋，形成了"人心思汉"的社会思潮。以刘氏子弟的名义，打出"恢复汉室"的旗号，容易得人心、聚人力。因此，当时起兵反对王莽统治的武装集团，其名义上的首领人物往往是刘氏宗室成员；非刘氏宗室者，要么诈称是刘氏子弟，要么以"辅汉"为口号，就连赤眉军这样的农民武装，也找了一个刘姓放牛娃当天子。清代学者赵翼总结这一历史现象时说，"汉自高惠以后，贤圣之君六七作，深仁厚泽，被于人者深……故虽时代改易，而民心未去，加以莽政愈虐，则思汉之心益坚"。在这样的时代背景下，未来政权的一些基本属性大致确定，即国号应该为"汉"，皇帝应该姓"刘"。

刘秀，字文叔，南阳蔡阳（今湖北枣阳西南）人。从族谱上推算，他是汉高祖刘邦的九世孙，属于宗室子弟。不过，在枝叶繁茂、人数众多的西汉宗室中，刘秀的地位并不显赫。

据史书记载，年轻时的刘秀谨厚柔和，勤于农事，做过贩卖粮食之类的小生意。他曾经在长安游学，学习《尚书》，只能略通大义。他曾感叹说："仕宦当作执金吾，娶妻当得阴丽华"。执金吾是汉代的高级官员，地位相当于九卿，负责京城警备巡防。阴丽华是南阳有名的美女。当一名威武风光的二千石官员，娶一个漂亮女人为妻，这大概就是青年刘秀的人生理想。

地皇三年（22年），刘秀与大哥刘縯在南阳起事，加入了以绿林军为主力的南方反莽队伍。第二年，族兄刘玄被推举为这支队伍的领袖，登基称帝，建立了更始政权。刘縯被封为大司徒，刘秀被封为太常偏将军。

发生在地皇四年（23年）的昆阳之战，是中国军事史上以少胜多的经典战例。这场战役的策划者和组织者，正是年仅二十九岁的刘秀。

当时，王莽派遣大司空王邑、司徒王寻统领数十万大军，从洛阳南下，直扑昆阳。大敌当前，众寡悬殊，诸将只想退避自保。刘秀说服众将，坚守昆阳，阻击莽军。他带十三名骑兵冲出重围，就近征调援兵，随后亲率三千猛士冲击敌阵，里应外合，大获全胜。

昆阳之战，刘秀展现出深远的战略眼光、卓越的军事指挥才能和勇猛无畏的战斗精神。明末清初的学者王夫之说："昆阳之战，光武威震天下，王业之兴肇此矣。"铫期、干霸等将领，从这个时候开始，成为刘秀的忠实追随者。

光武中兴 | 197

《历代画像传》中的"大树将军"冯异。冯异是云台二十八将之一,为光武得天下立下重要战功。

中国社会科学院历史研究所研究员 宋艳萍

　　昆阳之战是新朝末年王莽军与绿林军的一次决战。在这次战役中,王莽军的主力被歼。这次战役使王莽政权和更始政权在力量对比上产生了根本的变化,使刘秀一战成名,为东汉王朝的建立奠定了基础。

地皇四年（23年）十月，更始军攻入长安，王莽被杀，持续十五年的新莽政权彻底灭亡。此时，更始帝已迁都洛阳，虽然各地豪杰并起，称霸一方，但在人心思汉的形势下，世人基本上认可更始帝的汉统地位。进入长安后，更始政权定都长安。

中国社会科学院历史研究所副研究员 赵凯

更始帝刘玄选择长安作为自己的都城，这是因为从汉高祖刘邦建立西汉到王莽代汉，在过去的两百多年里，长安一直是西汉王朝的首都，刘玄既然以西汉王朝的继承者自居，那么新政权选择长安作为自己的都城也是顺理成章、合情合理的事情。在当时"人心思汉"的时代背景下，以长安作为都城有助于提高新政权的合法性。

当更始军攻入长安并推翻王莽政权后，就连声势浩大的另一支反莽起义军赤眉军也归降了更始政权。更始帝试图恢复汉朝疆域、统一全国，他分别派使者到各地抚敌纳降。刘秀也终于等到了人生中的一次重大转折。

23年冬季，在大司徒刘赐的苦荐下，更始帝最终下令，命刘秀以破虏大将军行大司马事的身份，持节北渡黄河，镇慰河北。

王业之基。河北，是刘秀的王业之基。汉代所谓河北，是指黄河北面的冀州、幽州、并州，相当于今河北、山西、北京、天津等省市。西汉以来，经过百余年的开发，华北大平原已是重要的粮食产区，人口数量也相当可观。

东汉末的政论家蔡邕说，"幽冀旧壤，铠马所出"。意思是说，包括幽州和冀州在内的河北地区，盛产优质兵器和战马，是国家的军事重地。比蔡邕年代稍晚的袁绍、曹操，都因为据有河北，先后成为汉末乱局中的巨擘，演绎了"得河北者得天下"的历史规律。

其实，这个规律的最早实践者，乃是光武帝刘秀。

地皇四年（23年）十月，刘秀奉更始帝之命，以破虏大将军行大司马事的身份，持节北渡黄河，镇慰河北。按照汉代的官制，大司马是最高军事长官，地位远在执金吾之上；持节则意味着代表皇帝，有临事制宜、生杀予夺的大权。此时的刘秀已经不再满足于当初"仕宦当作执金吾"的事业追求了，经历了出生入死的战火洗礼，经受了惊心动魄的政治斗争，他已经有了更为远大的政治目标。

在此之前，刘縯因功高震主，被更始帝杀害。城府颇深的刘秀使出韬晦之策，方得保身。

在更始帝身边提心吊胆、朝不保夕的日子终于结束了。更重要的是，刘秀可以打着更始帝的旗号，发展自己的势力。这是刘秀事业上最为重要的转折点。

在这个寒冷肃杀的冬天，一个新的政治势力正在蛰伏。

最初，刘秀在河北的发展并不顺利。王郎在邯郸称帝，以"十万户"的赏格，缉拿刘秀。

刘秀娶真定豪族郭氏之女郭圣通为妻，以政治联姻的手段，得到了当地豪强势力的支持。

郭圣通是刘秀的第二个妻子。前此一年,刘秀已经娶心仪已久的南阳美女阴丽华为妻。从史料记载来看,刘秀对郭氏的感情始终不如对阴氏。郭氏是政治联姻,阴氏则是真情契合。作为政治联姻,刘秀称帝之后,郭氏被立为皇后,儿子刘强被立为太子。统一大业完成之后,郭氏被废黜,阴氏取而代之成为新皇后。两年之后,刘强失去了太子位,取而代之的刘庄正是阴氏之子。

在河北,刘秀还得到了渔阳、上谷两郡势力的鼎力支持。渔阳、上谷是汉代抵御匈奴的前线,驻扎着大量精锐骑兵,号称"突骑"。骑兵具有移动速度快、冲击能力强的优势,在冷兵器时代,无疑是最令人生畏的兵种。

幽州突骑在刘秀统一天下的过程中,屡建战功。

更始二年(24年)五月,刘秀攻入邯郸,消灭了劲敌王郎。独霸河北的局面已经形成,刘秀具备了南下河洛、问鼎天下的资本。

称帝千秋台。25年六月,光武帝刘秀在鄗县南的千秋亭举行了登基大典,定国号为"汉",年号"建武"。

登基的地点是临时选定的。举行仪式的坛场是临时筑建的。仪仗器具、祭祀礼仪之类,全部从简。

皇天上帝,后土神祇。眷顾降命,属秀黎元。……王莽篡位,秀发愤兴兵,破王寻、王邑于昆阳,诛王郎、铜马于河北。平定

天下，海内蒙恩。上当天地之心，下为元元所归。谶记曰："刘秀发兵捕不道，卯金修德为天子。"（《后汉书·光武帝纪上》）

刘秀登基祝文里的"平定天下""海内蒙恩"，其实都是套话虚辞。25年前后的"天下"与"海内"，并不独属于刘秀。

就在刘秀告天称帝的这一年，中国版图内还有另外好几位皇帝。长安有刘玄，弘农有赤眉军的刘盆子，睢阳有刘永，益州有公孙述，远在安定的上将军卢芳，也被匈奴人称为"汉帝"。

鹿死谁手，尚属未知。

光武帝刘秀的战略眼光和军事指挥才能又一次大放异彩。

从当时的实力对比来看，刘秀集团与更始政权孰胜孰败，尚难预料。但是赤眉军的军事行动，使胜利的天平倾向了刘秀一边。25年春天，赤眉军突入关中，连续重创更始守军。赤眉军的牵制，使更始政权无暇东顾。对于这个天赐良机，刘秀当然不能熟视无睹。他派邓禹带领一支人马西征，顺利夺取了河东，接着渡过黄河，攻入关中。刘秀自己则统领主力部队围攻洛阳。这一年九月，赤眉军攻入了长安。十月，刘秀兵不血刃进入了洛阳。本应是刘秀最强劲对手的更始政权，顷刻之间就土崩瓦解了。

在关中被严重削弱的赤眉军出关东归，陷入刘秀汉军的围堵之中，被迫投降。这支两汉之际规模最大的农民军就此瓦解。

其后数年，盘踞关东的睢阳刘永、东海董宪、齐地张步、庐江李宪、荆州秦丰等割据势力被一一剪除；彭宠、苏茂、邓奉等叛乱武装被消灭；五校、尤来、青犊等农民军也被击败降服。

中国社会科学院历史研究所研究员 邬文玲

赤眉军一度势力大盛,推翻了绿林统治的政权,控制了整个关中地区。但是赤眉军的势力没有能够持续下去,最终被迫退出了关中地区。究其原因就在于,赤眉军从一开始就没有能够确立起统一全国的长远的战略目标。在作战的过程当中只注重眼前的攻城略地,最后导致物资供应匮乏,被迫退出关中地区。与之形成鲜明对比的是刘秀的军队,刘秀军队从一开始就确立了统一全国的长远的战略目标,在这个过程当中,刘秀步步为营,在所征服之地建立新的秩序,使自己拥有稳固的后方,为最终的全国性胜利奠定了坚实的基础。

定都洛阳。洛阳,是中国著名古都之一。在古人观念中,洛阳居"天下之中",是王朝都畿的理想选地。建武元年(25年)十月,光武帝刘秀率领部众,浩浩荡荡地进入洛阳。洛阳从此成为东汉政权的都城,直到初平元年(190年),军阀董卓劫走少帝,火烧洛阳。因洛阳在长安之东,为区别于定都长安的汉朝,后人习惯上称刘秀的政权为东汉或后汉。

刘秀以光复汉朝为己任,以汉祚正统继任者自居,如果恢复故都长安,似乎更能体现光武政权的合法性。两年前,更始帝刘玄在洛阳与长安之间,最终选择了后者。刘秀定洛阳而弃长安,反其道而行之,又是出于怎样的考虑呢?

光武帝刘秀从南阳起兵,又以河北为根据地,定都中土洛

清代山东年画上刘秀攻取洛阳的情景

阳，有利于巩固自己的势力范围，有利于平定东方的敌对势力。后来的平乱进程也证明了这一点。事实上，在周、秦、汉、唐时期的地缘政治体系中，洛阳即便不是都城，也是地位仅次于都城的战略重镇。新莽时，"定帝德，国洛阳"的谶语颇为流行，王莽就曾经派人按照京城格局营造洛阳，为迁都做准备。东汉定都洛阳，也有顺应人心和"天命"的考虑。

东汉定都洛阳，使中国政治中心完成了由关中地区向河洛地区的转移。中国的地缘政治格局，也由东西对峙逐渐转变为南北轴心。

建武六年（30年），光武帝基本扫平了东方的敌对势力，以洛阳为中心，控制了全国五分之四的地区。但是统一全国的大业，依然充满变数。其中，公孙述牢牢占据着益州。益州号称"天府之国"，从来都是割据者的乐园。在益州西北，隗嚣控制着陇右及河西地区，兵强马壮。

分别而论，他们都不是光武政权的对手。但是这两股势力一旦联合起来，互为掎角，再加上地势之利，形势就陡然严峻起来。公孙述已经称帝，有觊觎天下之心；隗嚣则首鼠两端，静观事态的发展，不肯放弃独霸西北的现实利益。这一幕，仿佛是曹操、刘备、孙权主演的历史剧提前上演。三国鼎立的局面，若隐若现。

从洛阳到天水，从天水到成都，从成都到洛阳，一批又一批的使者，在道路上疾驰交错。他们肩负着各自主公的重托，探听虚实，游说对方，甚至就虚妄不经的天命归属问题展开论辩。

时光，恍然回到了策士纵横的战国时代。

马援，就是辗转东西的信使之一。他奉隗嚣之托出使洛阳，观察形势。马援是优秀的社会活动家，也可以称得上是那个时代最有眼力的政客。他已经认识到，洛阳的新政权统一天下的大势已经不可逆转，去就之路就在眼前。

马援带回的消息令隗嚣感到失望。但隗嚣仍然痴迷于分裂割据的梦想，他的最终选择是，联合公孙述的"成家"政权，负隅顽抗。

这是光武帝刘秀最不希望看到的棋局。发兵陇蜀，成为解决问题的唯一手段。这位久经沙场的皇帝，对战争有着深深的厌恶之情。他曾感叹说，每次筹备打仗，须发都要变白不少。

窦融归汉。上世纪七十年代，居延汉代甲渠候官遗址出土了一份官吏调动任命文书。文书上说，张掖郡居延县县令通知各下属机构长官：甲渠候哨所的郑骏、孙良已经调离，留下的空缺，

画像砖《驿使图》

分别由五十岁的梁普和五十七岁的孙况补上。文书的所署年代是：建武五年（29年）。

出自居延汉代甲渠候官遗址的还有一份起诉文书。大意是说，胡人侵犯边境，一位名叫王褒的前线哨所长官指挥不当，致使部属李丹和一匹驿马被敌人掳去，属失职行为。文书所署年代是：建武五年。

居延，是汉代的边防要塞，属张掖郡。建武五年，光武帝平定东方的战争进入了尾声，但他的势力尚未进入边远的西北地区。"建武"年号出现在西北边地，这意味着什么呢？这得从河西窦融集团说起。

窦融，字周公，扶风平陵（今陕西咸阳西北）人。他的高祖父曾当过张掖郡太守，从祖父做过护羌校尉，从弟又担任武威郡太守，窦氏一族在河西地区很有势力，影响也很大。两汉之际，关中和中原一带战乱纷扰,河西地区远离战火,划地自保,百姓殷实,兵强马壮。窦融被推举为"行河西五郡大将军事"。

东方战事尚未结束,刘秀就向窦融抛出了"橄榄枝"。

"建武五年"的年号数次出现在居延地区的官方文书中,意味着河西集团已经脱离了隗嚣,接受了东汉朝廷的册命。窦融的易帜归汉,成为解决西北变局的关键所在。

中国社会科学院历史研究所研究员 邬文玲

一直到建武八年(32年),河西窦融集团才真正归附了光武政权,那么从居延地区出土的汉简当中,我们却能够看到建武三年(27年)到建武七年(31年)的纪年简牍,这说明什么问题呢?建武是光武帝的年号,在中国古代的皇帝体制之下,采用某个皇帝的年号作为纪年,就表示着认同这个皇帝的统治,承认其政权的合法性。可见,光武帝利用窦融集团的支持,对河西地区的隗嚣集团和公孙述集团进行了有效的制衡,使得西部地区暂时处于一种战略平衡状态,在这种情况之下,光武帝才能够专心致志地先解决东部的问题。

建武十年(34年),隗嚣集团彻底败亡。建武十二年(36年),吴汉、臧宫率领汉军攻入成都,消灭了公孙述。

至此,虽然小规模的兵乱战事仍然不断,但吞舟巨鲸式的竞争对手已经不复存在。新莽末年以来动荡混乱的局面终于结束了,光武帝刘秀完成了"恢复汉室"的历史使命。

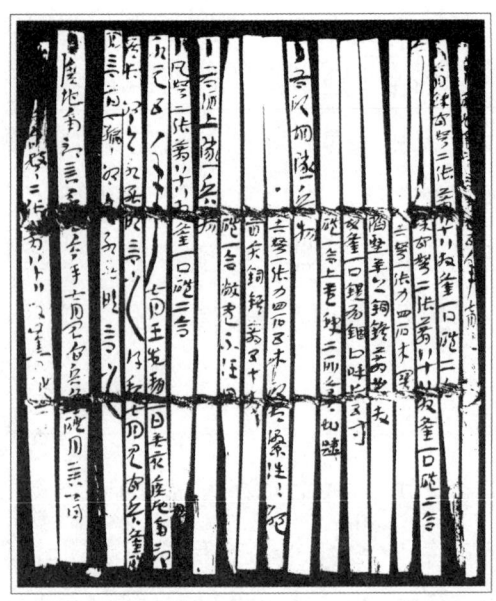

居延汉简

内蒙古额济纳旗居延遗址

刘秀能够建立东汉政权，在一定程度上受益于"人心思汉"的社会思潮。但是从创业过程来看，仍然相当艰难。王夫之曾说，光武帝得天下的难度比汉高祖更大一些。元代学者郝经的评价是："虽则中兴，同夫创业。"

中国社会科学院历史研究所研究员 宋艳萍

王莽建立新朝以后托古改制，但是新政不符合社会实际，不仅没能解决严重的社会危机，反而引起了社会各个阶层的强烈不满。人们怀念西汉初期政治清明、社会安定的治世局面，复兴汉室成为民心所向。光武帝刘秀顺应民心思汉的社会潮流，借用儒生强华所献《赤伏符》中的谶言，"刘秀发兵捕不道，四夷云集龙斗野，四七之际火为主"，成功地将"人心思汉"的社会思潮转变为支持他复兴汉室的重要力量。

退功臣进文吏。光武帝死后，汉明帝追思前朝元勋，命人把邓禹、吴汉、贾复等追随光武帝刘秀南征北战、为东汉王朝的创建立下赫赫战功的二十八位将帅的肖像绘在南宫云台，随时瞻仰。这就是流传后世的"云台二十八将"，又称"中兴二十八将"。后人附会，说他们是天上的二十八宿下凡。

如何安置开国功臣，是每一个新兴王朝都必须面临的问题。

二百年前，汉高祖刘邦建立西汉之初，萧何、曹参、陈平等草莽元勋出将入相，布列朝堂，演绎了一段"布衣卿相"共掌天下的历史大戏，但同时也因诛除韩信、彭越、英布等有功将帅而留下了杀功臣的恶评。

东汉画像砖戴进贤冠的文官儒生,四川彭县出土。

明刻本《刘秀云台记》

光武帝采取了截然不同的做法。重量级的开国元勋，得到了高爵、厚赏，还有特进、朝请之类的荣誉性特权。但是除邓禹、李通、贾复三人可以参议国家大事之外，其他人基本上退出了国家权力中枢，不再参与国家管理。对于这样的处置，元勋们是否甘心，我们不得而知。史书上说，功臣"皆保其福禄，终无诛谴者"。

在中国历史上，前有汉高祖刘邦，后有明太祖朱元璋，都因诛杀功臣而受到后世诟病。能够像光武帝这样优容功臣而君臣相安者，大概只有宋太祖赵匡胤了。故王夫之赞叹说，"三代以下，君臣交尽其美，唯东汉为盛焉"。

建武十五年（39年）冬，朔风凛冽，一派肃杀景象。洛阳南宫司马门外，上千名儒生跪伏在冰冷的地上，哀求朝廷对有罪在身的大司徒欧阳歙从轻发落。有人竟然剃掉了须发，愿意代为受过。但是，一向对儒学之士优容有加的光武皇帝，这次却是冷若冰霜。他不顾众人的求情，拒绝赦免大司徒。不久，欧阳歙死在狱中。

欧阳歙，字正思，既是权势显赫的朝廷三公，又是世代传授《尚书》、弟子遍天下的著名学者。八世博士，学为儒宗，在当时称得上是"国宝级"的儒学大师。他曾经担任汝南郡太守，没有很好地执行朝廷的"度田"政策，还暗中贪赃千余万。升为大司徒之后，东窗事发，被绳之以法，官位和舆论都没能挽救欧阳歙的性命。

"退功臣而进文吏"，是光武朝最核心的人事政策。"退功臣"，可以保护功臣，更有助于杜绝权臣。"进文吏"，便于把优秀人才吸引到官僚队伍中，更便于皇帝总揽权纲，统御臣工。扩大和维护专制皇权,才是这个政策的核心价值所在。

中国社会科学院历史研究所研究员 邬文玲

"退功臣而进文吏"是光武皇帝为调整国家统治权力结构、强化皇权而采取的一项重要的措施。所谓的"退功臣"就是解除功臣的权力,尤其是他们的兵权,降低他们的政治地位;所谓的"进文吏"就是指进用懂得治国安民之术和封建典章制度的一些文人儒士,作为官僚机构的中枢,任用他们担任要职治理国家。光武帝通过这一项措施,最终实现了向文治的转变,确立了一整套以文官为中心的体制,这是光武帝给后世留下的宝贵财富。

光武帝以"柔道"治国,却以铁腕治吏。无论是掌权的尚书,还是虚位的三公,一旦有过错或者不合皇帝心意,往往会受到严惩。尚书官员经常被拖到皇帝面前捶扑鞭打,毫无体面可言。朝廷选拔的临民之官,也多为行政风格苛严之人。史书上说,"光武承王莽之余,颇以严猛为政"。

春秋时期齐国的大政治家管仲曾说:"治官化民,其要在上。"意思是说,管理官吏,教化民众,关键在于君主。这是人治社会的铁律。

光武帝善于御下,也比较注意约束权贵,以身作则。

据《后汉书》记载,洛阳令董宣,号称"卧虎",是有名的酷吏。他还有个绰号"强项令",意即"硬脖子县令"。湖阳公主的奴仆在光天化日之下行凶杀人，躲藏在公主府中，执法官吏无法抓捕。有一天，该奴仆为公主驾车外出，被董宣抓获，就地处死。湖阳公主恼羞成怒，向光武帝哭诉告状。光武帝准备用杖刑处死董宣，董宣不服，申辩一番后以头撞柱，头破血流。光武帝不忍心杀他，让他向公主叩头道歉，董宣不肯。两个侍从架着他，强摁他俯身，董宣两手撑地，就是不肯叩头。公主无可奈何。光武帝赐给董宣三十万钱，奖励他的刚直不阿行为。

《后汉书·酷吏传》中记载的董宣、樊晔、李章，都是光武帝时有名的酷吏。开国之初就任用酷吏，这样的现象历代少见。这些酷吏多数都能够善始善终，同样是罕见的事情。

光武帝刚猛治吏的政治风格，一直延续到后来的明帝、章帝时期，前后数十年，开创了东汉历史上最值得称道的吏治清明时代。

度田事件。"度田"，是东汉初期最重要的国策之一。秦汉以来，地方政府每年都要向中央政府报告本地的田亩和人口数量，中央据此确定地方应当承担的赋税和劳役数量。中央政府要想维护专制皇权与正常的社会秩序，有效地控制广袤的国土，必须尽可能准确地掌握土地与人口方面的数字。西汉中期以来，国家管理失序，土地兼并愈演愈烈，大量失去土地和财富的贫民卖身为奴，沦为地主豪强的附庸，或者成为流民，成为统治秩序的隐患。中央政府控制的赋税和劳役来源越来越少，对国家的控制力越来越弱。西汉后期，有识之士已经注意到了土地—人口失控这个可怕的现象和危险的趋势，但遗憾的是，日薄西山的西汉政权没能够解决这个问题。继之而起的新莽王朝，由于没能找到对症之药，也迅速归于失败。对于新生的东汉政权来说，"度田"问题至关重要。如果不能解决"度田"不实的痼疾，就难免重蹈前朝的覆辙，更何谈长治久安！

1989年，在甘肃武威汉滩坡东汉墓中出土了两枚木简。木简注明时间为建武十九年（43年），正是大司徒欧阳歙事发下狱之后的第四个年头。木简记录了度田制度，要求基层官吏在每年的五月核对土地数量，隐匿田地三亩以上，就要受到惩处。

大司徒欧阳歙是国家一等高官，又兼学界领袖，可谓学高望重。欧阳歙之死，是光武帝以铁腕解决度田不实问题的强烈信号。光武帝本人及其核心统治阶层多出自豪强之家，所以，东汉王朝在某种程度上可以说是一个"豪强政权"。当豪强势力威胁到专制皇权和国家利益的时候，光武帝体现出了壮士断腕的勇气，决不姑息。除了大司徒欧阳歙，还有河南尹张伋等十多名郡守都因度田不实而被处死，被处刑和免职的郡县级官员更是不计其数。

中国社会科学院历史研究所副研究员 赵凯

度田是东汉前期最重要的基本国策之一，所谓度田就是丈量田地同时统计户口，中央政府据此分配地方应当承担的赋税和劳役，中央政府要想更加有效地维护专制皇权和统治秩序，要想更加有效地控制广袤的国土，就必须尽可能准确地掌握土地和户口方面的数字。

同西汉后期的"限田"和王莽时期的"井田"一样，东汉政府的"度田"举措，由于触动了豪强势力的利益，遭到强烈抵制。所不同的是，前者选择了妥协或者放弃，光武帝选择了坚持。失去了保护伞的地方豪强不肯让渡既得利益，甚至发动叛乱，但最终都被平息。西汉中期以来困扰执政者的土地兼并问题，至此终于得到了缓解。史书上说"度田"叛乱平定之后，"牛马放牧，邑门不闭"，社会一派安宁景象。

中国社会科学院历史研究所研究员 邬文玲

光武帝刘秀本人出身于豪族，他的核心统治成员也同样出身于豪族，光武帝能够建立东汉政权也主要是得到了南阳豪族和河北豪族的大力支持。那么东汉政权建立以后，不可避免地要满足这些豪族的利益，并且形成了一些新贵而产生了新的豪族。这些豪族的核心就是开国功臣集团，还有刘氏宗亲集团以及外戚集团。他们逐渐把持朝政，掌握了大量的社会资源，对国家统治和皇权形成了威胁，虽然刘秀采取度田等措施，对这些豪族进行抑制，但是并没有收到预期的效果。到东汉末年的时候，这些豪族势力控制了地方的政治、经济和军事大权，最终形成割据势力，导致分裂局面的出现。

东汉墓壁画《男墓主与仆人》

对于光武帝刘秀的中兴业绩，宋代政治家、史学家司马光有一段精准评价："偃武修文，崇德报功，勤政治，养黎民，兴礼乐，宣教化，表行义，励风俗。继以明章，守而不失，于是东汉之风，忠信廉耻及于三代矣。"这是一个相当高的评价。

历代史家、政客对光武帝刘秀的个人才干也多有好评。三国时期的政治家诸葛亮说："光武策虑深远，有杜渐曲突之明。"其中颇有惺惺相惜之意。晋人袁山松认为光武帝兼具汉高祖之气度、汉文帝之仁爱、汉宣帝之明察，因此才能立国称帝。

丝绸之路

敦煌壁画中的《张骞出使西域图》

汉武帝建元三年（前138年），西汉朝廷的一个普通郎官从长安启程，踏上出使西域的征途，一条古老的商道逐渐形成。然而，他并不知道，此次出使将担负更为重大的可载入人类史册的使命，他所开启的道路将连通东方与西方，并将不断延伸与发展。它蜿蜒曲折，却又绵绵不断，它有主干，也有分支，甚至扩展到浩渺的大海，它冲破了自然与人为的巨大障碍，几度衰落，又几度兴盛。直到现在，它依然能重新焕发出蓬勃生机。它就是丝绸之路。开启这条通道的人就是张骞。

汉画像砖上的西王母

美玉出昆仑。在中国先人的地理观念中,昆仑山位于西北,是陆地上最高的山,也是黄河的源头。那里有四角神兽,有不死之水,还有长着豹尾虎齿的西王母。据说,西周的周穆王曾经乘着八骏神车,西征到达昆仑之丘,与西王母酬唱游玩,尽欢而返。

日照昆仑上,羽人披羽衣。乘龙驾云雾,欲往心无违。此山在西北,乃是神仙国。灵气皆自然,求之不可得。(唐·李华《咏史十一首》之六)

《历代神仙传》中的周穆王

世上没有神仙,周穆王与西王母的浪漫故事也只是一个传说。但是,这并不意味着遥远而神秘的昆仑山只存在于先人的想象之中。

屈原《九章·涉江》中说:"登昆仑兮食玉英,与天地兮同寿,与日月兮齐光。"早在屈原的时代,人们就知道,美玉出于昆山。

商代古墓中出土的玉器,有相当一部分是新疆的和田玉,也就是古人常说的"昆山之玉"。显然,早在周穆王之前,就有人跋山涉水,出入昆仑。

屈原时代的昆仑山,实际上是今天新疆哈密北部的天山。巍峨的天山遮住了先民的视野,在公元前2世纪丝绸之路开通之前,对于天山以西以北的世界,人们知之甚少。

汉代的西域,通常是指阳关、玉门关以西包括今新疆和中亚的广大地区。几十个大小不等的邦国分布在沙漠绿洲和戈壁草原上,史称"西域三十六国"。汉代史学家班固在《汉书·西域传》中详细记录了每一个邦国的地理位置、户口总数、兵力以及风俗特征。其中就包括楼兰国:"王治扜泥城,去阳关千六百里,去长安六千一百里。户千五百七十,口万四千一百,胜兵二千九百十二人。"

楼兰,一个散发着迷幻色彩的名字,一个沉淀了传奇与历史的国度。两千多年前的楼兰,是天山南麓的一个邦国,也是丝绸之路的必经之地。史书记载,楼兰国在西域的东陲,与汉朝接壤,盛产美玉,百姓驱赶着驴、马和骆驼,放牧为生。然而,4世纪之后,黄沙淹没了楼兰国,楼兰文明尘封在了历史典籍之中。

20世纪,沉寂已久的沙漠忽然变得喧闹起来。1900年3月27日,瑞典人斯文·赫定在孔雀河下游寻找水源时,意外地发现了一座古代城址,发掘出大批写着汉字的木简、残纸以及钱币、丝织品等古物。考证的结果令他惊喜万分,这里竟然是消失了十几个世纪的楼兰古城!

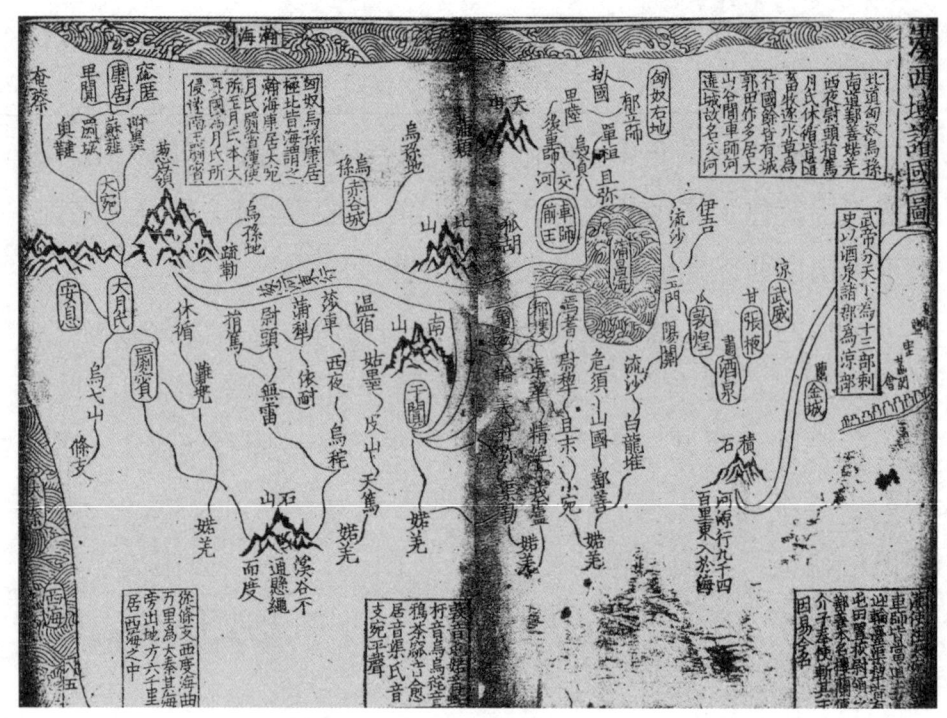

《汉西域诸国图》

此后不久，英国的斯坦因、法国的伯希和、德国的普鲁士中亚考察队、日本的大谷光瑞考察队，相继在尼雅、库车、吐鲁番等地发现了大批珍贵文物。这些尘封已久的沙漠遗存，生动展示了两千年前的丝路文明，再现了中原王朝开通丝路、经营西域的波澜壮阔的历史。

张骞出使西域。公元前3世纪初，匈奴崛起于蒙古草原，控制了东到大海、西到天山的广袤土地。匈奴骑兵经常南下侵扰，对西汉王朝的安全构成了巨大威胁。如何解除匈奴祸患，成为西汉前期最为严峻的政治命题。

西域流沙古未开，氂牛边堠接轮台。扫空瀚海长城外，断得匈奴右臂来。和议终非中国计，雄兵方逞帝王才。守文弱主书生见，难得英雄靖九垓。（清·王昙《咏汉武帝》）

汉武帝，是中国历史上最具开拓精神的封建帝王之一。在他统治期间，西汉王朝达到了鼎盛。北击匈奴，开疆拓土，是这位一代雄主最为壮观的政治业绩。那么，汉武帝为什么要开辟丝绸之路呢？

西汉初建之时，汉高祖刘邦曾经在"白登之围"中领教了匈奴的厉害。其后采取低姿态，通过"和亲"政策来维护与匈奴的关系。经过六七十年的"休养生息"，到武帝时期，汉朝国力渐渐强盛，基本上具备了以武力抗击匈奴的实力。为了提高战争胜算，西汉朝廷在积极备战的同时，也在外交方面多方谋划。其方略之一，就是把臣服匈奴的西域诸国拉拢过来，"断匈奴之右臂"。正是基于这样的战略思想，张骞奉命出使西域。

张骞，是中国古代最伟大的探险家和外交家之一。史书说他"为人强力，宽大信人"。他本是侍卫皇宫的一个普通郎官，不甘心碌碌一生，于是应募出使，投身绝域。汉武帝建元三年（前138年），张骞率领着由一百多人组成的庞大使团，从长安启程，踏上西行之路。

此次出使的目的是联络被匈奴打败的大月氏人，共同对付匈奴。张骞的第一次出使非常不顺，先是被匈奴拦截扣留了十三年，好不容易逃出来，辗转来到阿姆河北岸的大月氏，不料月氏人安于现状，不愿意再向匈奴寻仇。在这种情况下，张骞只好返回。在归国途中，再次被匈奴扣留，过了很久才回到长安。出发时的百余人，回国时只剩两人。

张骞第一次出使西域，虽然没能达到与大月氏结盟的战略目的，但是却有很多意外的收获。流沙遍地的西域之中，原来还有那么多的绿洲小国；苍凉壁立的葱岭以西，原来还有另外的国度和异样的文明。张骞的详细汇报，使年轻的汉武帝兴奋而神往。

吉尔吉斯共和国科学院历史所考古室主任 哈迪夏·塔西巴耶娃

张骞很详细地记载道：在大宛，种植有大米、小麦，还种有苜蓿，也就是牧蓿，有葡萄，还用葡萄制作大量的葡萄酒；另外，大宛还以品种优良的骏马为骄傲，因为他们只培育血统正宗的名马。而汉朝的皇帝尤其看重出自大宛的名马，想获得这种名贵的马。我们可以根据岩画判断出来当年大宛盛产名马的景象。

汉武帝元鼎元年（前116年），张骞再度持节出使。

这次出使的目的地，是位于伊犁河流域的乌孙国。乌孙是西域的大国，也是匈奴的重要盟友，在西域政治格局以及汉朝与匈奴的博弈中具有举足轻重的地位。张骞此行的目的，是说服乌孙弃匈奴而亲汉朝。

庞大的使团、贵重的礼物、衣饰鲜明而彬彬有礼的使臣，这一切让乌孙君臣对遥远的大汉帝国心生敬畏。乌孙王热情地招待了张骞一行，表示愿意与汉朝交往，但是又不愿意与匈奴为敌，婉拒了汉朝来使的政治诉求。他派遣使者跟随汉使回到长安，表达答谢之意。

汉武帝把两位汉室公主嫁给乌孙王，实行和亲政策，终于使乌孙从亲匈奴转为亲汉。宣帝本始三年（前71年），汉军五路讨伐匈奴，乌孙出兵助汉，立下大功。乌孙成为汉朝在西域的可靠盟友，汉与乌孙的友好关系持续了百年之久。

除出使乌孙国之外，张骞还派遣副使分赴大宛、康居（今巴尔喀什湖和咸海之间）、大月氏、大夏（古希腊巴克特里亚王国，今阿富汗北部）等国进行访问，赠送丝绸、铜镜等珍贵礼物，宣扬汉朝的威德，表达交往的意愿。

完成第二次出使的任务，张骞返回长安一年后就病逝了。司马迁在《史记》中用"凿空"一词形象地描述了张骞开通西域的壮举。

丝绸之路。张骞和他的部属，是有史以来第一批踏入西域乃至更远地区的中原王朝官方使节。在此之前，中原王朝对河西走廊以西地区的了解几乎是一片空白。张骞一行获得了邦国分布、山川地形、道里行程以及风土人情的宝贵信息，由此开启了汉朝经营西域的宏伟大业。所到之处，他们宣扬汉朝的威德，传递汉人的友善，使天山南北、亚洲腹地的人们第一次了解到汉朝的强盛与富庶，产生了与这个东方大国交往的愿望。由此形成的丝绸之路，架起了东西方文明交流的桥梁。这样一条沟通东西方的政治之路、经贸之路、文化之路，为什么要叫作"丝绸之路"呢？

中国，是丝绸的故乡。早在公元前3000年左右，我们的祖先就掌握了养蚕抽丝、织绢制绸的技术。目前所知的世界最古老的六大文明中，只有中国使用丝纤维。在瓷器、茶叶传入西方之前，丝绸是中国与西方贸易体系中最主要也最具代表性的商品。西方人把东西方商路定名为"丝绸之路"，正是由于这个原因。

1877年，德国地理学家李希霍芬在《中国》一书中，第一次提出了"丝绸之路"的概念，他所指的是"从公元前114年到公元127年间，连接中国与河中以及中国与印度，以丝绸之路贸易为媒介的西域交通路线"。这条商道从中国的政治中心长安或者洛阳发端，向西经河西走廊到达敦煌，穿越包括今天新疆在内的西域，进入中亚地区，然后继续向西，通往西方文明的中心——罗马帝国；或者向南，到达身毒（今印度）。

汉唐之间的"丝绸之路"又可分为海上丝绸之路、草原丝绸之路和沙漠丝绸之路。在15世纪人类进入大航海时代之前的千余年间，穿越西域的沙漠之路，始终是东西方文化交流最为重要的通道。汉朝开辟丝绸之路，是中国历史乃至世界历史上的一个伟大创举。

新疆民丰尼雅遗址出土的织锦

张骞凿通西域之后，华丽高贵的丝绸、光洁典雅的铜镜、高超的铁器铸造技术，借助丝绸之路，从中国传入西方。非洲的狮子、西亚的驼鸟、印度的孔雀、膘壮健行的大宛天马，通过丝绸之路，从域外来到中原。今天，我们日常食用的葡萄、核桃，也都是在汉代从西域传入中原的。

汉代诗人辛延年在《羽林郎》一诗中，刻画了一位外族美女的形象："胡姬年十五，春日独当垆。长裾连理带，广袖合欢襦。头上蓝田玉，耳后大秦珠。"诗中提到的"大秦珠"，就是来自地中海一带的"蜻蜓眼玻璃珠"。从西域到内地，从宫廷到酒肆，"大秦珠"成为深受汉代女性喜爱的装饰品。

丝绸之路也是一条文化交流之路。源自印度的佛教很早就在西域传播，两汉之际，又从西域传入中原。东汉永平十一年（68年），汉明帝刘庄在洛阳城雍门修建白马寺，这是中国古代第一座官办佛教寺院，由此开启了佛法东来的大门。

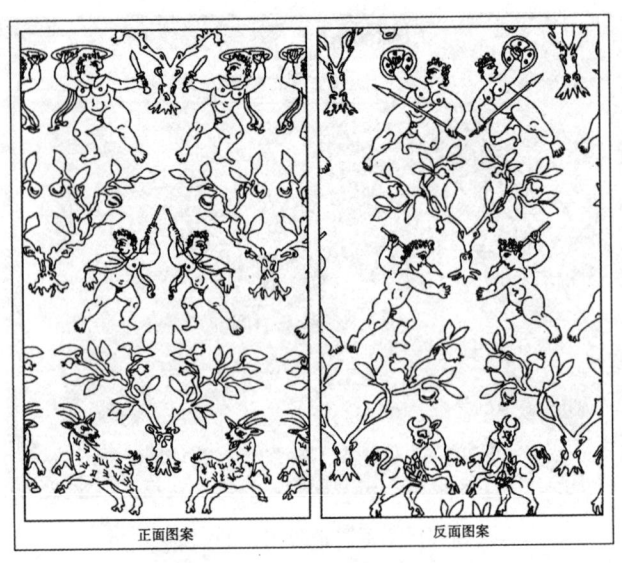

对人兽树纹双面罽，这是域外纺织物输入中国的明证。

20世纪以来，从塔里木盆地到罗马帝国东方行省帕尔米拉、罗马帝国本土意大利，都发现了汉代丝绸制品。安息（今伊朗）的达官显贵、罗马的宫廷名流，都用中国丝绸来显示自己身份的高贵。

神秘的罗马军团。汉宣帝甘露元年（前53年），一支六千人的罗马军团在卡尔莱战役中被安息军队击败，突围出来的罗马士兵下落不明。据说，他们沿着丝绸之路辗转东移，进入西汉帝国境内，被朝廷安置在张掖郡的骊靬县（今甘肃永昌）。

骊靬，就是今天埃及的第二大城市——亚历山大。它是罗马帝国在北非的政治中心，因此，古代中国人常常用骊靬来指代大秦（罗马）。出土的简牍材料显示出，早在汉宣帝神爵二年（前60年）之前，来自罗马帝国的商人旅居永昌，久而久之形成聚落。或许是由于他们来自骊靬，西汉政府就以骊靬为名，设置了骊靬县。罗马军团残部是否真的败退到了骊靬城，至今仍然是一个谜团。骊靬县的得名是否真的缘于罗马侨民，同样是谜。

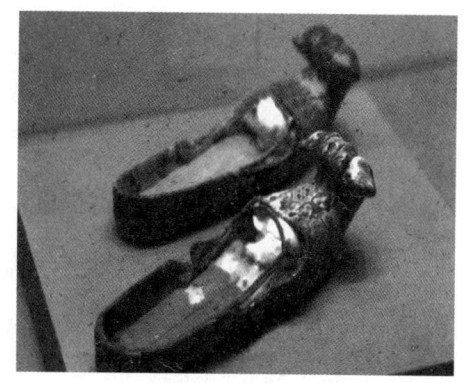

意大利发现的汉代丝织品

西域屯田。屯田，是汉朝经营西域、维护丝路的重要举措。为了解决使节往来、军吏驻防需要的粮食给养和安全问题，数以千计的士兵、犯人被分遣至土地肥沃的交通要地，一边耕种稼穑，一边戍守备战。位于吐鲁番盆地的车师是进入西域的门户，汉军长期驻屯，人数最多时达到了两千余人。

北京对外经济贸易大学教授 张小峰

汉朝要付出这么大的财力做这件事情，维持与西域交往的畅通，实际上是汉朝试图将国家影响力远播于四方的战略规划，用今天的词语来形容就是汉朝塑造自己文化软实力的重要举措。所以丝绸之路能否畅通是汉朝国力是否强大的见证，是汉能否有效影响和控制西域甚至更远国家的一个标志。维持丝绸之路畅通，不但对汉朝本身，而且对中国历史发展有深远的影响。

长城，是古代中原王朝防御北方骑马民族入侵的重要军事设施。汉代的北方长城东至辽东，西达敦煌。为了抵御匈奴的侵扰，保障丝绸之路的畅通，汉武帝征发了数十万人，在荒无人烟的帝国西陲修筑边防要塞。要塞东起敦煌，西至姑墨（今新疆阿克苏），渡沙越漠，蜿蜒布列。丝绸之路的要害之处，还有许多邮驿机构，负责传递信息、提供食宿。它们是帝国的神经末梢，把西域边陲与帝国中心连接起来。两千年过去了，烽火台仍然矗立在孔雀河故道北岸。

唐代边塞诗人岑参在《轮台歌奉送封大夫出师西征》诗中道："轮台城头夜吹角，轮台城北旄头落。羽书昨夜过渠黎，单于已在金山西。"在中国古代文人的作品中，"轮台"是边关战斗与边塞苦寒生活的代名词。位于西域中部的轮台，是汉朝在西域的政治中心。公元前60年，匈奴势力被逐出西域，西汉在这里设置了西域都护，专门管理西域事务。这是中原王朝首次在西域地区设置郡级行政机构，标志着天山南北地区正式并入了中国版图。从此，今天的新疆地区开始隶属中央王朝的管辖，成为中国不可分割的一部分。

轮台烽燧

丝绸之路上的古城遗迹

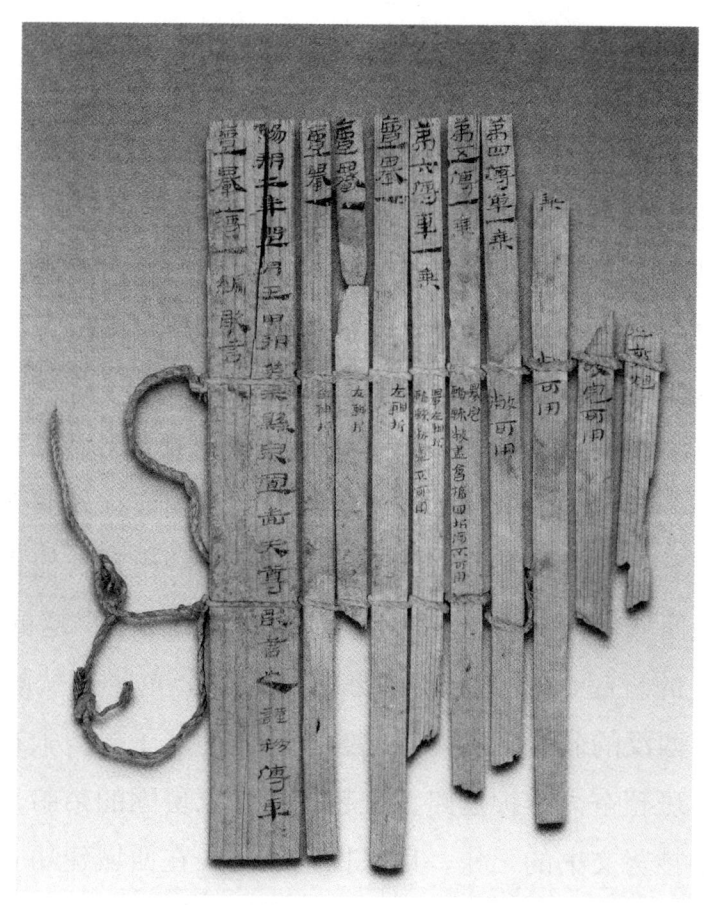

敦煌悬泉置出土的汉简《传车簿》

丝绸之路的开通，为人员往来提供了极大便利。商贾驼队、政府使节、屯田军吏在绿洲与戈壁上穿梭行进。史书形容当时的景象说："驰命走驿，不绝于时月，商胡贩客，日款于塞下。"

悬泉置，位于敦煌东面的戈壁滩上，是汉代西北地区的一个普通驿站。从出土的汉简得知，悬泉置曾经接待过解忧公主、楼兰王、乌孙和车师等二十多个国家的使者，有一次朝廷派遣使者王君护送于阗王等返回西域，人数多达一千七百多人。

丝绸之路

这些被发现的文书档案，生动记录了两千年前丝绸之路上的繁忙景象。

班超出使西域。然而，汉朝在西域的经营过程并非一帆风顺。西域距中原遥远，汉军无法长期驻扎，汉朝使臣遭劫或者被杀的惨剧时有发生。维持丝路畅通的费用支出相当惊人，朝廷中反对经营西域的声音始终不绝于耳。

东汉之初，由于改朝换代间的大混战，国力明显减弱，一度无暇西顾，西域诸国不得不依附于强大的北匈奴。丝绸之路一度中断六十五年。时代呼唤着另一位英雄人物的出现，他将像张骞一样出使西域，为丝绸之路的重新开通和繁荣做出卓越贡献。

东汉的班超，是丝绸之路历史上又一个光照千秋的英雄人物。他与西汉的张骞，堪称汉代经营西域的双子星。张骞成功凿通西域，班超奋力维护丝路。班超是史学家班固的弟弟，早年在官府从事抄写文书的工作，后来投笔从戎，在西域建功立业。投身西域三十一年间，班超把亲汉邦国联合在一起，打击匈奴和叛汉势力，维护了西域的和平与汉朝的声望。在汉和帝永元六年（94年）的一次军事行动中，他成功地调发了西域诸国军队八万之众，使西域五十多个国家都归附了汉朝。史书上说："西域诸国，自日之所入，莫不向化，大小欣欣，贡奉不绝。"朝廷在表彰班超的功绩时说：班超没有动用汉朝的大军，没有给国家带来负担，却能让远方的各民族和睦相处，使风俗各异的人们同心协力。

北京对外经济贸易大学教授 张小峰

班超在西域独立经营三十余年。有一次班超受命要临时回国的时候，当时于阗等国的人抱着班超的马腿不放，不让他走，说"我们今天以汉室为父母"。这种情怀表现出西域各国对西汉中央政权的向心力。班超在晚年的时候上书皇帝，说他难忘故土，希望叶落归根，他说，"臣不敢望到酒泉郡，但愿生入玉门关"。这样的赤诚深深地感染着每一个人。

永元九年（97年），班超派遣部属甘英出使大秦。可惜的是，甘英只到达波斯湾沿岸的条支，就因当地商人故意渲染海上的危险而止步不前，未能完成使命。即便如此，此次出使，仍然增进了中国人对中亚各国的了解，而西方的大秦也听到了更多的关于汉朝的消息。

又过了七十多年，延熹九年（166年）九月的一天，东汉都城洛阳张灯结彩，一派祥和景象。盛装美饰的帝都臣民布列街衢，引颈观望。在威风凛凛的皇家卫队的引导夹护之下，一群外国使节缓缓走来。当朝天子汉桓帝在可容万人的德阳殿隆重接待了来使。

大秦使者的这次来访，是两大文明古国的第一次近距离接触。这也是中国历史上最早的关于欧洲人到达中国的记录。万里之外的大秦帝国遣使来访，在汉朝皇帝和他的臣子的观念中，是大汉王朝德布天下、威加四海的象征。而这一次，大秦使者走的

东汉中晚期"红地对人兽树纹罽袍",新疆尉犁营盘遗址 15 号墓出土。

路线是海上丝绸之路。

白龙堆,是丝绸之路的必经之地,也是令人生畏的死亡之路。东晋隆安四年(400年),一位东晋高僧赴天竺取经,途经此处,历尽艰险。他在游记中心有余悸地描述着:"上无飞鸟,下无走兽,遍望极目,欲求度处,则莫知所拟,唯以死人枯骨为标帜耳。"曾经浩渺无际的盐泽(今罗布泊)已经干涸,当年驼队络绎不绝的古道难觅人迹,只有顽强的胡杨和永恒的黄沙,见证了丝绸之路的辉煌往昔,记录了东西方文明交流的恢宏历史。汉代是中西方文明交流的第一个高峰期。正是在汉代,中国人以自己特有的顽强与勇气,凿通了丝绸之路,实现了周穆王驰游八荒、探索宇宙的梦想。

清议与党锢

汉画像石《讲经图》

东汉是中国历史上最注重教育与教化的封建王朝。开国皇帝刘秀是读书人，追随他打天下的功臣们也不乏儒生学士，绵延近二百年的东汉王朝也因此多了几分斯文与儒雅的气质。然而，血腥让斯文扫地，残酷使儒雅不再，发生在2世纪下半叶的党锢之祸，折断了帝国的脊梁，空留下千古叹息。

东汉清流名士。太学，是汉代的官办中央大学，始设于西汉武帝时期。这是世界教育史上有确切文字记载的第一所国立中央大学。汉武帝"罢黜百家"之后，太学便承载着传承儒学经典、培养政府官员的任务。太学中传道授业的是五经博士，生徒则来自全国各地，统称为太学生。到东汉后期，聚集京师的太学生人数已经达到三万多人。儒学之兴，于斯为盛。

学而优则仕。在那个儒学备受重视的时代，读书人如果能够精通一种经书，就有机会进入官场，平步青云，实现人生抱负。西汉的大学者夏侯胜就是读书人的成功典范。他告诫弟子说："读书人最大的悲哀是不能精通经典。如果精通了经典，那么取官封爵就像从地上拾取芥草那么容易；如果不能精通经典，那还不如回家种地。""遗子黄金满籝，不如教子一经"，这是汉代民间广为流传的谚语。然而，东汉中期以后，读书人求取功名之路越来越狭隘。在帝国的政治舞台上，留给读书人盘桓发挥的空间越来越小。

东汉中期以后，政治生态环境日益恶化。在中央，外戚与宦官轮流把持政权，他们任人唯亲，为非作歹，导致王纲不振，朝政废弛。在地方，世家大族与各自的门生、故吏联结成大大小小的人际关系网，党同伐异，控制了基层官吏的选用权。"举秀才，不知书；察孝廉，父别居；寒素清白浊如泥，高第良将怯如鸡。"这首流传在民间的歌谣辛辣而生动地反映了当时选拔官吏方面的黑暗与不公。太学生人数激增，本来已经使官场竞争越来越激烈，而选官过程中的种种不公正，进一步加剧了入仕的难度。在这种情况下，太学生已经无法再"两耳不闻窗外事，一心只读圣贤书"了。

郑州大学历史系教授 高凯

当中央政府给了地方察举的权力的时候，行使这个权力的人会推荐跟自己亲近的人。这样，掌握权力的人就可能把察举的皇权变成私权。上有政策，下有对策，这样发展的结果必然是形成一个利益集团。

个人的前途、民生的疾苦和国家的命运，成为读书人最为关注的话题。一些正直的朝廷官员与太学生的领袖人物逐渐联合起来，形成一个清流派士大夫群体。他们以匡扶王室、维护正义为目标，以言论批判为武器，针砭时弊，抨击权宦，成为一股新的政治势力。

积水成渊，蛟龙生焉。李膺就是清流派士大夫群体的代表人物之一。李膺，字元礼，颍川襄城（今河南许昌襄城）人。他的祖父、父亲都做过高官，但李膺却没有世家子弟特有的纨绔习气。他也不是纯粹的读书人，但却具有为读书人所推崇的正直与勇气。李膺早年曾长期担任边关将领，为维护帝国的边疆安全立下赫赫战功。但是真正使他成为士林领袖并彪炳史册的，却是他与宦官集团的顽强抗争。他为人刚直不阿，在担任河南尹、司隶校尉等要职期间，多次以铁腕手段打击宦官及其党羽，从而赢得了士大夫群体的交口赞誉，被称为"天下模楷李元礼"。读书人和官僚们都以与其结交为荣，如果某人幸运地得到李膺的接见，就会被称为"登龙门"。龙门之内，岂有鱼虾？成了李膺的座上宾，也就成了士林的名人，也就是所谓的"名士"。

和林格尔东汉墓壁画《车马出行图》

清议与党锢

东汉后期的清流派名士是一群非常特殊的人。他们身无分文，却不必为衣食发愁。他们不是权贵，却能让权贵屈尊。皇甫规，字威明，出身于西北豪强，官至度辽将军，是东汉后期最著名的将军之一。他不怕勇猛的羌人，不怕权势遮天的宦官，唯独惧怕名士。解甲归乡之后，有一位曾经担任雁门太守的同乡前来拜访，皇甫规非常冷淡地把人家打发走了。有一天，一个名叫王符的年轻书生登门求见，皇甫将军"惊遽而起，衣不及带，屣履出迎"，原因很简单：王符是清流派的名士。汉末枭雄曹操也曾经以这种狼狈仓皇却极见热情的方式对待从袁绍那边前来投奔的许攸，人们都认为这是曹操有求于许攸，其实还有一个重要原因：许攸是一个大名士。在那个清流名士牛气冲天的时代，得罪了名士，就会招来非议，失去人心，等于自毁前程。史书描述说：名士们"危言深论，不隐豪强。自公卿以下，莫不畏其贬议，屣履到门"。名士的清议言论具有如此大的能量，这是东汉后期特有的现象，放眼中国古代封建王朝，称得上是绝无仅有。

东汉后期的"清议"，本质上是一种社会舆论。制造舆论的主体是清流派士大夫，外戚、宦官以及碌碌无为的官僚都是"清议"批判的对象，正直忠义、勇于任事的名士和官僚则成为"清议"褒扬的对象。《后汉书》里记录了大量相关的歌谣，爱憎之情，跃然纸上："天下模楷李元礼，不畏强御陈仲举，天下俊秀王叔茂"，"汝南太守范孟博，南阳宗资主画诺，南阳太守岑公孝，弘农成瑨但坐啸"。在这些民谣中，李元礼（李膺）、陈仲举（陈蕃）等人都是清流派士大夫的代表人物，他们也成为世所推崇的楷模。

宦官居庙堂之上。 东汉"清议"对宦官群体的批判和抨击最为严厉。"亲贤臣，远小人，此先汉所以兴隆也；亲小人，远贤臣，此后汉所以倾颓也。先帝在时，每与臣论此事，未尝不叹息痛恨于桓、灵也。"诸葛亮在《出师表》中痛斥的"小人"，主要是外戚与宦官，而尤以宦官为最。

男子去势，在宫中服侍皇帝与后妃，俗称为宦官。宦官不是中国独有的现象，古代的埃及、波斯王宫中也使用宦官。《史记》的作者司马迁即以宦官的身份担任中书令。东汉在皇宫外培养了一个庞大的士大夫群体，在皇宫内则豢养了一个同样可观的宦官群体。到东汉后期，宦官人数已经达到两千多人。

中国人民大学历史学院副教授 张忠炜

历史研究发现，最早的阉割术出现在商代，从那时起就有阉人，中国的宦官早在夏商时期就已经出现，他们大多是奴隶、罪犯，在宫廷中做一些基本的"家务"。

东汉宦官深度干预政事，大约始自顺帝刘保时期；到桓帝刘志、灵帝刘宏统治期间，宦官的权势发展到了登峰造极的地步，成为东汉后期政治舞台上的主角。延熹二年（159年），桓帝借助宦官的力量，铲除了权倾一时的外戚梁冀，单超、曹腾、具瑗等宦官因功封侯，东汉进入了宦官专权的年代。汉灵帝最宠幸的宦官是张让与赵忠。他曾公开宣称："张常侍是我父，赵常侍是我母。"这些宦官倚仗着皇帝的宠幸，手握王爵，口含天宪，上下其手，左右朝政。他们深居宫廷，但是他们的亲朋故旧与附势之徒在京师内外遍布要津，飞扬跋扈，为非作歹，形成了一个强大的势力网。"举动回山海，呼吸变霜露"，史书以此形容宦官集团的权势。

曹腾是东汉后期地位最为显赫的宦官之一。他侍候过四任皇帝，在宫廷中供职三十年之久，被封为费亭侯，官至大长秋，成为最受皇帝信任的政治顾问。曹腾死后，养子曹嵩承袭了爵位，得到了太尉这样的高官。曹嵩之子曹操少时放荡不羁、品行不修，二十出头就进入了官场。如果没有宦官祖父曹腾提供的荫泽，这个乱世枭雄未必能够成为汉朝江山的颠覆者。后来，曹魏政权追尊曹腾为"高皇帝"，曹腾也就成了中国历史上唯一一个获得"皇帝"名号的宦官。在史家的笔下，曹腾还算是一个比较正派的宦官。一个正派的宦官尚且具有如此能量，其他宦官的情形就可想而知了。

"望之不似人身，相之不似人面，听之不似人声，察之不近人情"，这是明末清初的唐甄在《潜书》中描绘的宦官形象。在正统观念中，这些失去了男人根本的"异类"，乃是天刑之人、刀锯之余，只适合做些仆庸杂役的琐事，根本不具备登上庙堂的资格。在东汉士大夫看来，宦官乃万恶之源，国家的种种不幸，都与宦官当权有关系。不铲除这些害群之马，汉家就命运堪忧。

第一次党锢之祸。延熹九年（166年），司隶校尉李膺处死了一名故意杀人犯。此人的父亲名叫张成，是一个有名的术士，他预测到最近朝廷会颁布大赦令，就唆使儿子杀死了仇人。就在李膺审理此案期间，朝廷的赦令果然如期而至。按照惯例，李校尉应该无条件放人。但是他把赦令放在一边，毅然处死了这个杀人犯。原因很简单：张成是宦官们的座上宾。在正义与国法的二选一命题中，李膺选择了前者。这件事直接触发了第一次党锢之祸。

宦官的权势其实是皇权的延伸。东汉皇帝多数寿命不长。皇帝幼弱，不谙政事，需要外戚扶持，于是乎形成外戚专权的局面。皇帝长大之后，不满皇权旁落，就利用宦官铲除外戚，权力自然落到宦官手中。因此，宦官的存在其实是与东汉专制皇权相伴生的痼疾，无法根除。清流派士大夫把政治黑暗的原因归结于宦官专权，未免有失客观。另外，宦官群体中并非都是恶人，勇于进谏的吕强、改进造纸术的蔡伦，都是《后汉书·宦者传》中的正面人物。清流派士大夫要求对宦官进行集体清算，实际上是仇恨情绪的极端发泄。这种株连式的斗争方法，也给他们的反宦官运动带来了消极影响。

中国人民大学历史学院副教授 张忠炜

清流派将矛头指向宦官，主要是基于：第一，对宦官这个群体的不齿；第二，对他们各种行为的不齿。当宦官这个群体因为皇帝的信赖而弄权的时候，他们或祸国殃民，或残害忠良，而他们的姻亲子弟或横行乡里，或鱼肉百姓，所以，清流士大夫很容易将矛头对准宦官群体。

李膺和清流派官员无意冒犯皇权,但是他们藐视国法的行为事实上已经触逆龙鳞。宦官们不失时机地发动了反击。在宦官们的支持下,张成的门徒上书天子,控告李膺等人收买太学生,树朋结党,诽谤朝廷,惑乱人心,败坏社会风气。早已忍无可忍的汉桓帝立即下令逮捕并审讯李膺,并在全国范围内收捕"党人"。杀气腾腾的使者四处出击,数以百计的党人身陷囹圄。幸运的是,在太尉陈蕃、外戚窦武等朝廷重臣的苦苦求情下,永康元年(167年),桓帝大赦天下,李膺、范滂等人幸免于难,但却禁锢终身,永远不得为官。这是东汉历史上第一次"党锢之祸"。

中国社会科学院历史研究所研究员 邬文玲

在古代,"君子不党"这是一个共识。对于皇帝来说,群臣如果结党营私的话,对皇权会造成很大的威胁,皇帝对于结党营私这种行为是不能容忍的。所以,在这种情况下,皇帝就听信了宦官的言辞,对清流派进行打击,而且在公布的诏令中,把清流派这些官员称为"党人"。

六月的颍水河畔,清风徐来,杨柳依依,数千辆轺车停驻道边,近万人聚集陌上。他们在迎接一位凯旋的英雄。范滂,字孟博,汝南郡征羌县(今河南漯河)人。为官清正刚直,触怒了宦官,因而被划入党人之列。在审讯过程中,他视死如归,豪气干云地说:"我死之后,希望能够埋在首阳山侧,上不负皇天,下无愧于伯夷、叔齐!"此次大赦归乡,范滂受到汝南、南阳等地士大夫的热烈欢迎。延熹九年(166年)的党锢之祸没有扑灭士大夫的斗志,反而提高了党人的声望。

第二次党锢之祸。永康元年(167年)的冬天,寒冷异常。但是遭到禁锢的党人却分明嗅到了春天的气息。十二月,昏聩无能的汉桓帝驾鹤西去,年仅十三岁的刘宏即位,这就是汉灵帝。朝廷重臣重新洗牌,清流派领袖窦武与陈蕃受到重用。大将军窦武是灵帝窦太后的父亲,为人谦逊好学,不但没有外戚的种种劣习,反而具有为汉末名士所推崇的种种美德。太傅陈蕃则以正直不阿著称,一向被视为士大夫的楷模。他们二人执掌大权,让人们看到了大汉重整朝纲的希望。东汉中期以来,统治阶级内部逐渐形成了外戚、宦官和清流派士大夫官僚三个营垒分明的政治集团。如今,外戚与清流派官员结成了同盟,宦官的末日还会远吗?

汉帝国的历史已经证明,一旦外戚与士大夫联起手来,就会形成一把无坚不摧的巨型铁钳。公元前74年,外戚霍光和士大夫一起完成了更换皇帝的壮举;8年,外戚王莽在士大夫的鼓噪下,活生生地把刘家的汉朝变成了王家的新朝。在很多人看来,用这把巨型铁钳来对付一群阉竖宦官,实在是易如反掌。然而,在168年的政治搏杀中,这把曾经令人胆寒的巨型铁钳却莫名其妙地生锈了。

灵帝建宁元年（168年）五月的一天，洛阳上空出现了日食景象，朝野上下惊恐不安。在汉朝人的观念中，这是上天对天子施政不当所做出的谴告。窦武、陈蕃等立刻借机上奏，说宦官干政招致天怒人怨，必须将他们统统革职，全部绳之以法。八月，他们完成了京畿地区的警备部署之后，再次上奏，要求立刻诛杀宦官首领曹节等人。最后的大清算马上就要开始了。

宦官被逼到了绝路之上。桓帝的驾崩，已经使他们产生了痛失靠山的危机感；李膺、杜密等党人的复出，更使他们坐立不安。但他们并不准备坐以待毙。他们像鹰爪下的狡兔一样，保持着高度警觉，随时准备给对手致命一击。窦武和陈蕃等人被即将到来的胜利冲昏了头脑。他们忘了，宦官手里还掌握着最后的筹码——皇帝和太后。诛杀宦官的奏章是呈送窦太后亲阅的，可是宦官当晚就偷窥到了那些杀气腾腾的文字。一些平素并无不端行为的宦官显然被激怒了，他们怒吼道："为非作歹的宦官固然该杀，可是我们这些人并无罪过，为何也要被族灭！"同仇敌忾的宦官们连夜行动起来。他们软禁了窦太后，把汉灵帝劫持到德阳殿，又以天子和太后的名义发布平乱诏令。窦武仓促之中召集北军五校尉应战，无奈他的士卒不敢攻击皇帝的羽林军，纷纷倒戈。窦武兵败被围，被迫自杀。

最为悲烈的一幕随即上演。八十多岁的太傅陈蕃惊闻宫廷政变、窦武捐躯，不但没有退却，反而率领门生、属吏八十多人冲入皇宫承明门，如飞蛾投火般进行了最后的抗争，最终被害。

陈蕃，字仲举，汝南郡平舆县（今河南平舆）人，少年时就有宏图大志。据说，在他十岁那年，父亲的一位老友薛勤前来拜访，见庭舍脏乱，就说："你为什么不把屋子打扫干净来招待客人呢？"陈蕃回答说："大丈夫应当扫除天下污垢，哪能关心区区一间小屋呢？"这位一生尽忠的老臣，终于以死捍卫了自己"不畏强御"的高节，但却没能实现"扫除天下"的大志。千余年来，"扫天下"与"扫一屋"何者重要，始终是科场考试的重要命题。假如陈太傅和窦大将军能够更加周密细致一些，以"扫一屋"的态度来"扫天下"，也许这悲剧就不会上演了。只是历史容不得假设。

天下，是汉家的天下，天下的主人姓刘。如果主人像泥鳅一样离不开污泥而陈蕃们仍然执意要扫除这污泥，那么被扫除的只能是陈蕃们自己。在东汉后期的专制政治体系中，皇权的行使离不开宦官。深度打击宦官，势必会伤及皇帝。伤及皇帝，就是犯上作乱、大逆不道。所谓"投鼠忌器"，就是这个道理。陈蕃、窦武和清流派士大夫的悲剧，也正是由此而来。

对于年仅十三岁的汉灵帝来说，要让他完全理解建宁元年（168年）八月那个灯火通明的夜晚的波谲云诡，显然是不现实的。他不知道这场宫廷政变的原委何在，只知道苍颜白发的老师和向来一脸严肃的外祖父是逆臣贼子，是噩梦中出现的魔鬼，只知道温顺和蔼的宦官勇敢地扫除了魔鬼，保护了自己。几天以后，皇帝下诏，曹节、王甫等十八名宦官因为平乱有功而受到封赏。"叛乱"魁首窦武和陈蕃的亲属、宾客或者被诛杀，或者被流放，连他们选任的官吏也都被免官禁锢。

窦武、陈蕃结成的反宦官集团被宦官集团轻松击败，原因是多方面的。他们以简单粗暴的方式把所有宦官作为打击对象，不但引起了窦太后的反感，还使原本彼此不睦的宦官们团结起来。还有一点很重要：窦武之死，固然是由于事起仓促；而陈蕃赴难的过程中，却没有得到多少士大夫的援助。显然，清流派这个群体并不是官僚队伍的主流，他们与普通官僚之间存在着不小的距离。在此前此后的党锢系列事件中，很多官吏落井下石、坑害党人，也说明了这一点。无论如何，反宦官行动的最终失败，使朝纲昏暗的东汉王朝失去了一个最好的内部调整的机会。

中国社会科学院历史研究所副研究员 赵凯

外戚集团、宦官集团和官僚集团对皇帝来说，其实也是他的三个权力支柱，掌控能力比较强的皇帝，通常能在这三股势力之间维持一种平衡。一旦皇帝本身的掌控力弱化，很容易大权旁落，因此，三股势力之间的消长会影响政治格局的变化。窦武作为外戚集团，站在清流集团一边，跟官僚集团联合，事实上改变了以往三足鼎立的态势。

宫廷喋血已经结束，但是对清流派士大夫而言，噩梦才刚刚开始。窦武、陈蕃和刘淑被清流派士大夫尊称为"三君"，"君"

的意思就是"领袖"。宦官已经砍倒了"三君",接下来该受难的就是"八议""八厨"了。建宁二年(169年)十月,在宦官的授意下,朝廷下令,在全国范围内搜捕"党人"。宦官的爪牙和曾经受到清流派批判的官僚联合起来,不遗余力地追捕党人。李膺、杜密、范滂等百余名清流派士大夫受难赴死,还有许多无辜者因得罪过宦官而被诬陷为"党人",被打入牢狱。党人的亲属、门生、故吏有的被处死,有的被流放,受害者多达六七百人。朝廷还下诏,党人的门生、故吏、父子兄弟及五服内的亲属都禁锢终身,不得做官。这就是第二次党锢之祸。

与桓帝延熹九年(166年)的党锢之祸相比,第二次党锢更为残酷。从受害人数上看,第一次党锢中,约二百名党人卷入其中,但没人被处死;第二次党锢则有上百人被处死。从地域上看,第一次党锢只涉及中原数郡,第二次党锢则是全国范围的。从禁锢范围看,第一次党锢只有涉案党人本人被剥夺了做官资格;第二次禁锢非但党人不得做官,他们的门生、故吏、父子兄弟不得做官,就连五服之内的亲属都被禁锢终身。三服之外的亲属在当时其实已经有些疏远了,而株连至五服之内,惩罚之重,可见一斑。

风雨如晦,鸡鸣不已。党人们没有放弃抗争。熹平元年(172年)四月,一条青蛇盘卧御座,久久不去。这是一个不祥之兆。这一年秋季的某一天,皇宫朱雀阙上出现了一份匿名告示:

"天下大乱,宦官曹节、王甫幽禁杀害了窦太后,中常侍侯览滥杀党人,公卿大臣皆素餐尸位,没有敢于进献忠言者。"这份罕见的"大字报"公然藐视皇权,立刻引来皇帝、宦官、执政大臣的集体愤怒。于是,又有一千多名太学生被逮捕入狱。

建宁四年(171年)正月,京城内外喜气洋洋。汉灵帝举行了隆重的加冠礼,按照惯例大赦天下,那些犯了谋反大罪的囚犯都得到宽宥,唯有党人不在赦免之列。帝国已经把他们永远打入了另册。禁锢之下,荣望永绝。对于追求通经致用的士人来说,禁锢意味着不能实现人生抱负,形同阉割。刘氏汉朝已经不再是士人的归宿,良禽择木而栖的时候到了。十年内的两次党锢,最具正义感和责任感的士大夫遭到反复摧残,导致了统治阶级内部的大分裂。

两次党锢之祸,宦官集团似乎取得了最后的胜利,然而,他们并没有料到,清流被全部打入另册之后,宦官集团也随着失去平衡的东汉朝廷迅速走向灭亡。在光熹元年(189年)的宫廷政变中,两千多名宦官被集体屠杀。只是宦官群体的消失并没有挽回东汉的亡国命运,这或许是党人们所没有预料到的结果。

清初学者顾炎武曾说,"天下风俗最坏之地,清议尚存,犹足以维持一二;至于清议亡,而干戈至矣"。日薄西山的东汉朝廷拒绝了清议,等待它的将会是什么呢?

曾经车水马龙的太学,如今门可罗雀。曾经喧嚣沸扬的洛阳城,终于归于宁静。这是闪电来临之前短暂的宁静。一场席卷全国的暴风雨正在隐隐逼近。

黄巾起义

清代苏州年画《天师作法图》

东汉末年，瘟疫横行，朝廷腐败，社会动乱，张角在民间传统医术的基础上加以符水、咒语为人治病，赢取百姓的信任。深受瘟疫之苦的百姓，在绝望之际，对张角符水治病的方式深信不疑，奉他为活神仙，趋之若鹜。

东汉朝廷万万没有想到，正是这漂着黑色纸烬的符水，给东汉王朝带来了灭顶之灾。

东汉流民。"小麦青青大麦枯，谁当获者妇与姑。丈人何在西击胡，吏买马，君具车，请为诸君鼓咙胡。"这是东汉晚期流传的一首歌谣。大意是说：小麦还在生长，大麦已经成熟，在田间收割的只有妇孺。家里的男人在哪里？男人都在西北胡地服兵役。基层官吏自备车马，一路向西。百姓苦不堪言，控诉无门，只能含泪吞声，私下论议。

歌谣中提到的"胡"，是指居处在西北边疆的羌人。国家有边患，男儿服役从戎、保家卫国，本来是寻常之事。可是，东汉后期的西北兵役为什么会让百姓如此痛入骨髓而怨声载道呢？

一世纪后期，东汉军队击败了强大的匈奴人，在漠北燕然山刻石纪功，彰显大汉王朝的威名。但在与西北羌人部落的角逐中，却没有取得毕其功于一役的战绩。从东汉中期直到东汉灭亡，战争反反复复，始终不断。无数中原男儿抛尸疆场，魂断西北。战争也给东汉王朝带来沉重的经济负担。汉安帝时期（106—125年），为平息羌乱，花费二百四十多亿。汉顺帝时期（125—145年）的一场战争，又耗资八十亿。而当时，东汉王朝一年的财政收入，也只有大约八十亿。这无休无止的庞大军费，自然都出在百姓身上。

旷日持久的对羌战争，成为东汉王朝始终无法甩掉的沉重包袱，也给黎民百姓带来无限痛苦。男子出生入死，奔命边关；妇孺劳作田间，还得负担巨额军费和多如牛毛的杂税。战争之外，东汉后期的土地兼并问题愈演愈烈，"富者田连阡陌，贫者无立锥之地"。加上连年灾荒瘟疫，百姓困苦不堪。很多人为了活命，不得不扶老携幼，背井离乡，四处流浪乞食，成为流民。

流民，犹如滚动的地雷，流动到哪里，哪里就有发生爆炸的危险。小农社会的管理之道，是千方百计把农民附着在土地上。

百姓一旦成为流民，便脱离了国家管理，很容易成为社会秩序和国家安全的威胁力量。中国历史上曾多次发生流民造反的事例，西汉末的赤眉军，就是由流民演变而来。东汉后期的流民现象，比之西汉，有过之而无不及。更为可怕的是，这一时期的流民已经不单纯是逐寻口粮的"盲流"，一种宗教信仰正在悄然改变着流民的属性。

苏州大学社会学院教授 臧知非

东汉后期，土地兼并问题严重，大多数农民丧失土地，要么做地主的依附民，要么沦为奴隶，要么迁徙逃亡离乡背井，四处流浪。所以，日益严重的流民问题是东汉覆亡的最根本原因。

太平道。汉灵帝光和二年（179年）春天，一场瘟疫席卷中原，黄河北面的冀州是重灾区，百姓饥寒交加，死亡无数，尸填沟壑。朝廷照例派遣宦官带着药品到各地抚慰，可是这种象征性的抚慰，照例又成为宦官聚敛钱财的好机会。奉命巡行冀州的宦官满载而归，准备回洛阳交差。在南下途中，他发现一群又一群的百姓向北方行进。在黄河渡口，又有数百名衣衫褴褛的流民簇拥在一起，等候摆渡北上。良心发现的宦官把剩下的药品丢给百姓，不失时机地宣示天恩，并告诉他们冀州疫情，劝他们不要北上赴死。可是百姓们对宦官的话置若罔闻。他们叩头谢恩之后，仍然争相上船，直奔黄河北岸。

他们要到哪里去呢？

"汪洋千顷势何雄，九水同归一泽中。"元代文人李京吟咏大陆泽的诗篇，记录在明代《顺德府志》中。位于今河北邢台巨鹿县西北的大陆泽，曾经是华北平原最大的湖泊，如今已经干涸，全然不见当年衔山吞水、浩渺如烟的壮美风光。在光和二年那个瘟疫蔓延的春天，成千上万的百姓从四方聚拢到大陆泽，接受一位法师的诊治。法师自称是"太平道"的"大贤良师"，他治病的方式相当独特：病人只需跪拜忏悔，服下他亲手制作的符水，即可病除。说来也怪，不少气息奄奄的病人竟然转危为安。这个消息一传十，十传百，越来越多的百姓知道了"大贤良师"妙手回春的神奇故事。更令人赞叹的是，"大贤良师"给人看病，穷人分文不取，富者交钱多少，全凭自愿，这些钱也都用于救济穷苦百姓。"大贤良师"告诉人们，只要加入太平道，就会进入彼岸的"太平世界"，那个世界里"人人无贵贱，皆天之所生"，"食辄令有余，新陈相因"。对于已经习惯了官吏盘剥、世态炎凉的东汉黎庶来说，大陆泽畔的这个世界，俨然是真正平等、和谐的世界。在冥冥暗夜中，人们仿佛看到了一线光明。

"大贤良师"是冀州钜鹿郡（治所在今河北巨鹿）人，名叫张角。

早在西汉成帝时，一个名叫甘忠可的人，从滨海齐地千里迢迢来到京城长安，向朝廷献上了一部名叫《包元太平经》的书。朝廷认为他假借鬼神欺上惑众，将他关进大牢。东汉顺帝时，齐人宫崇向天子奏上《太平清领书》，被没收封存在帝国的书库里。桓帝时，著名的方士襄楷又向皇帝提到这部书，皇帝没有采纳他的建议，也没有追究他的过失。到了灵帝时期，张角接受并宣传

《太平清领书》的思想，创立了一个宗教组织——太平道。

老子李耳，是春秋时期的大思想家，一向主张"清静无为"。公元前2世纪前半叶，西汉前期的皇帝们采纳他的学说，与民休息，缔造出中国历史上第一个盛世局面——"文景之治"。不过，汉武帝"罢黜百家"之后，儒学上升为国家的主流思想，老子和他的政治主张便回归民间，不再被官方重视。然而，有谁能想到，三百多年后，掺杂了儒家、阴阳家知识的道家思想悄然发展成最主要的民间信仰——道教，老子被尊为始祖，甚至连皇帝也对他顶礼膜拜。

汉桓帝延熹八年（165年）正月，一个皇家使团出现在钜鹿的老子祠。使团的首领叫管霸，是汉桓帝最为宠信的宦官之一。管霸代表皇帝，举行了隆重的祭祀老子仪式。十个月之后，桓帝宠信的另一位宦官又来到钜鹿，再次代表皇帝祭祀老子。第二年七月，汉桓帝干脆把老子牌位请进了皇宫，为这位道教始祖举行了一次豪华无比、别开生面的祭祀活动。老子是清心寡欲的代表，汉桓帝则是中国历史上最为荒淫无道的皇帝之一。这个荒淫无道的皇帝对清心寡欲的老子顶礼膜拜，究竟意欲何为呢？

汉桓帝好色荒淫，但是御宇多年，一直没有子嗣，这是他的一个心病。他祭拜老子，是希望像道教宣扬的那样，能给自己留个"龙种"。但是更重要的是，在他统治时期，民不聊生，边境

《老子授经图》

多事，小规模的农民暴动此起彼伏，而这些农民暴动往往是打着老子的旗号起事的。因此，汉桓帝再三祭拜老子，表示自己信仰老子思想，希望借此能够占据道教信仰的制高点，维护皇帝的威望。当然，他也希望他的臣民能够像老子说的那样"清静无为"，好让他安心享受人间富贵。

皇帝一而再再而三地祭祀老子，实际上是承认道家思想的合法性，对道教信仰在民间的迅速传播起了推波助澜的作用。老子和道教最终没能给汉桓帝创造出一个"龙种"，但是汉桓帝尊崇老子的姿态为道教的迅速传播开了绿灯。到汉灵帝时期，太平道势力遍及青、徐、幽、冀、荆、扬、兖、豫八州之地，信徒多达数十万人，就连皇帝身边的宦官、卫士甚至朝廷大臣，竟然也有不少人加入了"太平道"。

张角的太平道，并不是当时唯一的道教组织。位于巴山北麓的午子山，壑幽林密，溪水潺潺，风景秀丽。相传，东汉人张修曾在这里创立了"五斗米道"，在百姓中收徒传道。百姓交五斗米，就可以加入组织，"五斗米道"由此得名。张修在徒众中建立起严格的管理组织，俨然成为一个与地方政府分庭抗礼的独立王国。

儒家思想曾经是大汉王朝的主流意识形态，如今这个主流意识形态受到了致命的冲击。一个思想混乱的王朝，必将陷入全方位的混乱。宗奉老子的"太平道""五斗米道"，即将组织起大规模的武装暴动，把东汉王朝逼入万劫不复的境地。

对于太平道和五斗米道的迅速发展，东汉朝廷是不是浑然不觉呢？

中国社会科学院历史研究所所长 卜宪群

太平道用符水疗疾,给老百姓治病,正是当时广大生活在死亡线上的老百姓生活上和心理上的一种需要。太平道之所以能够迅速发展,与东汉后期社会矛盾激化、广大人民群众困苦不堪有很大的关系。

黄巾举事。就在"大贤良师"张角为百姓念咒治病的时候,汉灵帝刘宏也没闲着。这一天,他草草结束了早朝,早早回到后宫,玩起了驴车游戏。刘宏十二岁登基,如今已有十个年头。这位在朝堂政务方面缺少悟性的年轻皇帝,在生活娱乐方面倒是颇有创意。汉代人通常用马拉车,灵帝则酷爱驴车。上行下效,一时间驴价飞涨,洛阳驴贵。他在驾驭国家方面没什么本事,但是驾驭驴车却是得心应手。小小驴车在他的操控下,时而疾驰如风,时而周旋如规,宫女们的娇嗔和宦官们的谀赞,让他得意不已,把天下、国家、臣民全都抛在了脑后。

灵帝最不该抛在脑后的,是司徒杨赐的奏章。杨赐,字伯献,弘农郡华阴县(今陕西华阴东)人。弘农杨氏是东汉后期最负盛名的显宦世家。杨赐的祖父杨震、父亲杨秉,都担任过帝国的三公,祖孙三代都以正直敢谏著称。太平道势力的迅猛发展并非秘密,但是地方州郡官员玩忽职守,掩耳盗铃,他们生怕因为多事而丢掉官职,因此不愿意向朝廷正式报告。杨赐已经预见到太平道对帝国秩序的潜在威胁,在这封急奏中,他提醒朝廷重视太平道的危险之处，也提出了解决方案："简别流人，各护归本郡，以孤弱其党，然后诛其渠帅，可不劳而定。"杨赐的判断相当精准。皮之不存，毛将焉附，如果没有庞大的流民群体，张角和他的太平道就成不了气候。他提出的解决方案，也称得上是釜底抽薪的上上之策：先解散流民，再处置张角等太平道领袖。遗憾的是，这封奏章进入灵帝视野，已经是帝国受到重创之后的事情了。

杨赐的密奏没有得到朝廷的重视，却引起了太平道方面的警觉。张角和他的弟弟张梁、张宝明显加快了行动部署。他们按照军事化组织模式，把全国各地的太平道徒众分为三十六方，大方一万多人，小方六七千人，每方设立一名首领，号令部众。

苏州大学社会学院教授 臧知非

张角能够利用宗教手段，即用道团组织农民，一个前提条件就是当时农民生活无依靠，处于漂泊不定的状态，他们在宗教道团中间得到了一定的生活支持。从这点上说，张角、张梁、张宝兄弟以及张道陵，他们的政治自觉、组织手段、理论指导都具有时代特点。陈胜、吴广之后，经历了近四百年经验总结，他们已经站在了另一个历史层面上，运用所谓的现代意义上的迷信形式，组织民众，实现其政治目的。

光和六年（183年），是气候变化相当异常的一年。夏天大旱，庄稼大面积枯死。冬天极寒，北方地区井水结冰，厚达尺余。按照当时流行的谶纬，这是国家即将出现变乱的征兆。"苍天已死，黄天当立，岁在甲子，天下大吉"，这句低沉激昂、寓意深刻的歌谣很快在民间传播开来。与此同时，京城洛阳及地方官府的墙壁上，不断出现白土书写的"甲子"字样。

"苍天已死，黄天当立，岁在甲子，天下大吉"，是太平道发动起义的战斗口号，也是他们起义前的舆论准备。"苍天"，代表腐朽的东汉政权；"黄天"，则代表新生的太平道理想社会。"甲子"，是184年，即汉灵帝中平元年，为农历甲子年。实际上，"苍天已死"的口号并不是张角发动黄巾起义时才发明的。20世纪70年代，考古学家在安徽亳州的曹氏宗族墓地发现了一块墓砖，上面赫然刻着四个字："仓天乃死"。"仓天"，也就是"苍天"。"苍天乃死"，与张角太平道宣扬的"苍天已死"口号如出一辙。这块墓砖有明确的纪年——汉灵帝建宁三年（170年），比张角起事早了十几年。这说明，早在张角起事之前，下层百姓中间就普遍弥漫着绝望和仇恨的情绪，这也是太平道迅速发展的群众基础和时代背景。一旦有星星之火，就会形成燎原之势。

马元义是太平道大方的首领，也是张角最得力的助手。他组织荆州、扬州等偏远地区的太平道徒众向邺城集结，随后又潜入京师，部署洛阳当地的徒众，准备里应外合，一举成事。起事日期定在184年三月初五。这一年正是农历甲子年。

就在太平道的暴动部署紧锣密鼓地进行着的时候，突然发生

《曹全碑》。遒劲、优美的隶书，历来被视为中国书法的瑰宝。碑文记载郃阳县令曹全的家世及生平，其中提到黄巾起义的相关情景。

了一件令张角意想不到的事情！中平元年（184年）正月，马元义的弟子唐周临事变节，向官府告发了太平道的暴动计划。东汉朝廷大为震惊，随即宣布京师戒严，关闭洛阳城门，在城内大肆搜捕，一千多名太平道徒众被捕杀，马元义被车裂处死。顽劣昏聩的汉灵帝终于意识到了问题的严重性，他连忙下诏，火速缉拿张角等太平道首领。

事起仓促，太平道暴动被迫提前。张角派遣快马信使，星夜驰告各方，立即起事。中国历史上著名的黄巾大起义就此爆发。从黄河北岸到江淮腹地，从东海之滨到河西走廊，到处都是裹着黄色头巾的起义军。他们攻打城池，焚烧官衙，捕杀官吏，释放罪囚，沉寂已久的汉家天下，在战火和呐喊声中沸腾起来。一位名叫应劭的官员如实记录了当时的场景："八州并发，烟炎绛天，牧守枭裂，流血成川。"

据"曹全碑"记载，中平元年三月，曹全出任凉州酒泉郡禄福县的县长，正赶上黄巾起义爆发，"妖贼张角，起兵幽冀，兖豫荆扬，同时并动。而县民郭家等，复造逆乱，燔烧城寺，万民骚扰人怀不安。三郡告急，羽檄仍至……"隐隐杀气，破石而出。出土于山东东平县的"张迁碑"同样记载了那令人惊心动魄的历史时刻："黄巾初起，烧平城市。"

张角领导的黄巾起义，从地域上来看，有两个特点：一是范围大，当时东汉一共有十四个州部，其中至少八个州部出现了暴动；一是出现了南阳、颍川、汝南、钜鹿等几个重要集结区域，对京师洛阳形成合围态势。起义的时间虽然提前了，但是相对于东汉政府来说仍然有主动性。因此，战事初起，黄巾军在各个战场上取得了一系列的胜利，攻城略地，势头很猛，给东汉王朝的地方机构带来重创。

冀州告急！颍川告急！南阳告急！一批又一批的奔命驿马疾驰在通往洛阳的官道上。大敌当前，汉灵帝紧急召开御前会议，商讨对策。国舅何进被任命为大将军，统率所有的京畿卫戍部队。在京师洛阳的周围设置函谷、太谷、广成、伊阙、辗辕、旋门、孟津、小平津八个关隘，防止黄巾势力进入。同时任命卢植为北中郎将，负责讨伐京师北面的黄巾军；任命皇甫嵩为左中郎将、朱儁为右中郎将，负责讨伐京师南面的黄巾军。朝廷还下诏，鼓励地方官府、豪强地主招募武勇，协助官军平乱。

东汉政府的官军虽然数量不到十万人，但是都属于精锐部队，训练有素，皇甫嵩、朱儁、卢植等又都是久历沙场的名将，再加上地方豪强大族的支持，战斗力并不弱。张角的黄巾徒众数量庞大，动辄数十万人，但是里面有很多老人、儿童、妇女，战斗力并不强。而且由于仓促起事，没能完成集结部署，势力分散，容易被各个击破。随着战事的发展，官军逐渐占据了上风。

在南方战场，颍川、汝南、南阳等地的黄巾军相继战败。在北方战场，冀州黄巾军与官军浴血奋战。就在战事最为紧张的时候，太平道领袖张角病故，黄巾军士气受到重挫。"人公将军"张梁成为统帅。十月，南线官军在皇甫嵩的统领下加入北方战场，黄巾军陷入颓势。十月底，黄巾军与官军在广宗（今河北威县东）展开决战，张梁及三万黄巾军将士战死，另有五万人在城破之后投入滔滔清河，河水为之断流。十一月，"地公将军"张宝在下曲阳战败，徒众十余万被杀。

江苏师范大学历史文化学院教授 王健

黄巾大起义在中国整个封建时代，都是非常值得关注的，在中国历史上，它第一次把农民战争和宗教结合起来，宗教强化了农民战争的动员能力，包括思想的号召力，这是一次在宗教思想支持下的大规模的农民战争。

张角领导的黄巾大起义，是中国历史上第一次以宗教形式发动的全国性农民暴动。它虽然没能推翻东汉政权，但是使这个老迈腐朽的封建王朝遭受重创，奄奄一息。第一，东汉政府的统治秩序受到巨大冲击，国家财政出现了巨大危机，宦官与士大夫群体的矛盾进一步激化，统治更加黑暗。第二，黄巾军开启了一个持续动荡的时代。在边疆，汉族豪强与羌人、乌桓、鲜卑势力联合，边陲再无宁日。在中原，小规模的农民起义风起云涌，官军疲于奔命。第三，在镇压黄巾起义的过程中，形成了一批大大小小的军阀，他们逐渐由帝国秩序的维护者演变为东汉王朝的掘墓人。后来开创了三国鼎立局面的曹操、刘备及孙权的父亲孙坚，都曾参与过镇压黄巾起义。

2004年，湖南长沙市东牌楼出土了一批汉代公文简牍。长沙郡临湘县的县令向上司汇报说，本地连年遭遇战事，"仓空无米，库无钱布"。

灵帝卖官。黄巾大起义及其引发的暴动骚乱不但导致社会秩序动荡，也给东汉帝国带来了严重的经济危机。地方府库空虚，中央同样如此。为了镇压黄巾起义，汉灵帝忍痛割爱，把积攒多年的私房钱和马匹都捐了出来。可是，战事刚刚停息，他就迫不及待地让宦官们四处搜刮。为了得到更多的钱财，汉灵帝大肆卖官鬻爵。最初只是卖一些无关紧要的低级官职，后来干脆把三公九卿这样的高级官位也摆上了柜台，明码标价。相当于今天总理级别的三公，标价一千万；相当于部长的九卿，标价五百万。读书人想要进入官场，地方官想要升迁，也得上缴一大笔钱。

古代的志节之士，视金钱如粪土，瞧不起那些有"铜臭味"的守财奴。"铜臭"这个词，就出现在汉灵帝卖官鬻爵的时代。崔烈是当时的北方名士，学问没得说，口碑也很好。他花了五百万，当上了司徒。司徒是三公之一，是汉代最高级别的官职。崔司徒自己觉得有些不好意思，有一天，他向儿子崔钧打听人们的评价，崔公子说："过去人们对您评价很高，都说您要是

东汉"摇钱树",四川绵阳何家山二号汉墓出土。

不当三公就可惜了;现在您当上了司徒,人们却很失望。"崔司徒追问原由,崔钧只得直言:"大家厌恶您身上的铜臭味。"崔司徒既羞且怒,操起手杖打跑了儿子。铜臭味道不得世人好评,大汉天子却乐此不疲。在任命崔烈为司徒的朝会仪式上,汉灵帝颇为可惜地对身旁的侍从说:"实在是太不合算了,这个官位应该值一千万啊!"灵帝的可惜是有例可循的:乱世枭雄曹操的父亲曹嵩,正是花了一千万,才买来一个太尉的职务。崔烈后来为国捐躯,没有辜负名士的名声。名士报效国家,尚需花钱买路,那些庸碌贪腐之徒就更不用说了。卖官鬻爵的钱财源源不断输入西园,灵帝在西园修了一座"万金堂",颇有"招财进宝"的意味。中国向来有"王者藏于天下"的古训,大汉天子却忙着充实自己的"小金库",他已经利令智昏,抛弃了天下。

通过卖官的方式来筹集军费,解决国家财政困难,这样的事例并非始于汉灵帝。西汉武帝时,连年征伐四夷,国库空虚,也被迫采取了"入谷射官"的手段,也属于卖官的性质。所不同的是,武帝卖的是闲职散职等不重要的官职,灵帝则无限扩大化,负责管理国家职能的职位也可以卖,君臣之间成了赤裸裸的金钱交易。我们不赞成把卖官鬻爵全部归结于汉灵帝个人的贪婪。从史书记载来看,汉灵帝大规模卖官鬻爵出现在黄巾起义之后,显然,黄巾起义加重了东汉帝国的财政负担,灵帝卖官鬻爵既有个人贪婪的原因，也有制度性的原因。只是，靠钱买来职位的官员，一心只会想着把买官花出去的钱从百姓身上捞回来，怎么能成为百姓的父母官？这样的皇帝，又怎么能约束他的官员们呢？

其实，比普通官员更应该受到严厉谴责的是宦官。黄巾起义爆发后，宦官们更加嚣张。侍中向栩、张钧向皇帝进言，称黄巾之乱完全是由宦官引起的，只要把宦官首领们的头颅斩下，挂在南郊，兵祸自然平息。灵帝把他们的密奏传给宦官看，结果丢掉脑袋的不是宦官，而是两位侍中。皇甫嵩、卢植在平定黄巾起义的过程中立下了赫赫战功，却无法逃脱宦官的暗算。卢植只因不肯向监军宦官行贿，结果被收入囚车押回洛阳，差点丢了性命。中常侍赵忠在故里邺城有一处住宅，豪华程度堪比王侯宫殿，明显逾制。皇甫嵩进军途经邺城，随即向朝廷报告此事，要求没收充公。另一位中常侍张让向皇甫嵩索要五千万钱，被皇甫将军断然拒绝了。两名宦官气急败坏，后来在灵帝面前进谗言，收走了皇甫嵩的车骑将军官印，把他的食邑从八千户降到二千户。宦官依附于皇帝，却最终绑架了皇权。

东汉王朝陷入乱世泥淖。皇甫嵩，字义真，安定朝那（今宁夏固原一带）人，既长于戎马征战，又精通儒学，称得上是文为儒宗，武为将表。作为平定黄巾起义的首功之臣，皇甫嵩威震天下，无人能出其右。一位名叫阎忠的有识之士劝他推翻汉室，南面称帝。史书生动记录了他们之间的对话。

阎忠说:"您现在身建不赏之功,体兼高人之德,而北面庸主,何以求安乎?"

皇甫嵩反问道:"夙夜在公,心不忘忠,何故不安?"

阎忠说:"竖宦群居,同恶如市,上命不行,权归近习,昏主之下,难以久居,不赏之功,谗人侧目,如不早图,后悔无及。"

皇甫嵩回绝说:"虽云多谗,不过放废,犹有令名,死且不朽。"

皇甫嵩重视名节,忠于汉室,可是,天道无亲,汉家气数将尽之际,又有多少豪杰能够像他这样守志如一呢?古人有云:"国之利器,不可以示人。"乱世之中,强梁为道,军队就是国家的利器。在讨伐黄巾军过程中掌握了国家利器的雄杰豪强,已经不再唯东汉朝廷马首是瞻了。

经历了黄巾之变,东汉王朝"朝政日乱,海内虚困",彻底滑入了乱世泥淖。中原乱,边疆乱,官场乱,人心乱,怎一个乱字了得!亲身经历了乱世之殇的思想家仲长统感叹道:"如此下去,大汉王朝恐怕气数将尽,不知来世圣人用什么方法能够拯救这个社会。"仲长统期盼的来世圣人遥不可及,一批乱世枭雄却横刀跃马,闯入了历史舞台。

仲长统卒于220年,享年四十一岁。就在那一年,汉献帝逊位,大汉王朝正式谢幕。

三国鼎立

战国三足金鼎

"话说天下大势,分久必合,合久必分",这似乎在阐述社会历史发展的规律。

两个"必"字,连起天下的分与合。两个"久"字,推动着分与合周而复始的循环。

哲学家说,所谓规律,就是事物间彼此必然的联系。

难道社会发展的规律就是如此吗?东汉天下的分裂是因为统一时间太久还是另有原因呢?分裂的局面难道只能消极地等待其"分久必合"吗?

刘焉建策与董卓进京——皇权式微与地方势力的膨胀。东汉灵帝中平元年（184年），爆发了由张角领导的黄巾起义。

无论是从广度还是烈度来看，这都无疑是一场撼动东汉朝廷统治基础的社会地震。心有余悸的朝廷开始总结黄巾起义的教训。太常刘焉说：之所以发生起义，是因为地方上的太守对百姓盘剥得太厉害。应该选用朝中有清名的重臣担任地方州牧，一方面管束太守，一方面平定起义，这样天下就太平了。

刘焉的这个建议，简单说就是在郡太守上面增加州一级行政机构，州牧是这级行政机构的最高长官，掌管一州的军政大权。

几个郡的财政、军权都集中在州牧手中，郡守只能服服帖帖听从管束。问题是谁来管束州牧呢？比郡守权力膨胀数倍的州牧，会接受中央朝廷的管理吗？

刘焉的建议不但被朝廷采纳，而且他还被任命为益州牧，来到四川成都。刘焉本来想到今天的两广地区做州牧，但后来听说，四川地区有"天子气"，便到这里来寻他的天子梦。在成都，刘焉在发展自己的势力的同时，还命人制作了皇帝用的仪仗车队，成了割据一方的地方军阀势力。

东汉灵帝中平六年（189年），汉灵帝病死，新皇帝刘辩十七岁。由于年幼，刘辩让舅舅何进任大将军掌握朝政。何进欲清除宦官势力，但遭到姐姐何太后的阻挠，便秘密召并州牧董卓率兵进京，企图利用地方的力量达到目的。不料事先得知消息的宦官先下手为强，还没等董卓到来，便先杀了何进。何进的手下袁绍又对宦官展开反攻。等到董卓率兵开进京城洛阳时，残余的宦官们已经劫持少帝逃出洛阳。董卓坐收渔翁之利，他把少帝迎回洛阳，不久又把少帝废掉，另立少帝的弟弟刘协为帝，这就是献帝。

董卓进京，废少帝立献帝，说明了中央朝廷没有决断重大政策的能力和处理重大事情的力量，只能依靠地方势力。一个任并州牧的凉州武夫，能够利用手中的武力自命为相国，凭自己的意志决定皇帝的废立，这种权力与前朝相比是绝无仅有的。

清刻本《三国演义》中的"董卓火烧长乐宫"

刘焉和董卓绝不是特例。在州成为凌驾于郡县之上的一级行政机构以后，各州的州牧和刺史或通过镇压黄巾起义扩大自己的地盘，或借口讨伐董卓壮大自己的实力，或凭天高皇帝远的优势割据自保，地方势力如雨后春笋般地纷纷冒出来：

公孙度占据辽东（今辽宁西部）；公孙瓒占据幽州（今河北北部）；袁绍占据冀、青、并三州（今河北中南部、山东东北部和山西）；袁术占据江淮地区；曹操占据兖州（今山东西南部、河南中东部）；张绣占据南阳（今河南西南部）；刘表占据荆州（今湖北、湖南）；陶谦占据徐州（今山东东南部及江苏北部）；孙策占据江东（今长江下游以南地区）；刘璋占据益州（今川、贵、滇地区）；张鲁占据汉中（今陕西南部）；马腾、韩遂占据关陇（今陕西西部、甘肃、宁夏及青海北部）。

文姬归汉——动乱年代的凄美乐章。国家在分裂，战火在燃烧，生灵遭涂炭，百姓在呻吟。这一切强烈震撼着蔡文姬的心灵，这个有着厚重的家族文化背景的才女，用细腻的文学笔法把这一切真实地记录下来：

> 城郭为山林，庭宇生荆艾。
> 白骨不知谁，纵横莫覆盖。
> 出门无人声，豺狼号且吠。
> 茕茕对孤影，怛咤糜肝肺。

蔡文姬之所以描写得这样生动形象，是因为她不仅是战乱的亲历者，也是战乱的受害者。她在战乱中被匈奴的骑兵掠到塞外，流落在南匈奴长达十二年。

南宋人绘《文姬归汉图》

大约在建安十一年（206年），长期流落在南匈奴的蔡文姬被曹操用重金赎了回来，结束了寄居生涯，回到了中原，并重新建立了自己的家庭。

著名的史学家郭沫若以此为素材，写成了轰动一时的历史剧《蔡文姬》。剧中除塑造了一个才华高绝、胸襟开阔的女子形象，更塑造了接近历史真实的曹操形象：他是雄才大略、总揽全局、爱惜人才、极富才华的英雄，是蔡文姬命运的拯救者，是军阀割据局面的终结者。

首创"挟天子以令诸侯"的政权模式。历史把终结割据的任务交给了曹操。这个看似偶然的选择包含了必然。

曹操,安徽亳州人。他喜好读书,平日"手不舍书,昼则讲武策,夜则思经传",经传里当然包括儒家大一统思想。

他以反对称王割据自诩,说:"设使国家无有孤,不知当几人称帝,几人称王。"

他精明强干,机警过人。在东汉天子已无任何权力可言、沦为军阀手中玩偶的时候,他首先发现了天子的价值,把天子抢到手中,创造了"挟天子以令诸侯"的政权模式。

建安五年(200年),曹操、袁绍两大军事集团在官渡进行了历史上著名的大决战。此时的袁绍,据有当时最富庶的青、冀、幽、并四州。冀州号称"带甲百万,谷支十年",幽、并骑兵,勇冠天下。

袁强曹弱。曹操仅有数万人且装备落后的军队,能够抵挡得住袁绍装备精良的十万精兵吗?

曹操像

胜利之神从来不眷顾表面强大的人,而总是青睐心怀天下、志向高远的真英雄,具有这种素质的不是袁绍,是曹操。

建安五年正月,官渡之战爆发。曹军大胜,书写了中国历史上一次以少胜多的战例。

官渡之战的胜利,奠定了曹操统一北方的基础,为曹操加快统一战争的步伐增添了极大的动力。建安九年（204年），曹军攻占邺城，取得冀州、青州。又用了三年时间，占领幽、并二州，平定三郡乌桓，不仅彻底消灭了袁绍的残余势力，巩固了北边的安宁，而且利用乌桓人的能骑善射组建了强大的骑兵，壮大了军事力量。

《隆中对》与赤壁鏖战。战争长期在北方进行，使得地处长江中游的荆州成为动荡乱世中的一块安定的绿洲。《刘镇南碑》描述荆州说："秭粟红腐，年谷丰夥。江湖之中，无劫掠之寇；沅湘之间，无攘窃之民。"

荆州的富庶与安定，荆州的重要地理位置，荆州主人刘表的平庸，这一切引起了它的东邻孙吴的垂涎。从建安八年（203年）十月到建安十三年（208年）正月，孙吴三次攻打江夏郡，企图敲开荆州的东大门。

"老骥伏枥，志在千里。烈士暮年，壮心不已。"就在孙吴第三次攻打荆州江夏郡这年，曹操五十四岁。"暮年"曹操的"壮心"，就是完成统一大业。

凭着政治家的敏感，曹操察觉到了孙吴的战略意图。他预感如果让孙吴抢先占据了荆州，将给他的统一大业带来巨大的麻烦。他果断地决定向荆州进军。

曹军南下的步骑很快就进入荆州界内，此时刘表已经病逝，新即位的刘琮还没等曹军兵临城下便闻风而降。寄居在荆州的刘备从新野率军向南，准备撤退到江陵。江陵不仅地理位置重要，而且还储备了大量

曹操书法"衮雪"拓片，这是目前唯一能看到的曹操书法真迹。

的物资。有鉴于此，曹操立即亲率精锐骑兵对刘备军展开追击，在当阳长坂追上刘备，并将刘备军击溃，迫使他放弃了占领江陵的企图，转而向东南奔往夏口，曹操则直扑江陵，占领了这个荆州重镇。

面对曹军的咄咄攻势，孙刘两家选择了联合抵抗。建安十三年这里发生了历史上非常著名的战役，因此地有赤壁山，所以称赤壁之战。战争一方是孙权、刘备为首的孙刘联军，一方是曹操亲率的二十多万南征大军。曹操近十年的军事生涯中，几乎是战无不胜，在这里却饱尝了失败的滋味。

宽阔的江水阻止了曹操进军的步伐；孙刘联军的一把大火，使曹军停泊在江边的水军战船"樯橹灰飞烟灭"。赤壁山下，曹操天下归心的壮志碰到了铁壁。

对于曹操的失败，人们有各种各样的说法，有人说是因为他太骄傲了，有人说他战争的步子迈得太急了。

清代山西临汾年画《群英会》

《历代画像传》中的孙权

《历代画像传》中的刘备

这些分析虽然都有道理，但都未触及根本。最根本的原因是曹操遇到了真正的对手。他的对手孙权、鲁肃、周瑜、刘备、诸葛亮等人都不是平庸之辈，而是和他一样有胸怀天下的宽广胸襟、统一天下的雄图远略、百折不挠的优秀品质的英雄人物。

大约在汉献帝兴平二年（195年），随叔叔从山东老家出来避难的诸葛亮，历经辗转周折后，在距荆州襄阳城西二十多里一个叫隆中的山村定居下来。

辗转流徙的经历，砥砺着他结束战乱实现统一的宏图远志。

经过十多年的学习、观察、思考，一个实现天下统一的系统规划在他的心中日益成熟。

建安元年（196年），曹操在许昌宴请刘备，席间说道："当今天下英雄，只有你我二人够格。"

虽然都是英雄，刘备在起家的路上却备受挫折。然而失败并没有使他放弃追求，挫折也没有磨灭他的意志。

建安十二年（207 年），刘备的事业发生了一个转折。这一年他经过三顾茅庐见到了号称"卧龙"的诸葛亮。他对诸葛亮说："汉室倾颓，奸臣窃命，主上蒙尘。孤不度德量力，欲信大义于天下，而智术浅短，遂用猖蹶，至于今日。然志犹未已，君谓计将安出？"这个问题，既表达了刘备心中多年的郁闷，也表达了他欲统一天下的雄心大志。

诸葛亮用了很长一段话回答了刘备的问题。

自董卓已（以）来，豪杰并起，跨州连郡者不可胜数。曹操比于袁绍，则名微而众寡，然操遂能克绍，以弱为强者，非惟天时，抑亦人谋也。今操已拥百万之众，挟天子而令诸侯，此诚不可与争锋。孙权据有江东，已历三世，国险而民附，贤能为之用，此可以为援而不可图也。荆州北据汉、沔，利尽南海，东连吴、会，西通巴、蜀，此用武之国，而其主不能守，此殆天所以资将军，将军岂有意乎？益州险塞，沃野千里，天府之土，高祖因之以成帝业。刘璋暗弱，张鲁在北，民殷国富而不知存恤，智能之士思得明君。将军既帝室之胄，信义著于四海，总揽英雄，思贤如渴，若跨有荆、益，保其岩阻，西和诸戎，南抚夷、越，外结好孙权，内修政理；天下有变，则命一上将将荆州之军以向宛、洛，将军身率益州之众出于秦川，百姓孰敢不箪食壶浆以迎将军者乎？诚如是，则霸业可成，汉室可兴矣。

明人绘《三顾茅庐》

这就是被后人传诵千古的《隆中对》。

比刘备、诸葛亮隆中谋划早七年，在孙吴的首都建业也有过一幕类似的场景。

建安五年（200年），孙权和鲁肃也有一次对话。

孙权问："今汉室倾危，四方云扰，孤承父兄余业，思有桓文之功。君既惠顾，何以佐之？"

鲁肃回答说："汉室不可复兴，曹操不可卒除。为将军计，惟有鼎足江东，以观天下之衅。规模如此，亦自无嫌。何者？北方诚多务也。因其多务，剿除黄祖，进伐刘表，竟长江所极，据而有之，然后建号帝王以图天下，此高帝之业也。"

这番对话被后来的学者们称为《江东对》。

《隆中对》和《江东对》，都是政治家经过深思熟虑、极富远见、极富战略意义的建言。这种战略思想一旦被刘备、孙权这样具有坚毅品格的政治家所接受，就会迸发出巨大的力量。

对于曹操的统一战争，赤壁之战是个句号。从此之后，曹操退回北方，终止了南征的步伐。

对于孙刘两家来说，赤壁之战是个逗号。他们还要继续划分曹操退出后的半壁江山。

对于社会进程来说，赤壁之战是个问号，社会还要经过怎样的道路才能走向统一？

争荆州与关羽之败。赤壁之战后，荆州八郡为曹、孙、刘三家分别拥有：曹操占有南阳、章陵二郡；孙权占有南郡、江夏二郡；刘备占有武陵、长沙、桂阳、零陵四郡。

七年之后，经过一系列摩擦、谈判、讨价还价，甚至刀兵相向，建安二十年（215年），孙刘双方达成协定，以湘水为界，江夏、长沙、桂阳三郡归属孙吴，南郡、零陵、武陵归属刘备。

荆州最后划分以后，刘备集团自以为荆州问题得到了圆满的解决，便放心大胆地开始了向曹操的进攻。

建安二十四年（219年）六月，刘备军先后占领了西城、上庸、房陵三郡，打通了汉水的汉中到襄阳段。七月，刘备派驻扎在荆州的关羽率军北攻襄阳，并实现了对襄阳的包围。时值八

清绘本《回荆州》

清刻本《三国志演义》中的关羽

月,大雨滂沱,山洪暴发,汉水暴涨,大水漫过河床,向樊城城北低洼之处狂泻。樊城外围曹军驻扎之处顿时变成一片汪洋,平地水深数丈,七军皆被淹没。曹兵纷纷登至高处避水。关羽利用水军优势,率众登上大船,对被洪水包围的曹军发动进攻。关羽大获全胜,樊城危在旦夕,曹操闻讯,甚至打算把都城迁出许昌。

螳螂捕蝉,黄雀在后。

正当关羽军攻打襄阳节节胜利的时候,孙吴却趁虚偷袭荆州,占领了江陵。丢失荆州的后果比攻不下襄阳严重得多,关羽放弃攻打襄阳,回军救江陵,在麦城兵败被杀。

蜀汉失去了荆州,两路夹击中原的战略遇到了空前的挑战。

刘备与诸葛亮共同决策的夷陵之战。建安二十五年(220年)一月,曹操病逝,时年六十六岁。十月,他的儿子曹丕以"禅让"的方式取代了汉献帝,建元黄初,国号魏,史称曹魏。

第二年(221年)四月,刘备在成都称帝,建元章武,国号汉,史称蜀汉。

一年之后，孙权称吴王，虽然没有称帝，但以黄武为自己的年号，也是帝王的规格。

蜀汉章武元年七月，刚刚登上帝位三个月的刘备便迫不及待地发动了讨伐孙吴的战争。

一般人认为刘备伐吴是为了替关羽报仇。对于关羽的死，刘备不为之动情是不可能的。但是刘备此时已六十二岁，是一个相当成熟的政治家，只是因为一时愤怒而率兵东征的说法，不能使人信服。更何况刘备大举东征时离关羽之死已有一年半的时间，因此不能说是愤兵。

愤而为关羽报仇，只是表面现象，深层次的原因是要重新夺回荆州，恢复《隆中对》设计的从关中和荆州两路夹击中原的战略态势。

刘备不顾一些人的劝阻，率兵讨伐孙吴的态度是坚决的。诸葛亮是什么态度呢？

史书对诸葛亮是赞成还是反

魏文帝曹丕像

上尊号碑，又名劝进碑，为臣下恳请曹丕即位的奏书石刻。

三国鼎立

蜀先主刘备像

对伐吴夺回荆州没有明确记载，然而，东征孙吴对于蜀汉来说是件大事。在这件大事面前，蜀国内部有过激烈的争论，作为蜀国主要决策者之一的诸葛亮不表示自己的态度是不可能的。

中国社会科学院历史研究所研究员 梁满仓

诸葛亮是赞成刘备东征孙吴的。因为他还没意识到《隆中对》战略方针本身存在的缺陷，不会因为初次受挫而放弃对《隆中对》战略方针的贯彻。在刘备集团内部，反对伐吴的人，史书都给予了明确记载。如果诸葛亮也反对伐吴，史家一定会大书特书，然而在史籍中却只字未提。在伐吴战争失败后，诸葛亮说："法孝直（法正字）若在，则能制主上，令不东行；就复东行，必不倾危矣。"这显然是在感慨，在伐东吴这个问题上没有一个重要人物进行有效劝阻。

急于夺回荆州，重新配置进攻中原的双钳，是诸葛亮与刘备的共同心态，这种共同心态，决定了他们在伐吴问题上的共同态度。

一个是蜀汉帝国的君主，一个是蜀汉帝国的丞相。两个最高决策者的态度如此,其他人的阻拦劝谏能起多大作用呢?

然而,刘备、诸葛亮在下决心夺回荆州时,忽视了一个问题,那就是孙吴方面力保荆州不失的决心。

对于孙权来说,处在上游的刘备既是盟友,也是悬在头上的一柄利剑。没有荆州,孙吴西部虽有门户,但钥匙却不在自己手里。

孙吴所在的江东地区,北有强大的曹魏,向北发展几乎没有空间。只有向西发展,占领荆州,才有可能全据长江天险,北拒曹魏。荆州关系到孙吴的强弱,关系到孙吴的安危,关系到孙吴的存亡。

从经济上看,江东地区除江浙一带以外,其他地方尚未开发,经济十分落后。荆州土地肥沃,士民殷富,有了它,就可以使国家经济实力大大增强。

蜀汉对荆州是志在必夺,孙吴对荆州则势在必保。

蜀汉章武元年(221年)七月,刘备亲率八万水陆大军沿江东下,穿过三峡,杀向东吴。因战争的主战场在夷陵,史称夷陵之战。

战争开始,蜀军气势如虹,节节进逼;孙吴避其锐气,主动退却。

退却并不意味着胆怯,而是换取主动必须要付出的代价。当孙吴军退出三峡,行至今鄂西北山地与江汉平原的交界处夷陵地区后,便停止了退

陆逊像

却,坚壁防守。

两军在夷陵对峙了半年以后,蜀军疲敝,斗志大衰。这时孙吴军趁机反攻,对蜀军营寨发动了火攻,同时令水军逆流攻击蜀军水军。刘备败退,收集残兵北上马鞍山,围绕自己的指挥所,依山部署兵力。吴军四面围攻,蜀军土崩瓦解,数万人战死。刘备利用夜色突围,在秭归又遭重创,最后退至白帝城。

孙吴捍卫荆州占有权的充分准备和坚决态度,使蜀汉大军在夷陵之战中惨遭失败,七八万主力军队丧失殆尽。

蜀汉章武三年(223年)四月,在军事和心理上遭受重创的刘备,因病重在永安宫去世。临死前他把儿子以及蜀汉政权的前途一并托付给了他非常倚重的诸葛亮。

白帝庙外景

身负重托的诸葛亮为了蜀汉的前途，为了统一大业，对夷陵之战失败的教训进行了认真的总结。蜀汉终于放弃了跨有荆益的战略，以承认孙吴对荆州的全部占有换取了两家新的联盟。

　　鼎有三足，三分而立。然而三足毕竟不是全鼎，它们最终还要统一于鼎身之上。

　　官渡之战奠定了曹操统一黄河流域的基础，赤壁之战奠定了三国鼎立的初步格局，夷陵之战是这个格局的最后定型。

　　魏蜀吴三国鼎立，达成了暂时的平衡。

　　打破平衡需要时间，历史只能等待。

　　然而这种等待不是消极的，在此期间，三个国家都各自在追求政治清明、经济繁荣、军事强大、文化昌盛的道路上不懈地努力。这种努力是汹涌的暗流，是涌动的岩浆，终将冲垮暂时的平衡，形成新的统一局面。

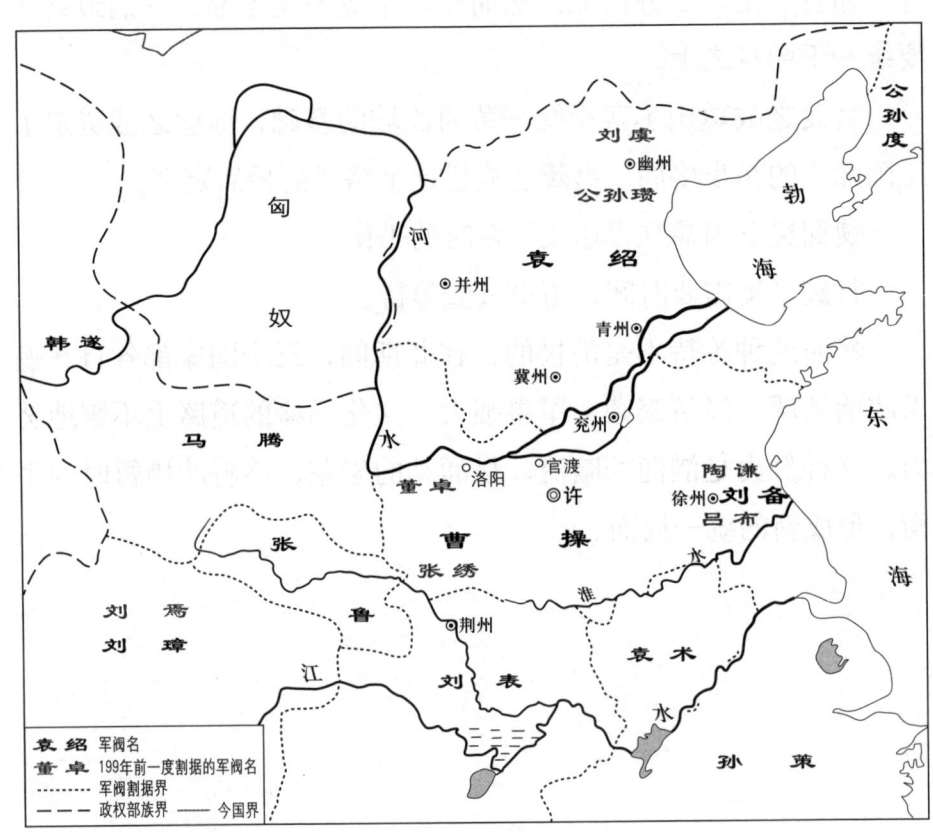

汉末地方割据形势图（199年）

诸葛亮治蜀

诸葛亮像

孙权背盟,偷袭荆州。按照一般的情理,蜀汉与东吴从此应该结下不共戴天的深仇大恨。然而,这时的诸葛亮却做了一个惊人的决策:再次与东吴结盟。放弃荆州,既是重修前好的前提,也是诸葛亮经过深刻反思的决策。孙刘联盟的恢复,证明了诸葛亮决策的正确,也使蜀汉的外交取得了主动。外部问题解决了,如何把蜀汉国家治理好,便成了诸葛亮要解决的首要问题。

结盟东吴。蜀汉建兴元年(223年)十月,也就是夷陵之战的第二年,邓芝受诸葛亮的委派,前往东吴。邓芝在蜀汉政权中担任尚书。

孙权背盟，偷袭荆州。按照一般的情理，蜀汉与东吴从此应该结下不共戴天的深仇大恨。然而，这时的诸葛亮却做出了一个惊人的决策：再次与东吴结盟。

这个时候的孙吴政权，跟曹魏政权仍旧藕断丝连。是否接见邓芝？孙权心中犹豫不决。邓芝便给孙权写了一封信，信中说道，自己今天来到这里，不仅是为了蜀汉的利益，也是为了东吴的利益。孙权读到这句话，受到触动，决定接见邓芝。

见面后，邓芝依照诸葛亮的嘱托，详细分析了当前的形势，阐明了吴与蜀唇亡齿寒的道理。很快，孙权跟曹魏断绝了藩属关系，转而与蜀汉结为盟友。

四川省社会科学院研究员 沈伯俊

蜀汉的开国君主刘备去世后，诸葛亮就面临着如何治理蜀汉的艰巨任务。经过荆州之失、夷陵之败，蜀汉的疆域只剩下了一个益州。精兵良将折损过半，开国元勋逐步凋零，吴蜀同盟不复存在。就像诸葛亮后来在《出师表》里讲的："天下三分，益州疲弊，此诚危急存亡之秋也。"

然而，就在所有人以为蜀汉和东吴从此将和平相处、再无战事的时候，一个震惊天下的消息突然从东吴传来。这一次，诸葛亮的外交策略即将遭遇前所未有的挑战。

蜀汉建兴七年（229年），孙权经过多年的犹豫后决定称帝。

为了让自己这个皇帝能够得到蜀汉的认可，孙权决定先将此事通报蜀汉。

消息传到蜀汉，一石激起千层浪，朝中群臣一片愤慨，自古"天无二日，国无二主"，只有蜀汉才是天下正统。曹操窃国，必须伐而诛之；现在，孙权也要称帝，更是大逆不道。蜀汉应与之绝交，并且立刻出兵讨伐。

孙权称帝，到底应该如何应对？对于诸葛亮来说，这是

孙权像

一个两难的决定。如果承认孙权这个皇帝，等于损害了蜀汉自身的正统性与合法性；如果不接受，那么，两国将重新回到敌对状态，之前的努力将付之东流。对于现在的蜀汉来说，根本无力承受任何一场大规模的军事行动。这是诸葛亮总理朝政以来面临的最大的一次考验。

中国社会科学院历史研究所研究员 楼劲

在一个通达的政治家看来，意识形态立场要服从现实利益，他会为自我的生存着想。蜀汉要生存下去，必须跟孙权、跟东吴政权保持一种联盟的关系，否则就无法承受北方曹魏的压力。

诸葛亮治蜀 | 291

愤怒的群臣最终被诸葛亮说服了。随后,诸葛亮派出使臣,祝贺孙权称帝。孙权闻讯大喜,随即决定与蜀汉升坛歃盟,对天发誓,勠力同心,同讨曹魏。

南抚夷越。这样的结果,是蜀汉和东吴都很渴求的。而对于蜀汉来说,却显得更加重要。因为,当外部环境基本平稳之后,诸葛亮终于可以腾出手来,去解决一个令蜀汉头痛多年的问题。那就是南中叛乱。

三国时期,整个云南、贵州和四川西南部都隶属于蜀汉政权,统称南中。南中地区世代居住着众多的少数民族。东汉末年,腐败的地方政权对南中地区搜刮无度,很多民众不断反抗,一些豪强趁机煽动叛乱,企图割据称雄。刘备当政时,形势本有所好转,但在他病逝之后,一些豪强趁机再次叛乱。

北有曹魏政权重压,南有豪强叛乱。南中之乱不平,蜀汉将两面受敌,诸葛亮决定亲自征讨南方。

蜀汉建兴三年(225年)春三月,几万蜀兵在诸葛亮的亲自率领下,浩浩荡荡地向南中地区进发。

然而,要想征服这片广袤的蛮荒之地绝非易事,广大南中地区山高林密,危险重重,瘴疠之乡,到处都有充满敌意的眼睛。

蛮族人历来骁勇善战,每一次战胜敌人,他们都会用特别的仪式进行庆祝。然而,当诸葛亮进入南中之后,向来以凶悍著称的叛乱部队却没有得到庆祝胜利的机会,他们在训练有素的蜀汉正规军面前一触即溃。蜀汉大军很快向叛军首领孟获展开攻击,并最终将孟获擒住。

汉代滇人服饰

让孟获想不到的是,诸葛亮虽然擒住了他却并没有伤害他的意思,而是请他观看汉军阵营。孟获不以为然,对诸葛亮说,如果能放他回去再决一战,他一定可以取胜。诸葛亮哈哈一笑,将孟获放走,约他择日再战。其实,在诸葛亮的心中,平定叛乱绝不是依靠武力杀伐这么简单。对于南中,诸葛亮有一个更为长远的打算。

史书记载,诸葛亮七擒孟获,七纵孟获,最后,孟获输得心服口服。诸葛亮还要放他,孟获再也不肯回去了,说:"公,天威也,南人不复反矣!"

收服孟获之后,南中各个部族纷纷归附。不过,结束叛乱只是平定南中的第一步,接下来,诸葛亮要真正开始实施自己对于南中的计划了。

约一千八百年前,一些蜀汉的官员被诸葛亮派到了南中,他们带来了当时最先进的农耕技术,教会了南中人民盖房子、种水稻、使用耕牛、植桑养蚕、纺纱织布,改变了这里刀耕火种的原始生产方式。

云南省普洱市是闻名中外的普洱茶的最主要的产地之一。相传,当年正是诸葛亮在这里大规模推广茶叶种植,才有了后来的普洱茶。今天,普洱茶已经是中国人日常生活中的常见茶饮之一。为了纪念诸葛亮,这里的人们奉诸葛亮为茶祖。类似关于诸葛亮的故事在中国广大西南地区有很多,这些美丽的故事,宛若普洱茶的茶香,越是经历久远的年代,越是厚重、香醇。

汉代文物上的驯象场面

四川省社会科学院研究员 沈伯俊

早在《隆中对》中，诸葛亮就提出了他治理南中的原则：南抚夷越。既然是南抚夷越，那他的原则就是但欲服其心，不欲灭其类也。

七擒孟获，南抚夷越，最终让这里的人民过上真正稳定的生活，这才是诸葛亮心中真正的对南中的平定。经过几年的努力，蜀汉政权终于拥有了一个相对和平安稳的环境。而此时，诸葛亮所推行的内政改革，也已经全面展开。

儒法融合，人尽其才。内政建设，第一位的重要因素，就是人才。诸葛亮选拔人才，不拘资历，不拘地域，尤其注重德才兼备。

张裔，益州太守。在南中叛乱时期被反叛首领抓获献给了孙权。在这之后的数年里，诸葛亮的心里一直牵挂着这个才识过人的张裔。后来，邓芝出使东吴期间，遵照诸葛亮的嘱托，向孙权提出放张裔回蜀。适逢两国重新修好，孙权痛快地答应了邓芝的请求。然而，事后，孙权很快就发现张裔是一位博学多才之士，十分后悔放虎归山，于是立即派人去追，而张裔早已经连夜返回蜀地去了。

张裔归来后，诸葛亮立即委之重任。蜀汉又有了一位得力的官员。

蒋琬、费祎、董允、王连、陈震、张裔、费诗、秦宓等，像

清代苏州年画《斩马谡》

这样被诸葛亮发现并任用的官员数不胜数,一时间"人尽其才,才尽其用",巴蜀地区有才能的人争相为国家效劳。

内政建设,除了需要得力的人才,更需要建立一套完善的法律体系。诸葛亮亲自主持制定了蜀汉的国家法典《蜀科》,以法治蜀,从严治国。

蜀汉建兴六年(228年)的一天,蜀汉的刑场周围挤满了文武群臣和围观的百姓。行刑时间将至,只见一个人缓缓来到刑场。这个人正是诸葛亮最疼爱的谋士——马谡。马谡,因为违反军令导致战略要地街亭失守。而兵败失守后,马谡又临阵脱逃,论罪当斩。临刑前,马谡给诸葛亮写信。信中,他视诸葛亮为自己的父亲,并将一家老小托付给诸葛亮。围观的百姓无不动容流泪,群臣纷纷向诸葛亮求情。然而,此时的马谡却十分清楚,自已罪无可赦,丞相绝不会姑息。马谡被斩首后,诸葛亮伤心欲绝,久久难以平复。

在这个案件中,受处罚的不止马谡一人。马谡所率的将军张休、李盛同被处斩,将军黄袭被解除兵权,赵云因"失利于箕谷"被贬为镇军将军,诸葛亮也自贬三等。马谡的副将王平因指挥有方加拜参军,进位讨寇将军。整个处理,赏罚严明。

法律面前,人人平等。在诸葛亮所惩处的人里面,既有亲贵,也有功臣,无论是什么人,一旦触犯刑律,诸葛亮一律严办,绝不偏袒。

然而,诸葛亮的以法治蜀,绝不是依靠简单的严刑酷法,而是建立在教化的基础上并充满了人性关怀。

同为先帝托孤大臣的李严因为弄权而贻误军机,被诸葛亮弹劾流放。之后,诸葛亮给李严的儿子李丰写了一封信,信中,诸葛亮诚恳地说明了流放李严的理由,并希望李丰能够说服他的父亲充分认识自己的错误。李严得知后,十分感动。多年后,李严在流放地听到诸葛亮逝世的消息,竟一时间悲痛愤激,发病而死。

诸葛亮的法治,饱含了劝善惩恶的一片赤诚,上至王公大臣,下至黎民百姓,无不对他畏威怀德,心悦诚服。

百姓怨声载道,沸反盈天,这是法治的最低层次。

百姓道路以目,敢怒不敢言,这是法治的次低层次。

百姓口无怨言,依法守法,这是法治的最高层次。

都江堰

百姓口无怨言，心有服意，受罚者刑之而不怨，诛之而不怒，这是先秦法家实践不可能达到的层次。

招贤纳才，以法治蜀。在诸葛亮的治理下，蜀汉政通人和，吏风廉洁，巴蜀大地开始呈现一派崭新的气象。

经营巴蜀。都江堰，这个由秦国李冰父子开凿建设的水利工程，两千多年来，无论是岷江出现洪峰还是枯水，它都忠实地把农业所需要的水量，源源不断地送往成都平原，成就着天府之国的富庶。时至今日，都江堰水利工程依然在正常发挥作用，保证着对成都平原超过一千万亩农田的灌溉。

四川省都江堰管理局副局长 张开勇

李冰都江堰三大工程的布局是非常科学、非常伟大的，但是并不是说他把所有的问题都解决了。历朝历代都重视水利、重视都江堰，根据生产力的发展，科学技术的进步，不断地将新的材料、新的技术应用到都江堰的建设中来，不断地完善这一水利工程。

作为水利工程，都江堰需要不断地进行维护。都江堰是一项伟大的工程，而维护好都江堰，则是一项复杂而又有着较高技术难度的工作。诸葛亮深知这一点。当年，诸葛亮专门派了一队一千二百人的士兵保护和维护都江堰。

古代修建水利工程没有现在的钢筋水泥，要以竹篾为兜，内装鹅卵石，逐层累叠而成堤坝。这样的建筑材料，要是遇上特大洪峰，就有决堤的危险。多年的战乱，都江堰已经年久失修。为此，诸葛亮专设堰官对都江堰加强管理，一千二百人既是士兵，又是维护河堤的河工，他们长年驻守，日夜巡视，保护江堤和疏浚河道。

在诸葛亮的呵护之下，都江堰发挥了它应有的作用。而诸葛亮所首设的堰官制度，则被一直沿袭下来。

四川省社会科学院研究员 沈伯俊

诸葛亮的这一举措被后来的历代王朝仿效沿袭，这才使都江堰能够在两千年来持续发挥功效。所以，我们可以说，对于都江堰这个世界闻名的水利工程，李冰有开创之功，诸葛亮则有维护之功。

水利是农业之本，而农业是立国之本。经过几年的发展，蜀汉农业生产欣欣向荣，粮食连年丰收。晋人左思在他的《蜀都赋》中对当时成都平原稻黍千重的景象有这样的描写："沟洫脉散，疆里绮错，黍稷油油，粳稻莫莫。"

巴蜀地区历来物产丰富，井盐是其最主要的物产之一。东汉末年以来，井盐的生产管理一度混乱，生产效率低下。诸葛亮决定强化食盐官卖政策，增加盐井的数量，同时，对生产技术加以改进。

井盐是通过掘井汲取地下盐水熬制而成的。传统的方法用所谓的家火熬制。诸葛亮大力改进和推广"火井"煮盐的技术。"火井"，就是指天然气井。史料记载，巴蜀地区是中国最早发现和利用"火井"的地方。一直以来，"火井"并没有得到充分的利用。诸葛亮对"火井"的井口进行了改进，使得"火井"煮盐的效率大大提高，盐产量是"家火"煮盐的一倍以上。直到今天，四川的盐井依然在使用"火井"煮盐。

在今天的四川长宁、自贡等地，依然有很多古代留下来的盐井遗址。在诸葛亮治蜀期间，蜀地盐井遍地开花。盐，成了蜀地的重要物产之一，而盐税也因此成为蜀汉经济收入的重要来源。后世有人因此称诸葛亮此举为"以盐立国"。

在古代，可以与盐相提并论的只有一样东西，那就是铁。如果说蜀汉是"以盐立国"，那么还可以说，蜀汉政权是"以铁强国"。

三国时期，中国的冶铁技术得到高速发展。"百炼钢""灌钢""淬火法"等新的冶炼技术都是在这个时期出现的。史书记载，诸葛亮任命精于冶炼的巧匠蒲元在汉中铸造宝刀。蒲元对淬火用的水要求极高，专用蜀水淬火。一次，蒲元命人从成都取蜀水回来，他一试，说里面掺杂了八升涪水，不能用。取水者大惊，立即叩头谢罪，承认路上因不小心洒掉了一部分蜀水，就擅自掺进了八升涪水。

蒲元用精湛的淬火技术打造的刀具锋利无比，被誉为"神刀"。他命人在竹筒里装满铁珠，以刀切之，竹筒应声而断。而他所打造的甲胄则异常坚固。据《南史》记载，蒲元为诸葛亮打造的筒袖铠帽，"二十五石弩射之不能入"。据说，以此甲胄技术结合南中地区的藤甲能造出一种既坚固又轻便的盔甲，这种盔甲就是传说中"软猬甲"的原型。

蜀汉生产的铁器更多地用于农业生产，这些质地优良的铁制农具，使用起来省时省力，便于精耕细作，有力推动了蜀汉的农业发展。

四川省社会科学院研究员 沈伯俊

冶金业不仅可以制造兵器，更多是用于制造农具。诸葛亮促进了铁器的运用和推广。所以蜀汉不仅兵器有名，农具也非常有名。

中国社会科学院历史研究所研究员 梁满仓

本来四川就是天府之国，它有了一个稳定的环境，又有了一个很好的政策，农业自然就很快地发展起来了。

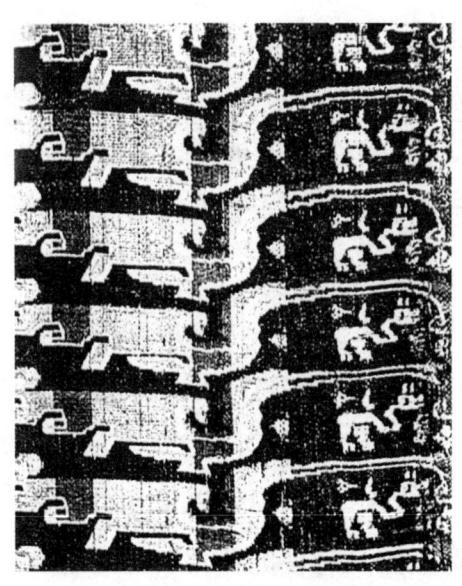

名重一时的蜀锦，新疆出土。

盐业和铁业，在诸葛亮的治理下，得到了充分的发展，成为蜀汉经济的重要基础。然而，在蜀汉地区，还有一样最为特殊的物产，这种物产堪称稀世珍品，它不仅是王公贵族们竞相收藏的瑰宝，皇帝更是拿它作为赏赐臣子的重要赐物。它就是——蜀锦。

巴蜀之地，自古就有养蚕造丝的传统，而用蜀地所产的蚕丝织成的锦，因其工艺精湛、质地坚韧、色彩华美而闻名天下。故名蜀锦。

诸葛亮曾经说过："决敌之资，惟仰锦耳。"为了奖励农桑，诸葛亮亲自垂范，种桑八百株，从事养蚕和织锦生产。为了提高蜀锦的产量，诸葛亮设立了专门的官员负责管理蜀锦的生产。这样的官员，叫作锦官。正是从诸葛亮开始，蜀锦的生产变成了规模化的国家行为。

在诸葛亮的治理下，蜀锦生产在规模和产量上都达到了历史上前所未有的高度。西晋文学家左思在《蜀都赋》中说，蜀汉境内桑园遍地，城内大街小巷，家家机杼之声相和。织锦人家千户万户，花纹装饰的织锦斐然成章，经过江水洗濯的织锦，色泽分外鲜艳。

蜀锦成了蜀汉的重要出口产品。史书记载，曹操一家祖孙三代都十分喜欢蜀锦，曾经多次派人秘密来到西蜀购锦。孙权经常用蜀锦奖励手下的大臣。不仅如此，蜀锦还远销至巴基斯坦、印度、阿富汗、伊朗、中东和欧洲地区。蜀锦，成为诸葛亮"闭关息农，养育民物"政策的最重要经济保障。

今天，蜀锦已经走进千家万户，成为四川人民日常生活中不可或缺的物品之一，人们不仅用蜀锦做衣物，更是把它作为珍贵的礼物，送给远道而来的客人。

四川省社会科学院研究员 沈伯俊

当时工匠们集中居住生产的地方叫作"锦里"，衙门所在地就叫作"锦官城"，于是乎，锦里、锦官城、锦城便成了成都的别名，今天还在使用。司盐校尉、司金中郎将、锦官，这几个专门官职的设置，再加上前面的堰官，可见诸葛亮非常重视这几种核心行业的带动作用。巴蜀地区的经济发展了，国富民安，蜀中大治。

北伐中原。蜀汉建兴十二年（234 年），早春时节，蜀地还未从漫长的寒冷中完全苏醒过来。蜀汉丞相诸葛亮决定再次率军北伐。这是诸葛亮一生中最后一次北伐。此时，距离刘备托孤已经十四年了。这十四年，诸葛亮倾尽全力治理蜀汉，蜀汉的国力已经全面恢复；这十四年，蜀汉经历了一次南征、四次北伐，抵御了一次魏国的侵略。前四次北伐，蜀军都没有实现既定的战略目标。现在，诸葛亮即将再次踏上征程，北伐曹魏。难道，他真的可以消灭人口和军队数量已经五倍于自己的曹魏政权，从而复兴心目中的大汉王朝吗？

早在第一次出征之前，诸葛亮曾经上疏后主刘禅，表达心志：

臣亮言：先帝创业未半而中道崩殂，今天下三分，益州疲弊，此诚危急存亡之秋也。然侍卫之臣不懈于内，忠志之士忘身于外者，盖追先帝之殊遇，欲报之于陛下也。……臣本布衣，躬耕于南阳，苟全性命于乱世，不求闻达于诸侯。先帝不以臣卑鄙，猥自枉屈，三顾臣于草庐之中，咨臣以当世之事，由是感激，遂许先帝以驱驰。……今南方已定，兵甲已足，当奖率三军，北定中原，庶竭驽钝，攘除奸凶，兴复汉室，还于旧都，此臣所以报先帝，而忠陛下之职分也。……深追先帝遗诏，臣不胜受恩感激，今当远离，临表涕零，不知所言。

中国社会科学院历史研究所研究员 楼劲

这个时候，诸葛亮《隆中对》理想的实现已经离他越来越远了，那已经是一种知其不可为而为之的想法了。明明知道自己只能够延长蜀汉的运祚而已，不可能再实现当初的预定目标，但他依然坚定地走到了底，鞠躬尽瘁，死而后已。

蜀汉建兴十二年（234年）二月，诸葛亮举全国之力亲率十万大军，由斜谷口向北进军。早已得知消息的魏军统帅司马懿，在渭水之滨五丈原率领大军严阵以待。汉军与魏军对峙于五丈原。

跟前几次交战一样,司马懿依然采取严防死守的战术,只是死守,绝不出战,任由诸葛亮派人到魏军阵前百般辱骂。魏军将士个个忿恨,人人引为奇耻大辱,可司马懿就是坚决不战。汉魏两军在渭水之滨相持数月。最终,诸葛亮无计可施,进退两难,一病不起。

重病中的诸葛亮知道自己命数已定,北伐难成。弥留之际,专程从成都赶来的尚书仆

《历代画像传》中的诸葛忠武

射李福问诸葛亮,百年之后谁可接任,诸葛亮说蒋琬可任;李福又问,蒋琬之后谁可接任,诸葛亮说费祎可任。李福第三次问话后,诸葛亮再也没有说话。

此时的五丈原正值深夜。传说中,诸葛亮病逝之时,一颗流星划破长空,从东北落向西南,由大而小,陨落在诸葛亮的军营之中。

"出师未捷身先死,长使英雄泪满襟。"三国时代著名的政治家、军事家,中国历史上最杰出的知识分子和贤臣诸葛亮,怀着北伐中原"复兴汉室"的未竟之志,离开了这个纷乱的世界。

中国社会科学院历史研究所研究员 梁满仓

诸葛亮生于乱世,他亲眼看到乱世给人们带来的种种灾难。他所追求的是兴盛的汉朝,不是东汉末期,桓帝、灵帝那种黑暗的四分五裂的汉朝。他追求的是光武帝刘秀初建东汉时的那种统一的、蓬勃的、欣欣向荣的汉朝。

中国社会科学院历史研究所研究员 楼劲

诸葛亮是为理想而死、为信念而死、为承诺而死。无论从哪个方面来看,从普通老百姓或是从大政治家的视角来看,这都是最为可贵的品质之一。

自诸葛亮逝世以来,千百篇诗文讴歌他,无数的百姓颂扬他,遍布各地的文物古迹,是对他最好的纪念。一批又一批仁人志士沿着他的足迹,继承他的遗志,为中华民族鞠躬尽瘁,死而后已。

四川省社会科学院研究员 沈伯俊

诸葛亮的品格,可以说是我们中华民族优秀品格的集中体现。一是忠贞,这个"忠"是忠于理想、忠于事业,加以升华就是忠于国家、忠于民族。二是智慧,这种智慧是大智慧,这种智慧还包括军事智慧、科技智慧,以及更深刻的人生智慧。

"诸葛大名垂宇宙，万古云霄一羽毛。"忠诚、敬业、自强、公正、廉明、勤政、淡泊……中国古代知识分子和贤臣的所有美德集于诸葛亮一身，成就了诸葛亮的伟大人格和精神魅力，成为所有时代衡量为官者贤愚忠奸的标尺。虽然诸葛亮的肉体生命早已不在，但他的精神生命光耀千秋。诸葛亮的名字，已经变成一个文化符号，成为中华民族优秀传统文化的组成部分和全民族共同的精神财富，深深地影响着今天乃至明天的中国社会。

西晋统一

司马懿像

景初三年（239年）正月，一道紧急诏书，催促魏国太尉司马懿，星夜兼程，赶回洛阳。他预感到，魏国的局势即将发生重大变化。急召司马懿赶回洛阳的，正是病榻上的魏明帝曹叡，他决定在自己临死之前，将八岁的太子曹芳托付给大将军曹爽和太尉司马懿。

一位是皇室宗亲，一位是曹氏的三朝重臣，魏明帝坚信，有了他们的辅佐，曹氏政权就能稳如泰山。然而，他万万没有料到，从这一刻开始，一场足以使曹魏政权崩塌的危机正悄悄来临，而主导这场变局的，正是他的托孤重臣之一——司马懿。

变起高平陵。在曹爽和司马懿的辅佐之下，幼主曹芳顺利登基。然而，一场权力的争夺也随之展开。曹爽主政，司马懿则掌控军权，这样的局面逐渐令曹爽开始担忧。

于是，在幼主登基后不久，曹爽便将司马懿升为"太傅"，实则是剥夺了他的兵权，另一方面，则让自己的三个弟弟和一批亲信担任要职，处处限制和监视司马懿。

自此之后，司马懿干脆称病回家，曹爽也自以为掌控了局面，实际上却是大大低估了老谋深算的司马懿。

景初十年（249年）正月，大将军曹爽连同他的三个弟弟陪同小皇帝曹芳一起出京，浩浩荡荡的队伍要离开洛阳城九十余里，前去祭扫魏明帝的皇陵。司马懿称病未一同前往。祭陵的仪式气氛庄重，雅乐悠扬，祭文铿锵。然而曹爽却没料到，这一天，却成了司马懿等待许久的良机。

就在曹爽离京之时，司马懿奇迹般地"康复"了。在他的指挥下，一场政变迅速展开。司马氏悄悄豢养了十年之久的三千死士，成为政变的奇兵，朝廷武库及一切要害部门迅速被司马懿控制，他还以太后的名义，宣布曹爽的诸多罪状，切断了曹爽的退路。

四川省社会科学院研究员 沈伯俊

政变如同惊雷一般突然发生，令曹爽完全措手不及。到了这个节骨眼儿上，就可以看出曹爽与司马懿完全不同的性格和才干。司马懿蓄谋已久，布置严密，而且手段老辣，当消息传来的时候曹爽又惊又怕,差一点从马上掉下来。

突如其来的变故,让曹爽阵营乱作一团。要么交出军权,要么起兵对抗,生死存亡的关键时刻,曹爽却迟疑不决。

司马懿不失时机地派来说客,劝曹爽放弃反抗的打算,说他最坏的结果不过就是被免掉官职。

曹爽选择了认罪投降,幻想着继续保有富贵。然而,他过高地估计了对手的仁慈。很快,曹爽兄弟和他们的亲信,都以谋反大逆之罪被诛灭三族。魏国的大权落在司马氏手中。这次事件被史学家称为"高平陵之变"。

诚然,就个人素质而言,无论政治谋略还是军事斗争,曹爽都不是司马懿的对手。然而,高平陵之变是西晋取代曹魏的关键性事件,如此重大的历史事件,除了个人因素,还有没有起更重要作用的因素呢?

陈寅恪先生在分析司马懿政变成功的原因时,除了指出他坚忍阴毒的性格外,还强调了豪族对司马氏父子的支持。

"吾本诸生家,传礼来久。"司马懿的孙子司马炎回忆自己的家世时这样说。

"聪朗多大略,博学洽闻,伏膺儒教。"史书上这样评价司马懿。

司马懿,河内温县(今河南温县)人,祖宗三代都是高官,司马懿兄弟八人号称"八达"。

世代高官、儒学传家,这正是东汉以来世家大族的典型特征。

司马氏的姻亲也多世家大族:司马懿的岳母河内山氏,是司徒山涛的祖姑母；司马师的妻子泰山羊氏，是羊祜的姐姐；司马昭的妻子东海王氏，是王肃的女儿；司马懿的女婿是京兆人杜预。

高平陵政变的鲜血，洗刷掉了曹魏政权庶族寒门代表的成分，掌握了朝政的司马氏家族，成为世家大族政治上的代表，因此得到了他们的支持。

政归司马氏。 高平陵之变后，朝政大权掌握在了司马氏手中。司马懿死后，司马师继任大将军，曹魏政权继续向司马氏倾斜。

清刻本《三国志演义》中的司马师与司马昭

嘉平六年（254年）十月，司马师废掉曹芳，改立年仅十四岁的曹髦为新皇帝。

司马师死后，他的弟弟司马昭继续掌管朝政，他毫不掩饰称帝的野心。在他的眼里，少帝曹髦不过是个傀儡，然而谁也没有想到，正是这个喜欢诗文、书画的文弱皇帝，却以他最果决、最悲壮的方式，向司马氏发起了最后反击。

"司马昭之心，路人皆知"，这是曹髦临死前留给世人最著名的一句话。

甘露五年（260年）五月的一天，不想坐等被废黜的曹髦，率领几百名侍卫和奴仆冲出宫门，亲自去讨伐司马昭，以一种最悲壮的方式结束了自己的生命。

曹髦之死，意味着曹氏的最后一次反抗也以失败告终。

曹氏衰落了，但魏国统一天下的雄心没有停止。没有后顾之忧的司马昭开始实行更大的计划，他确定了先灭蜀汉、后灭东吴的大战略，来结束天下三分的局面。

四川省社会科学院研究员 沈伯俊

经过父子兄弟三代的多年经营，司马氏巩固了他们对曹魏政权的控制，此时蜀汉政权也已经走上了末路，已经相当的衰弱了，所以司马氏接受钟会等人的建议，决定伐蜀。

平蜀之战。 川蜀之地，天府之国，这里的人们直到今天还在延续着闲适自在的生活。一千多年前的三国末期，当司马昭已经开始对这片富庶的土地虎视眈眈之时，蜀国朝野上下都还没有意识到强敌的野心。当时的蜀国，经过刘备、诸葛亮等人几十年的励精图治，政治清明，社会安定，但才能平庸的君主刘禅却没有发现，蜀国此时已是矛盾重重。

蜀汉延熙十六年（253年），大将军费祎在一次宴会上被魏国降将刺杀，姜维接任大将军一职，之后便不顾国力多次伐魏，结果败多胜少，所能指挥的军队最后只剩下不到一万人。

刘禅则背离了诸葛亮"亲贤臣，远小人"的忠告，宠信宦官黄皓，纵容他干政弄权。掌管蜀国内政的尚书令陈祗与黄皓勾结起来败乱朝政。蜀汉迅速进入了混乱和腐败的时期。

蜀汉炎兴元年（263年），当这位才能平庸的君主来到著名的水利工程都江堰游玩时，蜀国已是内忧重重，臣子们也早已失去了与魏国一争天下的雄心，这一切，都为司马昭灭蜀提供了良机。

司马昭派镇西将军钟会都督汉中，准备伐蜀。战争一触即发，姜维紧急上书刘禅，希望加强防范。然而，黄皓却搞起了鬼神巫术那一套，说魏军绝不会进攻，让刘禅把姜维的奏章压下。

沂南画像石上的"大傩舞"

而此时，曹魏却已开始排兵布阵：钟会率领十万主力大军取汉中；长期驻扎在关中地区的邓艾，领兵三万牵制姜维主力；雍州刺史诸葛绪再率军三万，攻击姜维后方。魏景元四年（263年），司马昭派出的这三路强军向蜀国展开了攻势。

剑门雄关，自古就是川蜀大地的重要军事屏障，此时也成为了魏军无法轻易突破的天险。蜀军在这里把守，可谓"一夫当关，万夫莫开"。有了这样一道天险扼守门户，蜀汉君臣对魏军的军事行动并不是特别担忧。

战争持续了两个多月，剑门关依然强攻不下，眼看三万大军就要断了粮草，钟会不得不萌生了退兵的念头。然而，老将邓艾却在此时上书司马昭，提出了一个出人意料的建议。

十月，中国西部的天气已非常寒冷。邓艾率兵穿过无人防守的阴平山区。沿途七百里杳无人烟，悬崖深谷，奇峰突起。将士们凿山开道，邓艾身先士卒。这是一次艰险而杰出的军事行动，二十多天后，魏军有如神兵天将，突然出现在江油蜀军的面前。

蜀军毫无防备，不战而降，拿下江油之后，曹魏大军便直逼成都的门户——绵阳。

当年邓艾奇袭绵阳之时，遇到守将诸葛瞻（诸葛亮之子）。恶战中诸葛瞻、诸葛尚父子兵退绵竹，最终在这里双双战死。这里的人们为了纪念这对英烈父子，特为他们修建了一座祠堂，供后人祭奠。然而，诸葛亮祖孙三代为蜀汉江山肝脑涂地，也未能阻挡一个平庸皇帝将江山葬送。

邓艾攻破绵竹之后，成都门户大开，蜀军全线溃败。毫无准备的蜀国君臣乱作一团，百姓纷纷出城避难。刘禅束手无策，选择了投降。

四川省社会科学院研究员 沈伯俊

邓艾奇袭江油这一仗，使得他在军事上取得了极大的主动，完全打乱了蜀汉的军事部署，而且蜀汉之后再也无险可守……由此看来，奇袭江油，不仅是曹魏灭蜀的关键一战，而且可以说是整个三国时期出奇制胜的一个经典战例。

存在了四十三年的蜀汉政权，就这样戏剧性地灭亡了。在今天成都市的武侯祠，刘备、诸葛亮等蜀国君臣被后代供奉着，一个个风云人物凝固为塑像供后人瞻仰，大殿中央的刘备庄重安详，在他左侧是孙子刘谌的塑像，而右侧却是空空如也。这里曾是安放刘禅塑像的地方，然而作为亡国之君，他在众人的争议声中，三进三出这座宗庙祠堂，直到今日，仍被人们戏称为"扶不起的阿斗"。

蜀国灭亡后，刘禅被带到洛阳，封为安乐公。司马昭让他参加宴会，故意让人表演蜀国歌舞，蜀国人都很伤感，唯独刘禅有说有笑，好像什么事也没发生。司马昭问他还思念蜀国吗，刘禅回答"乐不思蜀"。

金陵王气黯然收。司马昭灭蜀，为其取代曹魏增加了政治资本。司马昭死后，他的儿子司马炎继承了晋王之位。几个月后，也就是咸熙二年（265年）的十二月，司马炎逼迫小皇帝曹奂"禅位"给他，宣告就皇帝位，改国号为晋，这就是历史上的西晋。司马炎就是晋武帝。

蜀汉归降，王朝建立，军队士气正盛。西晋挟此余威，顺势攻打东吴，成就统一大业看起来已如箭在弦上，然而晋武帝却决定暂时搁置伐吴之事。

晋武帝司马炎

四川省社会科学院研究员 沈伯俊

为什么没有出兵？首先，西晋建国需要有一段巩固期，他们巩固司马氏权力的道路充满坎坷，经历了几次大的斗争，经历了几次血腥的屠杀。其次，在古代冷兵器时代，长江自古号称天险，西晋君臣对越过天堑，消灭孙吴有畏难情绪。第三，在一个时期内，孙吴政权还是比较稳固的，没有给晋武帝提供"敌营内乱"这么一个机会。

按兵不动的西晋是在等待一个时机。此时吴帝孙皓刚刚即位，他抚恤百姓，开仓赈贫，放生珍禽，一派明主风范。然而很快，孙皓就让吴国的君臣们失望了。

孙皓本性的暴露，让东吴朝野上下笼罩在恐惧的阴云中。

在孙晧的命令下，京城建业大肆修造宫殿。民众服役，不胜其苦。正直的大臣上疏劝谏，孙晧根本听不进去。

孙晧还下令，所有大臣家里的女儿，到了十五六岁就要任他挑选，选剩下的，才准许出嫁。

此外，皇宫里几乎每天都在进行暗藏杀机的鸿门宴，大臣们的言语举止一有差错，就会被记录下来，被孙晧处以种种酷刑。

孙晧的暴虐统治激起了人们的反抗，甚至发生了近万人参加的暴动，一直打到了建业城外三十里。还有很多人选择叛逃到晋朝，其中甚至包括吴国的宗室。

消息不断传送到西晋朝廷，咸宁五年（279年），也就是西晋取代曹魏之后的第十五年，主张伐吴的声音又高涨起来，为首的是大将杜预与王濬等人。

然而以贾充为首的朝廷重臣，却以边陲不安定为由依旧反对伐吴，一场激辩在晋武帝面前上演。然而这一次，晋武帝站在了主战派一边。面对贾充、荀勖等人的苦苦劝阻，晋武帝勃然大怒，下令举兵，讨伐东吴。

咸宁五年十一月，西晋大军兵分六路，水陆并进，大举伐吴。晋武帝任命贾充为名义上的大都督，实际统帅军队的，则是杜预、王濬

长沙走马楼三国吴纪年简牍，反映了孙吴时期人们的现实生活、社会交往和经济关系等情况。

等人。浩浩荡荡六路大军，大举伐吴。

镇东大将军、琅邪王司马伷率军自下邳直趋涂中。

安东将军、都督扬州诸军事王浑自寿春向江西方向进军。

建威将军、豫州刺史王戎自安城向武昌方向进军。

平南将军胡奋自新野向夏口进军。

晋军主将、镇南将军杜预自驻地襄阳直趋江陵。

龙骧将军、益州刺史王濬与巴东监军唐彬率水师自巴蜀浮江东下，直趋建业。

长沙出土的晋持刀武士俑

在晋军强大的攻势下，吴军节节败退，江陵等重镇相继被攻克，各地官吏纷纷投降。吴国朝野上下都明白，亡国的命运就要降临了。

六路大军中，王濬这一路最为勇猛。他率领八万水军，乘坐高大的战船，从益州沿长江顺流而下，相连百里，浩浩荡荡，一时间"兵甲满江，旌旗烛天"。吴国水军完全被这种气势镇慑住，节节败退。晋军顺江而下，所向披靡，攻克夏口、武昌，直奔吴国首都建业。

孙皓只能像刘禅一样，将自己绑起来，出城投降。

吴国灭亡，西晋实现了统一大业。

西晋统一之后，东吴的末代皇帝孙皓也和刘禅一样被安置到了洛阳，然而相比乐不思蜀的刘禅，他还多少保持了些昔日君主

西晋骑马仪仗俑，长沙金盆岭出土。

的气概。一日，晋武帝在洛阳接见孙皓，指着座位说："我设这个座位等待你，已经很久了。"孙皓针锋相对，说："我在南方，也设了一个座位等待陛下。"

三年之后，孙皓死于洛阳，死因可疑。而十二年前，蜀汉后主刘禅同样死在洛阳，寿终正寝。早已淡出人们视线的魏国末代皇帝曹奂，于西晋末年在许昌去世。

经历了无数战乱的洛阳城，今天已经很难找到西晋时期的遗迹了。就是这样一个中国历史上的十三朝古都，曾经在东汉末年见证了一个统一的王朝一分为三；六十年之后，中国历史上风云变幻、精彩纷呈的三国时代也在这里终结，天下再次合三为一。然而，中国的历史并没有在统一的版图上前行太远。

纸醉金迷的"太康盛世"。 晋武帝太康年间，由于天下统一，战乱结束，加上课田制等有利于生产恢复和发展的政策，出现了"太康盛世"。干宝在《晋纪·总论》中有这样的描述："太康之中，天下书同文，车同轨，牛马被野，余粮栖亩，行旅草舍，外闾不闭。民相遇者如亲，其匮乏者取资于道路。故于时有'天下无穷人'之谚。虽太平未洽，亦足以明，吏奉其法，民乐其生，百代之一时矣。"

干宝的论述多溢美之词,如"天下无穷人""民乐其生""百代之一时",均系夸大。如果说太康盛世存在,也是世家大族的天堂。

西晋王朝依靠世家大族建立起政治、文化秩序,依靠他们进行统一战争,当然要给他们优厚的回报。

把曹魏以来实行的九品中正制推向极致,是对世家大族政治上的回报。负责向中央推荐候选官员的中正几乎全都由世家大族担任,选才标准基本上就是门第高低和出身贵贱。官场上形成了"上品无寒门,下品无势族"的局面。

官吏按照品级占有土地是对他们经济的回报。第一品可占五十顷,每品递减五顷,一直到九品。官吏还有按照品级使亲属获得免除徭役赋税的权利,最高者可惠及九代,低者也可以三世受益。

相对丰富的物资供给,特殊利益的保障制度,太平盛世的享受心理,三者共同作用,使当权者骄泰之心顿生。

灭了东吴之后,晋武帝认为已太平无事,命令各州郡不再保留军队,他效仿周朝,将许多土地分封给皇室成员。在晋武帝太康年间,社会的安定和富足,使西晋呈现出了所谓的"太康盛世"。晋武帝和他的群臣们都开始飘飘然起来,一个纸醉金迷的时代开始了。

作为开国之君,晋武帝在一统天下之后似乎再没有了什么追求,整天游乐、宴饮。晋朝后宫人满为患,宫女数量多达万人。如何万里挑一,竟成了晋武帝的大难题,他乘坐着羊拉的车子,羊走到哪里,他就在哪里吃住。为了邀宠,宫女们将竹叶插在门上,用盐水洒地,以便将皇帝的羊车吸引过来。

世家豪族攀比斗富之风盛行。太傅何曾,每天的饭食要花掉一万钱,纵使如此,他还在感慨"没有什么能吸引我下筷子"。

达官显贵们则继承了曹魏时期兴起的清谈之风,这些本该负责政事的高官,却一边享受富贵,一边畅谈林下风流,把勤于职守当成可耻的事。

皇帝荒淫,官场糜烂,清谈盛行,很快把西晋推向了衰落。太平盛世的表象下面,各种矛盾都在暗中积累。各封地建立的军队成了西晋灭亡的祸根。

洛阳学者 徐金星

晋武帝在位的时候,为了镇压异姓功臣,同时为了镇压吴、蜀及西南、东南的势力,他想了个办法——分封。他分封了二十七个皇室宗室为王,而且他还允许这二十七个王拥有军队,这就埋下了祸根。

八王之乱。晋武帝死后,变乱首先从宫廷里爆发了。

永熙元年(290年),太子司马衷即位,就是晋惠帝。这位糊涂愚蠢的皇帝成了皇后贾南风的傀儡,王朝大权很快落在了贾南风手里。在她的唆使下,司马氏诸王自相残杀。

贾南风甚至还杀害了惠帝的太子。贾南风的恶行，引起了诸王和朝臣的不满。永康元年（300年），赵王司马伦起兵入京，杀死贾南风等人，拉开了"八王之乱"的序幕。

291年到306年，先后有八个当初被晋武帝分封的王加入争夺权力的混战，这就是"八王之乱"。

"八王之乱"历时十六年之久，死亡数十万人。这是一次皇族内部争夺权力的混战。历史上统治者内部的争权斗争屡屡见诸史册，但像这样历时长久、死亡众多的变乱却不多见。一个重要原因就是，有一批寒门人士在其中推波助澜。他们欢迎动乱，希望动乱规模越大、时间越久越好，因为只有这样才会打破现有的社会秩序，他们的不平等待遇才有改变的可能。

八王混战，军民死亡数十万，人民饱受战争的摧残。曾经繁华的京都洛阳，已是满目疮痍。战争以及相伴而来的天灾，迫使人们大规模流亡，原有的社会秩序在动荡中解体。流民众多，盗贼群起，而州郡缺乏军队和武器，没有办法控制局面。各种社会矛盾不断爆发，奔突于社会地壳下的不满岩浆，找到了发泄的突破口。

元康九年（299年），益州爆发了大规模流民反抗。"八王之乱"进入尾声的时候，流民领袖李特之子李雄在成都称帝。统一的西晋王朝开始分裂。

西晋的内乱，给了晋朝境内的诸多游牧民族武装以可乘之

清刻本《晋惠帝昏庸》

机，他们纷纷开始谋求建立自己的政权。率先发难的，是匈奴贵族刘渊。

身为贵族的刘渊长期居住在汉族政治文化中心，熟读史书、兵书以及儒家经典，深受汉文化影响。"八王之乱"中，刘渊趁乱逃离洛阳，跑到左国城，五部匈奴共同推举他为大单于。304年，刘渊建立汉国。

十六国后赵"大赵万岁"瓦当，邺北城遗址出土。

从刘渊开始，百余年间，生活在西晋西部、北部及东北部的游牧民族匈奴、鲜卑、羯、羌、氐，先后建立了大大小小十几个国家，与中原王朝对峙，这就是后人所说的"五胡乱华"。

随着刘渊势力的扩大，各地起事的队伍纷纷投到他帐下，其中包括奴隶出身的羯族人石勒。在接下来与西晋军队的战争中，石勒成了决定西晋命运的关键人物。

永嘉五年（311年），石勒率领铁骑，在宁平城展开了一场大屠杀，死者多达十余万。不久，石勒、王弥同刘曜一起会攻洛阳，同年，刘曜攻克长安，西晋的最后一位皇帝晋愍帝，袒肩露背，口衔玉玺，乘坐羊车，以最屈辱的方式求降。这时距晋武帝击灭东吴、统一全国，仅仅过去了三十七年。西晋灭亡。

洛阳学者 徐金星

长期的战乱使西晋王朝元气大伤,洛阳周围黄河流域经济崩溃,广大的人民群众遭受了极大的苦难,生活不下去了。这就造成了以洛阳为中心的中原汉人大规模南迁。按一户五口人计算,当时人口是七百万,这七百万人口中就迁走了九十万,占总人口的八分之一。更重要的是,这部分人是文化程度最高的,这样一些人南迁了,从此以后,中华民族文化的中心也开始逐渐南移了。

在距离洛阳不到四十公里的偃师市,矗立着一座中原客家人南迁纪念碑。西晋末年,带着对昔日荣耀的无比眷恋,大批中原世族和民众纷纷离开家园,从洛阳城向南大举迁移。而此时的北方已成为五胡等游牧民族激烈纷争的历史大舞台。

三国鼎立持续了六十年,西晋的短暂统一却还不到四十年。随着西晋的灭亡,中国再次陷入大分裂的漫漫长夜。这是一次时间更长、范围更广、局面更复杂的大分裂,持续了将近三百年,直到隋王朝再度实现统一。

画像砖《牛车行进图》,牛车在魏晋南北朝时已相当普及。

魏晋风度

画像石拓片《竹林七贤》

这注定是一个不平常的日子,即使对于看惯杀人行刑场面的洛阳百姓来说,也是如此。

景元四年(263年)的一个夏日,在京师洛阳东面的马市刑场,洛阳百姓牵衣顿足,为他送行。

此前,三千太学生曾联名上书,请求以他为师,想借此豁免他的死刑。他们渴望做最后一次努力,希望曹魏权臣大将军司马昭能爱惜名士,刀下留人。

太学生的请愿,没有阻止屠刀落下。

这位名士陨落后,《晋书》《世说新语》《资治通鉴》等众多古书一次又一次提及他的名字，后世学者、文人、画家对他更是高山仰止。

他逐渐成为那个时代的文化符号。

这个人就是嵇康。

以嵇康为代表的一代名士风范被鲁迅誉为"魏晋风度"，成为中国思想史上一个无法绕开的话题。

名士放歌须纵酒。每到夜半时分，洛阳城内总是回荡着这古朴而神秘的琴音，它怨恨凄恻如幽冥鬼神，抑扬顿挫似戈矛纵横。

弹琴的人就是魏晋时期的大名士嵇康。

相传，嵇康曾夜宿洛阳西南的华阳亭，一位神秘过客将这首神曲《广陵散》授予嵇康，并且叮嘱嵇康绝不能传于他人。神曲似乎找到了它真正心仪的主人。

古书上说，嵇康为人"肃肃如松下风"，酒醉时倾倒若"玉山之将崩"。因才华出众，嵇康年少时便成为名闻遐迩的大名士，他虽然官拜中散大夫，却无心政治，而寄情于山水之间。

在距洛阳一百多公里的地方有一座云台山，嵇康常常来此悠游盘桓，抚琴长啸。与他一道交游来往的有阮籍、山涛、向秀、刘伶、阮咸和王戎等六位名士，他们无一例外名闻京师。因为七人常在云台山下的一片竹林聚会，人称"竹林七贤"。对于他们，竹林仿佛是一片净土，七贤在此对酒当歌，吟诗作赋。他们褒衣博带，宽袍大袖，酒酣耳热之时，或袒胸露背，或脱帽弃帻，不拘礼法。

竹林七贤的共同爱好是饮酒，酒几乎成为竹林名士最重要的生活特征。

史载，山涛饮酒至八斗方醉，阮籍喝酒可以大醉六十日不醒。不过，喝酒故事最多的还是刘伶。有记载，刘伶饮酒一旦来了兴致，会在家中脱衣裸体，放达自乐。登门拜访的人讥笑他有失体统，刘伶不以为然，醉眼朦胧地说道："我以天地为房屋，以房屋为衣裤。诸位为什么钻进我的裤裆里来？"

画像石拓片《刘伶醉酒》

为什么魏晋时饮酒之风如此盛行呢？这其中既有对生命强烈的留恋，也有对死亡突如其来的恐惧。

正始元年（240年），少主曹芳即位，他的叔叔曹爽与元老司马懿一道辅政。曹氏与司马氏两大政治集团矛盾日益激化。正始十年（249年），司马懿趁曹爽陪曹芳离开洛阳至高平陵扫墓之机，起兵政变，并控制了京都。

在随后的大规模政治清洗中，前后被杀者多达数千人，天下震动。从此以后，司马氏家族全面掌控了曹魏的军政大权。

残酷政治斗争带来的死亡恐惧，深深地笼罩着名士阶层。

中国社会科学院历史研究所研究员 梁满仓

一些知识分子有意避开复杂的政治斗争，去竹林寻找一方净士韬光养晦。

竹林七贤以嵇康、阮籍、山涛为代表人物。

嵇康为曹魏宗亲,娶长乐亭公主为妻;山涛则与司马懿之子司马昭是表兄弟;而阮籍则是曹魏名士、建安七子之一阮瑀的儿子。

七贤的出身志向虽然各不相同,但他们都选择了在竹林饮酒来躲避政治风险。只有竹林这片净土,可以稍稍遮蔽腥风血雨。

玄学和清谈。仔细看来,画像石拓片《竹林七贤》上除了七贤以外,还多了一人,与坐姿散漫、赤脚露腿的七贤完全不同。

这位与七贤"同处一室"的人名叫荣启期,是春秋时代的隐士。他为什么会和相隔近千年之久的魏晋名士做竹林之游呢?

荣启期的思想行为跟竹林七贤其实是一脉相承的,他们比较反感的都是原来中原地区传统的儒学和礼教,非常崇尚玄学和清谈。

相传,荣启期精通音律,博学多才,但在政治上并不得志,年老以后,常常在郊野"鹿裘带素,鼓琴而歌",自得其乐。他与七贤同属"士"这个阶层。

士的产生可以追溯到西周,当时世卿家族中有了不世袭的家臣,这是最初的士的来源之一。随着春秋时期卿大夫势力的崛起与壮大，养士之风大盛。士在军事上可任作战骨干，政治上可任中下级官吏。

士往往以天下为己任，有着崇高的社会责任感，在春秋战国时代具有重要的社会作用。他们或纵横捭阖，游说诸侯；或授徒立说，影响后世；或避实就虚，出奇制胜；或舍生取义，刺杀独夫。

到了汉代，随着汉武帝的"罢黜百家"，儒学成为社会思想主流，士的言行建议日益受到政府的重视。士开始成为独立的知识群体，拥有强烈的历史使命感和忧患意识，并作为一支独立的政治力量，登上历史舞台。

东汉末年，朝纲大坏，士大夫通过品评人物来推荐人才，批评时政。汉末建安七子之一的孔融，就继承了士大夫清议之风。

孔融看到曹操挟天子以令诸侯，破坏纲纪，士的社会责任感使他挺身而出批评曹操的倒行逆施。

建安十三年（208年），大名士孔融被曹操以"大逆不道"的罪名满门抄斩。

政治的残酷促使士人退而思考宇宙、人生与社会的本原。

曹魏时期以何晏、王弼为代表的一批名士，以《老子》《庄子》和《易经》为文献骨架，会通儒道，开创了玄学思想。他们追问本与末、有与无、体与用、性与情、形与神、名教与自然等天人之际的各种问题。

应该说玄学家是带着自己对历史和现实的真切感受全身心投入这场讨论的，他们借用清谈的形式围绕着这些问题所发表的各种看法，与其说是对纯粹思辨哲学的冷静思考，不如说是对合理社会存在的热烈追求。

借助玄学与清谈，士大夫既能保持高尚的气节，又能担负起士的责任。

然而，理想与现实难以两全。随着曹氏、司马氏两大集团斗争日趋白热化，士人已经无法置身事外。摆在他们面前的只有两条出路：一是继续支持曹魏皇室，一是转而投靠司马氏。

出身上等世族的钟会就是依附司马氏的受益者。钟会是曹魏太傅、著名书法家钟繇之子，自幼才华横溢。他只比嵇康小两岁，却折服于竹林名士嵇康的风采。钟会写了篇《四本论》，讨论人的才能、禀性的同异离合问题，希望得到嵇康的肯定。钟会怀抱文章来到嵇康家门口，又犹豫起来，最后，在户外远远地将文章掷入，就转身急急忙忙跑了。

此时，司马氏集团势力如日中天，甚至凌轹王室。尽管如此，"性直狭中"的嵇康却依然选择了坚决不与司马氏合作。

据《晋书》记载，嵇康是一位打铁高手。每至红炉高烧、烈焰飞腾，慷慨的琴声便与嵇康的铮铮铁骨相互碰撞，回荡在竹林里。

这一天，嵇康正抡着大锤打

《於越先贤像传赞》中的嵇康

铁,钟会来了。这位曹魏谋士虽已是司马昭的宠臣,但他仍想结交这位竹林名士。

然而嵇康根本不理睬这位朝廷红人,独自抡锤打铁,旁若无人,把钟会晾在一边。两人沉默僵持良久,只听见铿铿锵锵的打铁声。直到钟会忍不住转身要走,嵇康终于说了一句话:"何所闻而来?何所见而去?"钟会不甘示弱,回敬道:"闻所闻而来,见所见而去。"

两位玄学家的交锋似高手对决,一招之间兔起鹘落,胜负立判。这段对话就此成为经典,千年以后似乎还能闻到当时盛极一时的玄学气息。

中国社会科学院历史研究所研究员 楼劲

玄学极大地推进了当时中国人的思维水平,使得我们在理论上的彻底性、理性化、规范化的程度都大大提高。我们今天可以很负责任地断定,当时的名士在思考、思维路径上,在思维结论上所达到的高度上已经处于世界领先水平。

当时名士们一起研究玄理的活动叫作清谈。嵇康领衔的竹林七贤大多是当时数一数二的谈玄高手,他们都崇尚自然而贬抑名教。嵇康提出的"越名教而任自然"是魏晋时期最富代表性的口号。

嵇康认为要"越名教而任自然",自然是人的本性。很明确,这个态度就是反对司马氏集团的,因为司马氏集团推行的是名教。什么叫名教,就是"以名立教",要立各种各样的符合儒家规范的名,来作为教化。"越名教而任自然",并不意味着可以超越现实。

招安名士。随着司马氏集团加快篡魏步伐,他们开始对天下名士进行招安。迫于形势,昔日参与林下之游的名士,一个个离开竹林,回到了朝廷。

阮籍当起了有职无权的步兵校尉,依然在酣醉中度日;山涛凭借与司马氏的特殊关系平步青云、仕途坦荡。景元二年(261年),原本担任吏部郎的山涛马上要再次升迁,让谁来接替自己原来的职位呢?山涛想起了昔日竹林的朋友嵇康。这是一个两全其美的想法,既可以显示司马氏集团对名士的包容,又可以让嵇康体面地走出竹林。

寒冬过后是桃花盛开的季节,山涛的引荐在花瓣的飘落中有了明确的答案。山涛字巨源,在《与山巨源绝交书》中,嵇康用了最严厉的辞藻,表明

阮籍像

自己的拒绝态度和立场。嵇康所绝交的，并非山涛个人，而是山涛所代表的司马氏政治集团。信中所写的"非汤武而薄周孔"，更是一种时代的呐喊和抗争。

嵇康这一口号等于是明确提出了和司马氏集团决裂。像商汤造了夏桀的反，周武王是伐纣的，周公是推行圣王这套政治理念的，这样一些圣王的所谓功德在嵇康看来，都是不对的。他"非汤武而薄周孔"，连同孔子一道进行鄙薄。这就等于向司马氏集团所宣扬的东西挑战：我不支持你。所以这个口号对司马氏集团篡夺曹魏政权的意图造成了极大的困扰。

一封绝交书让嵇康与当权者彻底决裂了。云台山下的竹林里再也听不到七贤把酒言欢、清谈玄理的声音，只剩下嵇康打铁、弹琴的萧索淡漠。

嵇康选择了自我放逐，在自然山水之间，他走得越来越远。

这一时期，他创作了《长清》《短清》《长侧》《短侧》四首琴曲，被称为"嵇氏四弄"，这是中国古代一组著名琴曲。他写了一篇音乐理论文章《声无哀乐论》，对于魏晋清谈影响颇大。嵇康认为：喜怒哀乐从本质上讲不是音乐的感情，而是人的情感；音乐是客观的存在，而感情是主观的存在；人的哀乐之情遇和声而发，和声起媒介作用。

无论弹琴作曲、为文作诗，嵇康都堪称大家。他优游从容，游心太玄，引领一代清峻、渊远的玄学风致。

不肯屈身仕进的嵇康，成为洛阳城内众士人追捧的对象，这位大名士公然不与司马昭合作的决绝自然也成了人们议论的话题。

终于，司马昭除去这个"不识抬举"之人的机会到了。吕巽、吕安兄弟是嵇康的朋友，两兄弟反目成仇，吕巽告弟弟不孝，吕安因此入狱。嵇康因曾为他们调停，竟然被牵连进去，最终，司马昭用这个荒诞的理由将嵇康、吕安一并处以死刑。

中国社会科学院历史研究所研究员 楼劲

嵇康被杀是因为他反对司马氏篡权，他要从一而终。一个士人要从一而终，他只能忠于一个政权，不能做三姓家奴。嵇康的死是政治问题。

嵇康死后被葬在了自己的出生地安徽石弓山。

他的溘然离世让整个士人阶层上下笼罩着深深的哀伤。不久后一个寒冷的夜晚，阮籍在醉酒酣睡中与世长辞，山涛则在朝廷里飞黄腾达。

十四年后，竹林七贤之一的向秀迫于司马氏的威势，不得不到洛阳应郡举，途中，向秀特意绕道山阳嵇康故居凭吊。时已日薄西山，向秀回想起昔日与好友嵇康游宴竹林的美好时光，不禁悲从中来："悼嵇生之永辞兮，顾日影而弹琴"，含泪写下《思旧赋》。

竹林时代早已结束，世间再也找不到这样一片净土。

竹林时期的玄学名士用自己的行为方式，树立了不向淫威低头的典范，所以嵇康人格魅力的影响在中国历史上是非常高的，与后来那些假名士，那种假放达、真纵欲的人完全不一样，后者不是心里有痛苦，而是完全麻醉了。

最典型者是西晋末期八个旷达不羁之人，号称"八达"。他们把自己关在小屋内，披头散发，赤身裸体，连日酣饮。一日，其中一个人来晚了，被关在门外，守门者不让他进，他便在门外脱光衣服，从狗洞中探出头来，狂吠不止。

然而政治、社会、思想、文化诸因素早已时过境迁，这些名士的狂放早已没有了竹林七贤的精神和境界，只是徒具皮毛的东施效颦而已。

西晋末年富可敌国的石崇乐于结交豪门子弟和文人雅士，当时号称"二十四友"。他们备有舞伎乐队，时常在金谷园聚会，诗酒宴饮、纵情作乐，极尽人间之欢娱。文士们沉醉于纸醉金迷，炫财斗富之风大行其道。

西晋后期，这些情况严重败坏了社会风气；另一方面，玄学和政治区分不开，政治家不专心治国，把谈玄变成第一要务，导致了清谈误国。

南宋人绘《王羲之玩鹅图》

狂放任达只是竹林名士的一面，他们谈玄的场面，也为后人津津乐道。

西晋末年，许多官场中人借清谈全身避祸，装点名士风度。

清谈家王衍，善吐玄言，以议论《老子》《庄子》为能事。因为他一直以来身居要职，后进之士无不仿效他谈玄，于是形成了整个朝廷矜高浮诞的风气。时人评论王衍，说他"不以事物自婴"，不问政事，是个典型的官僚玄学家。

正是这个王衍，以三公的身份举为元帅，最后被后赵石勒所杀。临死时王衍叹道："我们虽不如古人，但如果以前不崇尚玄虚，而是合力匡扶社稷，也不至于落到今天这步田地。"

东晋名士。建兴四年（316年），统一中国仅仅三十七年的短命王朝西晋，在不合时宜的清谈中宣告灭亡，司马氏家族带领大批士人南渡长江，定都建康，建立东晋政权。名士的流风遗韵，也被士大夫带入东晋。

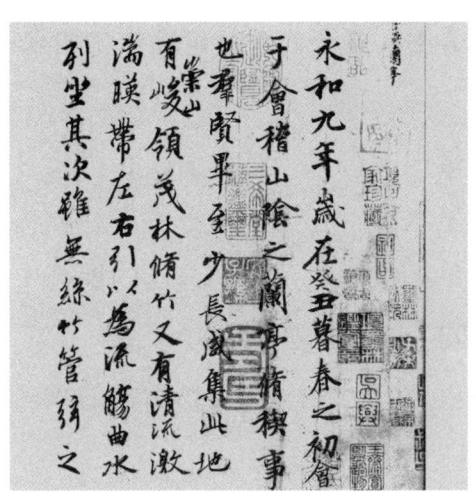

王羲之《兰亭集序》

在江南，竹扇的制作已有几千年的历史，正是因为大批士人的南迁赋予了竹扇更多的风雅。位于绍兴嵊山的竹扇作坊，现在每天都有几千把竹扇在这里生产出来。

同样是在这里，东晋时期，一位老婆婆因为无法销售她制作的竹扇而发愁。恰逢一位士人路过，于是他提笔在老人的扇面上写起字来，并嘱咐老婆婆："你就说这是王右军的字，要卖百钱。"果然，老婆婆的所有的竹扇很快就被一抢而空。

这位一字千金的王右军就是东晋名士、大书法家王羲之，他的代表作《兰亭集序》不但堪称天下之至文，其书法更是被后世推为"天下第一行书"。

东晋时期的玄学名士以王羲之为代表，他在书法上的贡献大家都是知道的，其书法之美恰恰是东晋名士风流的一个具体的表现。东晋的玄学名士，最大的贡献是培养了艺术心灵。

曲水流觞，是中国古代一种习俗。农历三月人们举行祓禊仪式之后，大家列坐水滨，在上游放置酒杯，酒杯顺流而下，停在谁的面前，谁就举杯饮酒。正是在这样的聚会中，王羲之乘兴而书，写下了举世闻名的《兰亭集序》。

兰亭聚会中，还有另外一位名扬后世的大名士——东晋宰相谢安。

谢安，年少时崇尚清谈，对走上仕途漠不关心。后来，因谢氏家族朝中人物尽数凋零，谢安才回到朝中主持大局，官至宰相。这位谈玄高手，在东晋面对前秦侵略生死一线的时候，担任总指挥，在淝水以八万兵力大败号称百万的前秦军队，致使前秦一蹶不振。

谢安的力挽狂澜为东晋赢得了几十年的安宁与和平，也为自己赢得了"风流宰相"的美誉。

中国社会科学院历史研究所研究员 楼劲

东晋时期，前秦大兵压境，双方力量悬殊，在这种危急关头，像谢安这样的世族阶层，可以说做了整个东晋的中流砥柱，挽危亡于既倒，这应该说是一种精神领袖的作用、社会灵魂的作用。

历史发展到东晋，玄学在儒与道之间有了更好的交融，名教与自然在名士身上诠释得更趋和谐，无论是在朝为官，还是隐居山野。

"夹岸数百步，中无杂树，芳草鲜美，落英缤纷。林尽水源，便得一山，山有小口，仿佛若有光。"这是东晋名士陶渊明笔下的《桃花源》，也是陶渊明给后世中国人规划的一个理想国度。这里没有不公与欺诈，人人和睦相处、安居乐业，老人、小孩都怡然自得。

东晋末年时局动荡，陶渊明辞官归里，将精神寄托在农村田园生活的饮酒、读书和作诗上。他的固守清贫，传承了士大夫之道，完美实践了竹林七贤所向往的归隐生活。

《陶渊明醉酒》

人和自然、人和社会的这两种冲突在陶渊明这里都得到了解决。比如人和自然的冲突、生和死的矛盾，从汉末以来就让世人感到焦灼、恐惧，怎么看待短暂的生命和永恒的大自然之间的关系，一直都是文人所不解的问题，但是陶渊明看清楚了这个问题。

用生命阐释的魏晋风度。从汉末开启的这股魏晋风度经历了两个多世纪的洗礼,依旧历久弥新。孔融、嵇康、王羲之、谢安、陶渊明,他们都在用不同的行为方式为自己的时代、为后世中国阐释着自己心中的魏晋风度。对魏晋风度的阐释,同样表现在众多的绘画和文学作品之中。其中,最荡气回肠的片段,还是嵇康用自己的生命来阐释的魏晋风度。

中国社会科学院历史研究所研究员 楼劲

嵇康自己无非是率性而行,他反对司马氏,本来还不会死,司马氏是想让他吃一点苦头,把他关到监狱里。可是,这时有三千位太学生,当时整个太学估计也就这么大,都去为他请愿,要求释放他,这样就让司马氏真正地感觉到,要取代曹魏的阻力是多么的大,嵇康已经成为一个象征人物了,所以只好杀了他。

尽管朝廷上下都在为自己呼号,但嵇康已深知在劫难逃。他做了两个直到今日都让人出乎意料的安排。

第一件是,他为孩子写下一篇《家诫》,平日性格孤傲、愤世嫉俗的嵇康,此时教导起孩子来却变得唠唠叨叨,点点滴滴皆是教孩子们要谨小慎微、遵从礼教。

另一件是,嵇康没有把自己的孩子托付给自己的哥哥嵇喜,也没有托付给他敬重的阮籍,更没有交给与他日日相伴的向秀,而是托付给了山涛,曾经立誓绝交的山涛。他希望山涛能帮助儿子嵇绍步入仕途,担负起一个士人的责任。

山涛没有辜负嵇康的嘱托,他告诉这个孩子不要成为乡愿之徒，要既能与世沉浮，又能坚持气节。十八年后，嵇绍成为晋朝的忠臣，他以身体护卫君主，丧身于飞箭之下。

嵇康行刑当天，洛阳城万人空巷。几乎所有的史书都记录下了这个悲壮的时刻：临刑时，嵇康神色坦然，他顾看日影，离行刑尚有一段时间，便要来一架古琴，在众士子的注目下开始拨弄琴弦，弹奏《广陵散》。铮铮的琴声，慷慨的曲调，铺天盖地。曲终之时，他略有遗憾地感叹："《广陵散》从今要断绝了！"

魏晋风度，就是魏晋时期官僚士大夫一系列个人行为所掀起的思想潮流、所表现的政治态度、所形成的社会风气的综合体。

当我们从这个角度考察魏晋风度的时候，看到的既有风流倜傥，又有荒诞颓废；既有个性张扬，又有生活放荡；既有思想智慧，又有愚钝拘泥；既有成功经验，又有失败教训。

它是反应丰富社会生活的万花筒，是折射社会方方面面的多棱镜。

门阀政治

晋元帝司马睿像

王导像

这是一次改变中国历史的大迁徙,其中有平头百姓,也有世家大族,甚至还有皇室宗亲。他们拖家带口,连同整个家族一同迁徙。西晋末年北方大乱,西晋政权摇摇欲坠,这些来自北方的迁徙大军,分别从河南洛阳、山东琅邪等地出发,他们心中向往着一个目的地——江南。这次迁徙整整延续了两百余年。

在这次迁徙的队伍中,有两个与众不同的人,一个是琅邪王司马睿,另外一个是北方世家大族的领袖王导,正是由于他们的到来,改变了中国历史。他们共同建立的政权,开启了中国历史上一个特殊的政治模式——东晋门阀政治。

牛继马后。 西晋政权建立不久，内部就爆发了长达十六年的八王之乱，同时北族大举入侵，这致使西晋王朝的执政者东海王司马越不得不考虑退路，开始着力经营江南。于是王国邻近的琅邪王司马睿成了最佳人选，他被任命为安东将军，偕同世家大族南下建康，为西晋王朝建立后方基地。

远离了政治中心洛阳，司马睿不知道将来的道路会怎样。当然，此时的他做梦也没有想到，自己以后竟然会成为东晋的开国皇帝。

身为皇室宗亲的司马睿，来江南之初并没有打开局面。他到建康以后，长达一个多月，竟然没有一个地方名流前来拜访。

为什么会这样呢？

从血缘上来说，司马睿并不是正宗的皇室正统。从宣帝司马懿，到文帝司马昭，武帝司马炎，惠帝司马衷、怀帝司马炽兄弟，总共四代都是父子相承，构成了西晋皇族的正统。而琅邪王司马睿只是司马氏家族的旁支疏属。

关于司马睿的出身，在民间有着更为夸张的说法，据说司马睿和皇室根本没有任何血缘关系。

司马睿本人，不仅和西晋王室关系比较疏远，而且有史料记载，司马睿本人是他父亲的妃子夏侯氏跟一个姓牛的小吏私通生下来的。如果是这样的话，司马睿和司马氏家族，基本上没有血缘关系。其实，更早的时候就流传着一本名叫《玄石图》的书，书里有一条"牛继马后"的谶语，意思是姓牛的人要继承司马氏的天下。因为这条谶语，据说司马懿曾经用一种可以同时盛两种酒——毒酒和美酒的酒壶毒死了手下一个名叫牛金的将领。

据史书记载，司马睿在众多皇家宗室中，常常表现得"恭俭退让"，"不显灼然之迹"。这当然是史书美化皇帝德行的字眼。在八王之乱中，众多的宗室亲王尽显其实力和对权力的欲望，而司马睿却表现得与他们不同，这让我们读出了"恭俭退让"之类文字的另一面：他在诸王中没有实力，没有威望，这恐怕是他特殊的出身所决定的。

当时"牛继马后"的故事随着司马睿的到来已传遍了建康城的大街小巷，显然南方的世家大族不会瞧得起一个因为偷情而出生的人物，这也使得同他而来的众多北方世家大族受到了牵连。

新亭对泣。暮春三月，江南草长，杂花生树，群莺乱飞。

每当天气晴好，跟随司马睿来到江南的世家大族的名士们，就会相聚于建康城外的新亭饮宴，来消解心中的苦闷。然而这次饮宴却与众不同，看似寻常的一次饮酒，却左右了一个王朝的百年命运。

就在他们南迁后不久，西晋战乱持续爆发，北方胡人不断入侵，西晋王朝已经岌岌可危。众名士想到西晋沦落，举目见日，不见长安，不禁悲从中来。眼前江山寥廓，唯有青山似洛阳，有人仰天长叹道："风景没有什么不同，却有山河之异啊！"众名士闻听此言，都相视垂泪。座中一人突然变色道："大家应当合力效忠王室，收复神州失地。"这就是历史上有名的"新亭对泣"，说话之人正是随同司马睿渡江的名士王导。

在司马睿手下任军司马的王导，接下来将要导演一出大戏，帮助司马睿在南方站稳脚跟。王导与司马睿一同来到江南，他深知此时急需一个核心力量来团结各种势力，否则处境将会越来越危险。

谁能担此重任呢？王导意识到，他们必须立起司马皇室这杆大旗，这是南渡世族立足的根基。因此，王氏家族选择了与自己关系密切的琅邪王司马睿。

司马睿的父亲司马伷是接受孙吴——孙皓投降的人，因此在江南地方的吴人看来，司马睿是灭其国家的仇人的后代。司马睿到了南方，怎么立足？

王导深知，如果没有南方世族的支持，司马睿要在江东立足是不可能的。于是，他便和从兄王敦商议，帮助司马睿在江南树立威望。

每年的三月三对于居住在江南的人们来说都是一个特别的日子。每年这天，人们都要合家欢聚，举行祓禊仪式，以求消除灾祸。对于王导来说，当年的三月三特别重要，他导演的大戏即将开幕。

在王导的安排下，司马睿乘坐华丽小轿，带着隆重的仪仗，到水边观看祓禊仪式。王导、王敦等北方世家大族人物骑着高头大马，众星捧月般簇拥在司马睿左右，招摇过市。吴地的世家大族纪瞻、顾荣等人，看到司马睿排场如此浩大，器宇轩昂，一派王者气象，而中原大族又心悦诚服地拥戴司马睿，都被震慑住了，继而南方世家大族的代表顾荣、陆晔、甘卓等人纷纷表示臣服。从此，东吴旧地的臣民开始归附司马睿。

通过这场高规格巡演，王导帮助司马睿树立起崇高的威信，拉拢了部分南方世族。这些举措暂时化解了南北世族的表面矛盾，但深层次的矛盾并没有得到解决。（据田余庆先生考证，这种故事性的描述是不足信的。但是其中所反映的王、马关系和敦、导地位，以及南士尚存的猜疑心理，应当是近实的。）

东晋持盾武士俑

南北世族之争。面对来自南方世族的紧逼，北方世族通过门阀联姻，形成了一荣俱荣、一损俱损的政治利益集团。太尉郗鉴派门生到王导家求女婿，王导将家中子弟召集到东厢房，让对方尽管挑。门生回去禀告："王家子弟都很不错，听说我去挑女婿，个个正襟危坐，矜持作态。只有一个年轻人躺在东床上，袒胸露腹，旁若无人地吃东西，好像没有听到我要挑女婿一般。"太尉郗鉴说道："这正是我的好女婿啊！"寻访一问，原来就是王羲之。这就是"东床快婿"的典故，说明当时世家大族联姻之盛，他们希望以此形成巩固的利益联盟。而当时的南方世家大族，却很难进入这个群体。

在西晋末年渡江的北方贵族们都极为重视家谱，因为这是他们身份的象征。当时江东流传着一部《百家谱》，这一百余个家

清绘本中的《家谱图》

族构成了东晋一朝门阀政治的基础,他们相互错综,形成了门阀世族。

对于初到江东的北方世家大族来说,最迫切的是要解决生计问题,而生计的关键就是土地。江南虽然沃野千里,但自东吴以来即为南方世家大族占据。初渡江的司马睿就曾说过:"寄人国土,心常怀惭。"

北方世家大族大量南迁,必然会和当地的土著大族、世家大族发生一些矛盾，包括经济上的、土地上的，甚至是政治上的。由于这些矛盾，当地的土著曾几次起兵，反对南迁的北方世家大族。

面对北方而来的"高级难民"喧宾夺主的形势，一场大规模的武装政变正在秘密进行，曾经三定江南的南方世家大族首领义兴周玘，密谋发动武装政变。不久事情败露，周玘幽愤而死。后来，周玘的儿子周勰继承父志，纠集江东地方武装，以讨伐王导为名，准备发动叛乱。

然而，代表南方世家大族利益的周勰叛乱最终以失败告终。

叛乱虽然剿灭了，渡江的北方世家大族却感受到了前所未有的恐慌。为了稳定江南局面，北方世家大族对南方土著大族的态度不得不做出某些转变。

王导的谋略很深：他放下架子，主动跟南方人接近，并把朝廷中的一些位置拿出来让南方人来坐。

王导请求与南方大族通婚，这在重视门第观念的当时，不亚于一场革命。虽然最终未获允许，王导纡尊降贵的姿态，却赢得了南方大族的普遍好感。此后南北世族的通婚，对于南方世族也起到了一定的同化作用。

为了避免与本地大族发生直接的经济利益冲突，不激化矛盾，北方大族往往东过浙江"求田问舍"，在会稽临海一带开垦

门阀政治

荒地，发展产业，建立新的势力范围。

当北方永嘉之乱时，司马睿的南方政权，在王导等世家大族的辅佐下，赢得了难得的安定局面。这种局面的形成，其中一个最为重要的原因就是王导主持推行的侨州郡县制度。

侨州郡县最初用于安置北来流民，以避免触犯南方世族的利益，政府为他们专门设置了与旧籍同名的州郡，另立户籍，在赋税上给予优待。为了与旧籍相区别，对侨置的同名州郡往往冠以"南"字。如北方有琅邪郡，东晋则有对应的南琅邪郡。永嘉之乱后，江南地区的北方移民主要分布在建康（今江苏南京）及其周边、京口晋陵一带、会稽郡、吴郡、吴兴郡。在一百多年的时间里，南渡人口近百万。

宁波、绍兴地区是当时江南开化较早、文化程度较高的地区之一，因为土地肥沃，风景秀丽，吸引了大批北方侨民。许多北方名门望族终生盘桓栖息于此，名士王羲之和谢安雅爱东土山水之美，每每登山临水，弋钓为乐，数月方归，著名的兰亭集会即发生于此。新亭对泣的文士们，已经完全在江南扎下根来。

在南方政权加紧巩固统治秩序时，西晋政府已经日薄西山，摇摇欲坠。建兴四年（316年），长安沦陷，晋愍帝无奈出降，西晋王朝大厦将倾。

以弋阳王司马羕为首的内臣和以刘琨为首的外臣纷纷劝进，希望司马睿即帝位。但是，手握重兵的王敦态度并不积极。此时的司马睿并没有急于称帝，仍处于观望状态，他仅仅即晋王位，改元建武，史称东晋。司马睿清楚地知道，他必须得到所有世家大族的拥护才能登上帝位。

在这种情况下，以什么方式才能把这些势力统一起来？以什么方式才能保住南方现有地盘，使得北方胡族不那么容易就直接踏入南方？最好的办法就是使司马氏的统治延续下来。这一延续，也就是说要各方势力都在自己的利益上做出一番妥协。

"王与马，共天下"。318年，晋愍帝司马邺死于汉国的讣告传到建康。王导知道现在已经无家可回，于是他说服了堂兄王敦，与其他大臣共同劝进，四十三岁的司马睿终于正式登基为帝，改元太兴，是为晋元帝，东晋历史从此拉开帷幕。

元帝在政治上完全依靠王导，军事上完全依靠王敦，形成了"王与马，共天下"的政治格局，门阀政治模式自此形成。门阀政治也成为了中国历史上一种特殊的政治模式。

"王与马，共天下"。"王"，字面上指琅邪王氏，实际上泛指世家大族；"马"，字面上指皇族司马氏，也泛指东晋皇权。

北京大学教授田余庆先生对这种历史现象有深入研究。他在专著《东晋门阀政治》中对这种世家大族与皇权联合执政的格局做了专门论述。

司马睿在晋室诸王中既无威望，又无实力，更无功劳，如果不借助于门阀世族的扶持，根本没有在江左立足的余地。此外，他在司马皇室中并没有坚强的法统地位，与西晋武、惠、怀、愍的皇统疏而又疏。只有门阀世族的砝码，才能增加司马睿的政治分量。而当时众多世族名士纷纷渡江，恰好为司马睿提供了这种有分量的砝码。

司马睿固然需要南渡世族的支持，南渡世族也需要司马睿政权的保障。

门阀政治下的世家大族与皇权的关系，是一种互相支撑、互相依存的关系，这种关系的具体表现就是：皇权要向世家大族做出让步，世家大族在皇权需要时支持皇权。

特殊的政治模式为东晋一朝的各种政治矛盾埋下了伏笔。皇权的隐忍退让毕竟是暂时的，皇权与世家大族的矛盾凸显只是一个时间的问题。

司马睿没想到运气这么好，自己竟然真的做了东晋皇帝，这大大超出了他的预期。皇权至上的固有观念，使他的权力欲望开始膨胀。为了强化皇权，分化王导的家族势力，司马睿开始重用自己的亲信，任命刁协为尚书令，刘隗为侍中。

刁协是南渡避乱士人，对于皇权与贵族共治天下的政治模式尤为不满。刘隗也在西晋末期避乱渡江，在司马睿手下任从事中郎，劝元帝疏远王导，削夺王敦兵权。

当时的建康发生了一件极为奇怪的事情：负责督运粮草的督运令史淳于伯，因督运粮草不及时，被判处斩首。据说淳于伯被砍头以后，鲜血逆着柱子上流二丈三尺，然后又往下流了四尺五寸。一时百姓喧哗，全都说淳于伯死得冤枉。刘隗上疏批评从事中郎周莚、法曹参军刘胤制造冤案。刘隗的这次上疏直指时任宰相的王导。刘隗上疏后，王导立即上疏引咎，请求给予自己罢官处分。

东晋建立以后，晋元帝司马睿基本上是个傀儡。朝廷大权被王导、王敦兄弟操控。尤其是王敦，他在上游控制着东晋最强大的一支军队。司马睿后来不甘心做傀儡，他想削弱王氏的权势，为了对付王敦，他当时就利用刁协、刘隗这些心腹。

司马睿抑制琅邪王氏的举措触怒了世家大族，永昌元年（322年），镇守荆州的王敦起兵，以诛除刁协、刘隗为名，兵锋直指京城建康。司马睿令刁协督统六军进行抵抗，但被王敦军打败。刘隗逃到北方投奔石勒，刁协在逃亡途中被杀。元帝司马睿只好派遣使者前来讲和。这次皇权与世家大族的较量，以琅邪王氏胜利告终。

这个时候王氏的势力受到打压。司马睿想通过压制王氏的势力来压制世家大族的势力，最终实现自己独大。所以王敦起兵，不但得到了王导的支持，也得到了其他世家大族的支持。

东晋王朝的矛盾，总是一波未平，一波又起。随着皇权的退让，世家大族觊觎皇位、问鼎天下之心又开始潜滋暗长。

随着军事实力的增强、名望的显著，王敦的权力欲望也开始膨胀。元帝司马睿死后，明帝司马绍继位，王敦更是放肆妄为，他剑履上殿，入朝不趋，甚至对皇帝的使者也爱理不理。王敦自

门阀政治

以为有足够的力量取代司马氏。明帝司马绍太宁二年（324年），王敦再次密谋起兵，欲取代司马绍做皇帝。这又是一次企图打破皇权与世家大族力量均衡的行为，只不过挑起者是与司马氏共天下的琅邪王氏。然而这一次，王导选择了站在皇权一侧，成功地化解了这次危机。

中国社会科学院历史研究所研究员 梁满仓

王敦是一个比王导有野心的人物，是一个雄心勃勃的人物。他在起兵时，打着"清君侧"的名义，实际上是对于司马氏打压王家势力的一种反抗。但是清了君侧以后，就是要清君了，这就会破坏原来司马氏家族跟整个过江世族和江东世族之间的联盟关系。司马氏家族在当时是有法统名分的，王家要取而代之，江东世族同意吗？其他过江世族同意吗？王导就是因为对此有清醒的判断，所以他反对王敦的举动。

此后的世家大族，一直延续着东晋初年门阀政治的游戏规则。不过，门阀政治的平衡总是相对的。世家大族对权力的垄断本性，决定了总会有野心家要设法打破这种平衡。

荆州地势险要、易守难攻。东晋偏安江左一隅，沿江多为要地，上游的荆州与下游的扬州尤为重镇，所谓"江左大镇，莫过荆、扬"。

东晋百年之中，司马氏皇权始终不振，内外大权俱操之于世家大族之手，王氏家族之后，政权分别为庾氏家族和桓氏家族把持,所以荆、扬二州始终为王、庾、桓、谢四大家族控制。

东晋权臣篡位皆起兵于荆州,正是因为这种特殊的地理形势。

门阀政治下皇权与世族共治的平衡,一旦遭遇权臣的野心就会被轻易打破。

晋穆帝永和年间,又一个世家大族人物桓温,由于权力迅速膨胀,萌生了打破皇权与世家大族势力均衡的企图。

晋穆帝永和元年(345年),荆州刺史庾翼病死,桓温接替了庾翼的位置,出任都督荆梁四州诸军事、荆州刺史。

桓温出任荆州刺史后,立即展示出他的军事雄才。晋穆帝永和二年(346年)冬,桓温率兵沿长江而上,讨伐建立在四川的李势成汉政权。桓温军势如破竹,很快攻至成都,李势战败投降,成汉灭亡。此次大胜,使桓温的威望极大提高。

桓温是一个极为出色的士大夫,同时也是一个雄心勃勃的士大夫,他想要改变这种现象。当然,到了东晋后期,加强皇权,建立一个比较有力的政权也正在进行。桓温就是在这个过程当中出现的。他的家族根基不错,他自己也才华过人,拉拢了一大群人,慢慢地就掌握了越来越大的权力。身边的谋士也很出色,他通过北伐,不断地扩大自己的政治影响,不断集中各种政治资源。有一句名言:"如果不能流芳百世,还不能遗臭万年吗!"这句话反映了他要做一件对后世产生巨大影响的大事的心态,他不管人们对这件事的评价好坏。野心犹如一粒种子,在权力和威望的催生下开始生根发芽，桓温谋权篡位的野心不断膨胀着。

为了夺取东晋帝位，桓温希望借助北伐来进一步提高自己的人气。

晋穆帝永和十年（354年），桓温初次北伐，率步骑四万，从江陵出发，经襄阳、淅川进入关中，在峣柳打败前秦军队，一直打到长安东南的霸上。后因军粮不继撤兵。

晋穆帝永和十二年（356年），桓温二次北伐，在伊水之北打败羌人酋长姚襄的军队，并收复了洛阳，使洛阳又控制在东晋手中将近十年。

桓温北伐的成功，使他的地位迅速上升，此时他的职务已经升任到大司马，都督中外诸军事，扬州牧兼徐、兖二州刺史。与此同时，他取代司马氏称帝的意图也越来越明显。当时在位的是废帝司马奕，面对桓温咄咄逼人的气势，他甚至找到算命先生扈谦，让他为东晋的前途占卜。这说明皇帝已经明显感到了桓温对皇权的威胁。

为了给自己登上帝位增加最后的砝码，桓温决定第三次北伐，攻打前燕，以便再次提高自己的威望。可是这次的结果出乎他的意料，废帝太和四年（369年），桓温率步骑五万北伐，打到了离前燕都城邺城（今河北临漳一带）只有二百里的枋头，由于侧翼配合的晋军遇到了前燕军的顽强抵抗，桓温军成了孤军深入的态势。此时晋军的军粮已经消耗得差不多了，桓温只得下令撤退，在襄邑（今河南睢县）又遭到前燕军队的伏击，一下子损失三万多人。

桓温北伐失败，威望大跌。为了加快取代司马氏的步伐，他干脆放弃了先增加威望后登帝位的打算。371年，桓温废掉了皇帝司马奕，另立司马昱为帝，是为简文帝。司马昱是司马睿最小的儿子，史载他无济世大略，只会清谈。桓温凭借手中权力，加上屡建大功和对皇帝的一废一立，一时威震朝廷内外。司马昱虽然有皇帝的名号，却整天提心吊胆，生怕自己有朝一日像司马奕一样被桓温废掉。

桓温篡权的阴谋如果得逞，东晋政权将会在内耗中倒塌。

淝水之战与世族政治的谢幕。在皇权岌岌可危之际，另一个世家大族的代表站了出来，

明人绘《东山携妓图》。描绘谢安未出山时隐居东山，放情山水，以声色自娱的情景。

门阀政治 | 359

他就是谢安。谢安在未出仕以前，隐居于浙江会稽东山，四十岁后才应桓温之请出任大将军司马。但随着桓温取代司马氏的意向越来越明显，谢安逐渐与桓温成为政治对手。

面对炙手可热的桓温，谢安表现出高超的政治智慧和斗争艺术。谢安随机应变的故事，曾经广为流传。

有一次，谢安与王坦之到桓温处议事。当时桓温的参军郗超正在和桓温密谋篡位之事，听说谢安到来，桓温急忙安排郗超躲在帐幕后面，偷听谢安说些什么。忽然刮来一阵风把帐子掀开，露出了郗超。谢安不以为意，笑呵呵地说道："郗生可真是入幕之宾呀。"一句笑话化解了尴尬局面。

面对复杂的形势，如果稍微处理不当，都会激化矛盾，授柄于人，为桓温行诛杀之计提供借口。谢安表现得镇静自若，神闲意畅。

咸安二年（372年），司马昱被立为皇帝仅一年就病死了。

此时，桓温也已经六十岁了。因为疾病缠身，桓温加快了篡位的步伐，要求新即位的孝武帝司马曜给他举行加九锡礼。加九锡是权臣篡位前的最后一道工序。但是谢安、王坦之等人以九锡礼的策命之文写得不合格为借口，让执笔者一遍又一遍地修改，一直修改了八九个月，直到桓温一命呜呼还没有修改好。谢安、王坦之等人以特有的方式，挫败了桓温打破皇权与世家大族之间平衡的企图。

桓温的离世,给东晋王朝带来了莫大的危机。

皇权与世家的矛盾、与北方世族间的矛盾,还只是东晋王朝的内部矛盾,而南朝与北朝两个政权的矛盾则是生死攸关的外部矛盾。来自北方的压力始终高悬在东晋政权之上,东晋的历次北伐,其实主要是一种战略防御,并非想真的统一南北。现在,当外部矛盾激化时,一切内部矛盾都降到从属地位。这是东晋门阀政治能够维系平衡的一个外部动力。

北伐的失败,桓温的病逝,使得东晋军队失去了领军人物,这导致来自北方的威胁长驱直入。

太元八年(383年),前秦苻坚出动一百多万军队,号称"投鞭断流";又调发了凉州之兵、蜀汉之军、幽冀之众,东西万里,水陆并进,浩浩荡荡杀向东晋。东晋京城听说胡马窥江,苻坚军已到达淮淝一带,上下一片震恐。

东晋王朝危在旦夕。

面对复杂紧张的形势,谢安又一次被推到了最前沿。

当东晋政权到了生死存亡的危急关头,门阀大族再次挺身而出,成了维护东晋政权稳固的核心力量。谢氏家族中的谢安、谢石、谢玄等成为抵抗前秦的领军人物。

大战前夕,两军隔淝水列阵对峙。谢玄任前线指挥,此时出任大都督的谢安却远在建康运筹帷幄。

谢玄派人劝前秦军队稍微向后退一下,等东晋军过河决一胜负。苻坚想乘晋军渡河之机歼灭之。不料东晋降将朱序趁机大喊："秦军败了！秦军败了！"顿时，秦军一退而不可收，后退的秦军像决堤的洪水，晋军趁机渡河追杀，苻坚被流矢射中，只身逃回淮北。

淝水大捷的消息传到建康时，谢安正与人下棋。不久，谢玄淮上的信使至，谢安将信看完，默然无语，缓缓转身继续下棋，意色举止，与平时无异。

淝水之战是贵族政治最后的挽歌。歌声再美，也不足以挽救东晋政权的没落。淝水之战的胜利，带来了新的问题。从此，北方再次陷入混乱，北方势力对南方的威胁大大减弱，外患一解除，内忧随之而生，昔日的平衡牵制难以维系，门阀政治赖以生存的土壤也因此不复存在。

不久，谢安下野，他招募北方流民成立的北府军，后来也成了门阀政治的掘墓人。所谓"成也萧何，败也萧何"，最终打破门阀政治的人，却是一个维护门阀政治的人。

太元二十一年（396年），孝武帝去世，长子司马德宗即位。六年以后，荆州都督桓玄以清君侧的名义起兵攻入国都建康。桓玄是桓温的庶子，在打破皇权与世家大族势力平衡这点上可以说是子承父业。元兴二年（403年），桓玄逼迫司马德宗退位，自己做了皇帝，国号楚。

元兴三年（404年），出身北府军的建武将军刘裕，起兵反对桓玄，很快就攻入建康，大败桓玄，重新迎回司马德宗登上帝位。

不过刘裕不是世家大族，他的行为也不是为了保持世家大族与皇权的势力平衡,而是为了取而代之。从此,寒族开始冲击世族统治,这标志着东晋门阀政治的正式结束。

宋武帝刘裕像

"朱雀桥边野草花,乌衣巷口夕阳斜。旧时王谢堂前燕,飞入寻常百姓家。"南京的乌衣巷,现代的人们再也见不到昔日的风流,只能在文献上寻觅王、谢的旧时踪迹。

四大家族以王谢为首,前有王导,后有谢安,他们开创、维系的门阀政治,在中原大乱时保证了东晋的百年偏安,促进了江南长江流域的开发,为北方难民和南方人民赢得了稳定的生存空间。皇权与贵族共治天下,是先秦贵族政治的回光返照,在某种程度上限制了专制皇权,实现了一定程度的权力平衡,从而激发了魏晋士人自由的个性与思想,成为魏晋风度的滋生土壤。同时,由于高标郡望,门风优美,也促进了文学与艺术的高度繁荣。东晋虽非中国历史上政权强盛的时期,却成为文学、艺术极兴盛的时代。但是,门阀世族不可能开辟出新的制度,他们只想苟且偷安,维持现状。随着外界形势的变化,门阀贵族的风流余韵,终将被雨打风吹去。

那堂前的燕子,终究要飞入寻常百姓家。门阀政治终于烟消云散,开始回归传统皇权政治的常态。

梁武帝治国

梁武帝萧衍像

位列南朝四百八十寺之首的南朝梁佛寺——同泰寺,寺里生活着几千名僧人。一天,寺院里来了一个看起来身份高贵的人,他到这里,一不为游玩,二不为烧香拜佛,而是要舍身为奴。在此期间,众多王公大臣纷纷前来规劝他出寺执掌朝政。他就是统治南朝梁长达四十八年之久的梁武帝萧衍。

梁武帝一生之中曾四次舍身同泰寺,而每次都是大臣用重金把他赎回去,四次下来,一共花了四万亿钱。那么,这位动不动就舍身寺院的梁武帝,是靠什么统治南朝梁如此之久的呢?

萧衍称帝。永元元年（499 年）春天，南齐雍州治所襄阳城外，一夜春雨润物无声，无数新笋破土而出。当地农民像往年一样，在山上挖竹笋。

不过，与新笋一同冒出来的还有一群士兵。他们看起来训练有素，不像是冲着农民的竹笋而来，这让农民提着的心放了下来，但疑问随之在他们心中冒了出来：没听说要打仗，这些士兵是要干什么呢？

其实，士兵们的疑问也并不比农民们少，他们只知道是奉命来砍伐竹子的，然而这却是个不适合砍伐竹子的季节。至于砍伐竹子是做什么用的，他们一概不知。

一同被砍伐的还有山上的树木，这些木头被士兵们扛下山后，打成捆，扔到幽深的湖里。士兵们扔下去的是一捆一捆的木头，激起的却是心中一波又一波的疑惑。

湖水渐渐恢复了平静，仿佛一切都没有发生过一样，这正是下命令的人所期望的，他就是当时的雍州刺史萧衍，也就是后来的梁武帝。

而此时的南齐都城建康，却并不是平静如水。前一年刚刚即位的南齐皇帝萧宝卷，听信小人的谗言，诛杀了他父皇在位时的很多功臣，其中就有萧衍的哥哥，致使南齐政权内部人心惶惶、动荡不安。虽然雍州距离建康十分遥远，但作为前任功臣，萧衍也感到了阵阵杀气；更何况雍州的治所襄阳，地理位置非常重要，历来是兵家必争之地，萧宝卷早想让自己的亲信来取代萧衍。重兵在握的萧衍当然不想束手就擒，但也不想先挑起事端，他要以静制动。双方暗自较量，就像平静的水面下涌动的暗流，寻找喷发的突破口。

果然，没过多久，耐不住性子的萧宝卷便派人突袭雍州，沉寂在湖底的谜团终于要浮出水面了，而这关乎着萧衍此举的成败。

萧衍发动了反攻，他命令士兵把沉入湖底一年多的木头捞上来，召集事先安排好的几千名工匠夜以继日地劳作，很快就把准备好的三千艘船装备成了战船。这三千艘战船，连同招募的一万多名士兵和一千多匹战马，组成了一支讨伐萧宝卷的大军，在萧衍的带领下，一路东进，直捣建康。浩浩荡荡的萧衍大军很快攻陷了建康，建康境内台城（皇城）以外全部落入萧衍之手。

中国社会科学院历史研究所研究员 楼劲

他能够仔细地策划一件事情，能够早在数年之前就预料到这个事情，并做出适当的谋划。梁武帝是善于深谋远虑的。

无奈之中，萧宝卷下令将台城外的官署、民房全部烧掉，逼迫百姓迁入台城，闭门自守。

见此情形，萧衍下令筑起长围，将台城围得水泄不通，众将士如箭在弦上，只等萧衍一声令下，萧宝卷的人头就会滚落刀下，夺取皇位易如反掌。然而，此时的萧衍却闭口不谈攻打台城的事情，他又在静静地等待。

围城半个月后，台城大门自动打开了，一件神秘的礼物送了出来——一颗人头，萧宝卷的人头，而送出人头的南齐百官，已经臣服于萧衍，列队迎接他入主台城。

然而进入台城后，萧衍并没有自己称帝，而是立萧宝卷的弟弟萧宝融为新皇帝，并且在入城之后，颁布大赦令，废除萧宝卷统治时期的苛捐杂税、淫刑滥役，收殓战争中的死者，医治受伤的人，社会秩序很快安定下来。

随着各州郡相继归附，萧衍称帝的时机逐渐成熟，这时，他便时不时给手下暗暗传递想称帝的信息，心有灵犀的手下，便顺势劝说萧衍称帝。而此时的萧衍却又假意推辞，反复三次才装作勉为其难地答应。

502年，齐帝萧宝融"禅让"帝位的典礼举行，萧衍在群臣固请并献出天意文书后，最终接受"禅让"当上了皇帝，改国号为"梁"，萧衍成了梁武帝，南朝一个新的时代开始了。

至此，萧氏家族建立的南齐，仅仅维持了二十四年，寿命比它的前朝刘宋短了一半还多。一朝比一朝短似乎成了南朝政权的宿命，而这一次，梁武帝萧衍决心要改变这一宿命。

然而，梁武帝的皇位还没有坐稳，一场危机就不期而至。

一天深夜，一群几百人组成的运柴队伍，在得到允许后进入台城皇宫。谁知，运柴只是他们的幌子，想把皇宫付之一炬才是其真正目的。一片火光之中，这群人抽出私带的大量兵器，闯入卫军府，直奔梁武帝而来，后来京城的军队赶来解围，叛乱才得以平息。但这次叛乱让梁武帝感到隐隐的不安。

这次叛乱虽然被平息了，但却像导火索一样点燃了其他地方的反叛火焰，一些已经臣服梁武帝的南齐旧势力趁势造反，一时间，狼烟四起。虽然这些叛乱火焰很快被梁武帝扑灭，但臣子反叛的想法并没有根除，死灰不定什么时候就会复燃。

中国社会科学院历史研究所研究员 梁满仓

政权交替，新朝建立，旧朝倒台，这都是一种常态，在这种变换当中，很多人没有忠的观念，这反而对政权交替起到了推波助澜的作用。

崇信佛教与重振儒学。东汉末年以来，中国相继出现了数十个政权，这些政权之间的更迭很多都是通过篡位实现的；而每个政权里面，一些帝王的位子也不是合法继承的。刀光剑影中，君臣与父子兄弟之间的礼数被戳得千疮百孔，导致儒家忠孝观念支离破碎。汉、魏、两晋和南朝宋、齐之间，政权的不断"禅代"，让"忠"的观念最终失去了道德的约束。

而宋、齐时期，宗室内部为了争权夺利展开的互相残杀，也让"孝悌"的观念在皇族中摇摇欲坠。南朝宋、齐一共延续了八十二年，而死于宗室互相残杀的就多达六十四人。

一个人的忠义观、一个社会应该崇尚的价值观遭到了挑战。梁武帝登台之初，社会就处在这样一个动荡和混乱的环境之中。

《释迦出山图》

时局的动乱和儒家思想的衰落,使老百姓逐渐向佛教靠拢,到了东晋以后,社会崇佛风气更加兴盛。据史料记载,东晋有僧尼两万多人,南朝宋齐两代达到三万多人,到了梁代则一下子增加了近两倍,人数猛增到八万多人。

中国社会科学院历史研究所研究员 楼劲

梁武帝的时候,已经是北魏后期,正是北方佛教发展的鼎盛时期。梁武帝认为,北方统治者崇尚佛教,宣扬佛教的光明,佛教吸引了很多信众。南方要是打压佛教,那不是把人口都赶到北方去了?所以有很多因素导致梁武帝崇尚佛教。当然,作为一个皇帝,他难免也要利用佛教。这两个方面都是真实的,他的利用是真实的,他的崇尚也是真实的。

栖霞寺,始建于南齐永明元年(483年)。

僧尼的增多导致佛寺大量涌现，南齐时在建康修建的栖霞精舍，即今天的南京栖霞寺，是当时的佛教重地，不仅成为佛教三论宗祖庭，还雕刻有能和山西大同云冈石窟媲美的石窟千佛岩。

千佛岩的开凿与皇帝的崇佛密不可分，这也导致沙门僧侣地位不断攀升，高僧频频出入朝廷，已是家常便饭。梁武帝立国之后，当时很有名望的智藏和尚在皇宫来去自由，这引起了群臣的不安。

为了维护皇宫正常秩序，群臣向梁武帝提议，要对智藏和尚进行约束，严禁其登上皇帝座位。智藏和尚听说此事后，勃然入宫，傲然坐上皇帝宝座，在对梁武帝表示抗议后拂袖而去。

高僧对皇帝的态度，势必影响到追随他们的广大信徒对皇帝的态度，长期发展下去，必定会不利于梁朝政权的稳定。

治国之术，权衡为重。然而，当时的这些问题，却让梁武帝无从权衡，这让他心急如焚。梁武帝十分清楚，一旦这些问题处理不好，梁朝的命运也将和短命的前朝一样转瞬即逝。他该怎么治理这个国家呢？

即位不久，深谋远虑的梁武帝就下令修建了很多寺庙，其中有两座格外引人注目，这两座寺庙的出名不是因为它们的华丽，而是因为它们是梁武帝以自己父母的名义建造的。

大爱敬寺建造得非常华丽，宛若天宫一样，从中院到大门就有七里之远，两旁是三十六院，里面供养着一千多名僧人。

而大智度寺也是殿堂宏伟宽敞，有一座七层宝塔，房屋和走廊相接，中间点缀着花果，有五百尼姑，不时讲诵。

寺院建成后，梁武帝为父母举行了盛大法事，每月初一、十五，还要亲自祭拜。梁武帝这样的孝行不仅感动了身边的大臣，也震撼了全国百姓。

为父母建寺庙，只是梁武帝为儒家思想披上的佛教外衣，之后他走进当时的佛教重地栖霞精舍领悟佛教真谛，并且于即位后的第三年四月初八，也就是释迦牟尼诞辰之日，在佛前颁布了一道诏令："愿使未来世中，童男出家，广弘经教，化度含识，同共成佛。"并号召公卿百官侯王宗室信佛，这等于说定佛教为国教。他又一次开了历史先河，赢得了老百姓的拥戴，一时之间，全国信佛之人激增。

但是，梁武帝心里有数，他并不是要让南朝梁变为佛国，他的另一项重振儒学的大业已经拉开了大幕。

这一年的春天，掠过湖面的春风吹进建康城，给寒门子弟带来了一条温暖的消息，梁武帝要在建康设立主要招收寒门子弟的五经馆，并且免除他们的生活费，考试及格就给官做。这条消息吹开了寒门子弟深锁许久的眉头，不几日，每个馆就各招收到了数百名学生。

五经馆是梁武帝按儒家五经设置的学校，由当时最著名的五位儒家学者分别负责，以教授学生学习儒家经典。随后，推广儒家教育的学校在各州郡遍地开花。

紧接着，梁武帝又把学校开到自己身边，下诏成立国子学，让皇太子、宗室、王侯学习儒家经典。授课的老师中，时不时还会出现梁武帝的身影，而学校辅助教材中的《孔子正言》《五经讲疏》等儒学著作，也署着梁武帝的大名。

梁武帝以儒治国，绕不开对古代礼仪制度的传承。但古代的礼仪制度偏重于对民的教化，没有把礼与国家制度完全融合起来。汉末以来，礼与国家政治之间的关系逐渐强化，原来的礼仪制度和一些国家大礼一起被重新归类，一种新的五礼体系正在酝酿和走向成熟。

梁武帝从朝代更迭、权力纷争中深切感受到礼的重要性，他要重新确立礼的权威。于是，建国不久，梁武帝便下诏建立一个强大的制礼班子，制定一部能够"以为永准"的礼制，要求之高前所未有，并且梁武帝亲自过问。很快，一个强有力的制礼班子就建立起来了。

制礼工作并非一帆风顺，但再大的艰难也阻止不了梁武帝制礼的决心。在他的带领下，制礼班子从礼仪典籍里查找，从礼学专家处咨询，从百姓生活中取证，最终用时十一年，制定出了一个多达一千一百七十六卷、八千零一十九条的五礼体系。它包括了吉、凶、军、宾、嘉等五种礼仪，基本上涵盖了国家、社会和人们生活的方方面面。至此，五礼制度终于成熟起来。

———————————————————————————

北京大学中国古代史研究中心教授 陈苏镇

南朝的"五礼之学"，主要是为吉、凶、军、宾、嘉五种礼做仪注，就是把各种具体的"礼"和生活中需要用到的具体的仪式及一些规则联系起来，把它具体化。简单地说，吉礼主要是祭祀方面的礼仪，凶礼主要是丧葬方面的礼仪，军礼就是军队中的一些礼仪，宾礼是在各种场合见面的时候所遵行的一些礼仪，嘉礼就是婚姻喜庆这方面的礼仪。

梁武帝在对儒家礼仪制度进行规范的同时，也在对佛教的戒律进行着规范，制礼班子组建几年后，规范佛教礼仪的班子也建立起来了。

这个班子被研究者称为"建康教团"，由高僧、佛学专家和一些官员组成，他们的任务是编撰《在家受菩萨戒》。

中国社会科学院佛教研究中心主任 魏道儒

《菩萨戒》的核心内容是历史上常常讲的三聚净戒。所谓

魏晋《拜谒图》。图中两人躬身手执写有姓名和官职的名刺，一人持剑，这是魏晋南北朝时期上层社会觐见拜会的场面。

"三聚净戒"就是三个方面,第一个要遵守戒律,第二个要做善事,第三个就是要一切都为了众生。

在梁武帝看来,编撰《在家受菩萨戒》和编撰五礼制度一样重要,它们都和国家治理息息相关。只不过作为对人的规范,五礼制度规范的是人的社会行为,而《在家受菩萨戒》规范的是人的心灵。

"皇帝菩萨"与治世气象。梁武帝领导编撰《在家受菩萨戒》,自己也身体力行,切切实实按照戒律行事和生活。他很勤政,不论冬夏春秋,总是五更天就起床,批改公文奏章,甚至冬天把手都冻裂了,还依然勤于政务;他很节俭,平时穿布衣,一顶帽子戴了三年,盖的棉被,两年才换一次;他吃素食,并且每天只吃一顿。梁武帝的这些行为感染了身边的大臣。

他为了倡导吃素的理念,曾推出《断酒肉文》,下诏所有佛教徒断绝酒肉,并召集一千名僧人宣唱此文。在他的不断推动下,演变成只有汉族僧人才吃素的独特风俗。

更让人惊讶的是,吃素的梁武帝,五十岁那年开始戒色。并且,他还把很多清规戒律推广到皇宫内部,六宫嫔妃衣服不能拖地,在宫内不得饮酒。

梁武帝的以身行戒,加速了《在家受菩萨戒》的编撰进程,历时七年之后,建康教团完成了编撰工作。而在当年的四月初八,即释迦牟尼诞辰日这一天,梁武帝又亲受菩萨戒,法名冠达,并且大赦天下,全国同贺"菩萨戒弟子皇帝"的诞生。自此,梁武帝有了另外一个称呼——"皇帝菩萨"。

中国社会科学院佛教研究中心主任 魏道儒

梁武帝推广《菩萨戒》就是要让社会各阶层遵守佛教的戒律，不做恶事、做善事，这当然起到了稳定社会的作用。

把儒佛结合起来，用佛教撬动儒家观念，是梁武帝治国的理念。对于梁武帝的这种做法，当时的佛学家萧琛就评论说，梁武帝此旨"妙测机神，发挥礼教。实足使净法增光，儒门敬业，物悟缘觉，民思孝道"。

而在佛儒的不断融合中，儒家思想随着佛教的发扬光大，慢慢播撒到老百姓的心里，周礼也由此得到了传承，孔子重又被奉上了高高的祭坛。

帝王祭孔始于汉高祖刘邦，之后的汉代帝王一直遵循此制，但是随着汉末乱局的开始，忠孝观念日益淡薄，祭孔也不再被严格遵循。到南朝梁时，梁武帝以儒治国的理念必然把祭孔推到最前面，而站在祭孔典礼最前面的则是梁武帝。每年国子学开学举行的祭孔典礼中，都可以见到梁武帝虔诚的身影。

对于文化，梁武帝也有着同样的虔诚，在自己醉心琴棋书画的同时，也培育出一个文质彬彬的南朝梁，诞生了像《昭明文选》《玉台新咏》《文心雕龙》《诗品》等光耀千古之作，这是自西汉之后，难得的文化奇观。

其实，文化繁荣是南朝梁经济发展托起的一道彩虹，经过梁武帝二十多年的治理后，南朝梁发展成为南朝最发达的国家。

梁武帝治国近五十年，在此期间，梁朝政治稳定，经济发展，军力增强，文化繁荣。

梁朝的地位令其同时的北朝不敢小觑。东魏主高欢解释他之所以对士人采取宽缓态度时说："江东复有一吴翁萧衍，专事衣冠礼乐，中原士大夫望之以为正朔所在。"

一千多年以后，明末清初人王夫之在谈到梁武帝治国时说："梁氏享国五十年，天下且小康焉。旧习被除已尽，而贤不肖皆得自如其志意，不相谋也，不相洇也。就无道之世而言之，亦霡雨之旬，乍为开霁，虽不保于崇朝之后，而草木亦蓁蓁以向荣矣。"

王夫之认为南北朝是阴雨连绵的"无道之世"，而梁武帝统治下的梁朝则犹如乍晴的朗朗天空。

据史书记载，当时建康有户二十八万，如果以每户五口计算，则有一百四十万人。这在当时世界上，也是罕见的大都会。

人口的繁盛，带来的是经济的繁荣，尤以秦淮河最为瞩目，它的光芒就像今天秦淮河的夜景那样璀璨。据记载，当时仅秦淮河北岸就有大小市场一百多个，连接两岸的浮桥，在成为往来两岸通商必经之路的同时，也造就了秦淮河的盛名。而建康之外的吴郡、会稽也发展成为繁华的大城市，整个三吴地区，皆是一片盛景。

建康的盛景，让很多国家都仰慕梁朝的繁华，纷纷派人前来朝贡。据历史记载，当时向梁朝进贡方物的国家多达二十九个，这一盛况在梁武帝的儿子萧绎所画的《职贡图》里，被真实地再现出来。

源源不断来到南朝梁的，还有很多外国僧侣，其中就有来自南天竺（古印度）的菩提达摩，当年他漂洋过海来到建康，和梁武帝有过一席交谈，后来他成为中国禅宗的创始人。

外国僧侣到南朝梁不断交流，也促使了佛教的空前兴盛。"南朝四百八十寺，多少楼台烟雨中"，这是唐朝诗人杜牧《江南春》中的两句诗，它让人们对南朝佛教的盛况有了真切的感

梁武帝与达摩

受。不过据资料统计，单单梁武帝统治下的南朝梁，就建有佛寺二千八百四十六所，仅京城建康一地，佛寺就超过五百多所，其中最大的寺庙是梁武帝于大通元年（527年）在皇宫旁边为自己建的同泰寺。

据《南朝寺考》记载：同泰寺有一座九层的宝塔，大殿有六所，小殿及堂十余所。东西有般若台各三层，大佛阁七层。璇玑殿外，积石为山，盖天仪激水，随滴而转。所铸十方金像、十方银像，都极为壮丽。

同泰寺建成后，梁武帝为此举行了盛大的典礼，但令很多人没想到的是，梁武帝也就此舍身寺庙。

梁武帝舍身同泰寺后，住的是破屋烂床，干的是粗活累活，但他毫无怨言，为什么梁武帝放着好好的皇帝不当，非要舍身寺庙呢？

梁武帝三次"舍身"的同泰寺（鸡鸣寺）

治理国家，梁武帝无疑是成功的，但管理家事，他屡受打击。为了江山永固，他倡导的忠义能让臣子誓死效忠，但却无法让家人团结；他重视孝行，反对宫廷杀戮，却偏偏被一次次地卷进来。这样的反差让一向足智多谋的梁武帝感到从未有过的束手无策，他想不出其中缘由，他觉得也许是自己的修行不够，所以便来到寺院舍身为奴，忏悔自己的罪过。

六十五岁的梁武帝有了舍身的念头后，就把大量的精力都放在了佛教上，并且在他的余生中四次舍身同泰寺。但是，国不可一日无君，到寺庙散几天心是可以的，时间长了，国家终将乱套，于是，每次大臣苦苦相劝无果后，都会用重金把他赎回来。四次算下来，光赎他的钱，就多达四万亿钱。

中国社会科学院历史研究所研究员 梁满仓

梁武帝舍身同泰寺，最主要的是他想树立一个信佛的榜样，他认为自己舍身寺庙就是虔诚信仰佛教的一个标志。

在梁武帝舍身期间，并没有出现大臣篡权和部下叛乱的事情，可见梁武帝以儒治国取得了成功。在寺庙里，梁武帝在干活和念经之余，有时还得迫不得已地处理一些奏章，因此出现了在寺庙批奏章的奇特场景，而他也真正成了"皇帝菩萨"，这在中国历史上是独一无二的。

梁武帝最后一次舍身被赎回的当天晚上，同泰寺被大火焚毁，他再也去不了他想去的地方了。

后来的朝代不断在同泰寺故址上重建寺庙，几经变迁后成了今天的南京鸡鸣寺，寺庙样貌改变了。但是，梁武帝的故事依然在这里流传着。

侯景之乱。在梁武帝第四次舍身寺庙期间，他接受了落难的北方魏人侯景的投靠，却节外生枝地演变为历史上著名的"侯景之乱"。

太清元年（547年），侯景在东、西魏都不受欢迎之后投奔敬重已久的梁武帝，想依靠南朝梁的国力帮他夺回大权，而梁武帝一直未完成的统一北方的夙愿，也被侯景重新点燃了。

然而，一片佛光之下的南朝梁，早已今非昔比了。老百姓大量地进入佛门，使社会生产力受到极大削弱，国力日渐萎缩。作为国君，梁武帝晚年沉迷佛教，没有把精力全部用在治理国家上面。

但统一南北的激情显然模糊了他对当时形势的认识，贸然决定和东魏交战，后果就是大败而归，并且侄子萧渊明还落入东魏手里。之后东魏以归还萧渊明为条件，要求梁武帝赶走侯景。东魏此举，意在挑起侯景与梁朝的争斗。

大臣们和侯景多次阻止，但是亲情泛滥的梁武帝，竟然答应了东魏的要求，无奈之下，侯景起兵反叛。太清二年（548年）十月，侯景在梁武帝的侄子萧正德配合下攻进首都建康，把皇城紧紧包围起来。

这时的梁武帝和当年被自己围困的萧宝卷何其相似，然而幸运的是梁武帝的人头没有被部下割掉献出去，相反，之前曾反对梁武帝做错误决定的一些大臣，在面对侯景大军的时候却举族殉国，成为他以儒治国取得成功的最好注脚。身陷困境的梁武帝在痛心之余，也为自己感到些许的自豪。

所以，当侯景攻陷皇城见到梁武帝时，他见到的不是一个可怜的梁武帝，而是威严有加、神圣英武的梁武帝。作为叛军的侯景，突然觉得自己是对梁武帝倡导的忠义的亵渎，于是他按照梁武帝制定的礼仪行了君臣之礼。

梁武帝失去了自己打造了多年的江山，但此时他没有难过，大臣在危难时刻的舍身，让他确认了自己在政治上的成功。

千古身后事，自有人评说。这些身后事，梁武帝无从知道，也不想知道，他只知道自己此前还是成功的，现在终于可以安心修行了。

以前，梁武帝舍身同泰寺，为的是不受打扰地修行，但却不时被大臣打扰；现在他想去的同泰寺没了，然而却在皇宫里，不受打扰地走向了他想去的佛门圣地。

太清三年（549年）五月初二这

梁武帝萧衍修陵石兽

一天,两个月未进食的梁武帝坐化在宫殿里,终年八十六岁。

一代才华横溢的君主,不可逃避地要承担亡国的责任。

作为普通人,高龄是人生的幸事;作为皇帝,耄耋之年仍决断着国家大计,未尝不是国家的悲剧。

梁武帝在处理侯景问题上犯了一系列错误:他先是不顾臣下劝谏,坚持接纳朝三暮四的侯景;接着又中了东魏离间之计,企图出卖侯景换回侄子,最后终于酿成大乱。这一切都与他年事已高,智力和精力都已不胜任有密切关系。

历史是一面镜子,梁武帝曾用这面镜子汲取前朝的教训,取得治国的成就。

时间把梁武帝推向历史深处,他也成了一面镜子,生动地反映着政权之所以兴、之所以亡。

北魏孝文帝改革

北朝文物《力士博龙纹金饰牌》

西晋末年,中华大地上战火纷飞,狼烟四起。

西晋朝廷最终被迫南迁,定都建康,史称东晋。北方中原大地则上演了朝代更迭最为频繁的一幕,十多个民族政权陆续登场,历史从此进入五胡十六国时代。

这段纷扰的岁月持续了一百多年,直到一支来自草原的部落出现,纷争局面才宣告结束,北方建立了中华大地上第一个由少数民族统治的稳固政权,史称北魏。

建立北魏的这支部落就是来自草原的拓跋鲜卑。当粗犷豪放的草原游牧文明遭遇崇尚礼仪的中原农耕文明,自然产生了激烈而痛苦的文化碰撞与融合。经过了一个多世纪的文化激荡，拓跋鲜卑终于深深扎根在这片土地上，但这条民族融合之路走得异常艰辛。

拓跋建国。 在大兴安岭的崇山峻岭之间、松海林涛之中，有一个古老的山洞，名叫嘎仙洞。这里曾是拓跋远祖宗庙所在地。太平真君四年（443年），建都在平城（山西大同）的拓跋焘曾派人前往这里祭祀拓跋祖先。1979年，考古工作者在这个山洞中发现了一千五百多年前刻在石壁上的祭文，从而使那次祭祀的真实性得到了证实。

当拓跋焘派人到大兴安岭嘎仙洞祭祀祖先的时候，拓跋族早就离开了这里，这里早已是人去洞空了。

拓跋族为什么要离开这里？离开以后又经历了怎样的历程？自身发生了怎样翻天覆地的变化？

内蒙古呼伦贝尔市鄂伦春自治旗嘎仙洞

嘎仙洞内北魏太平真君四年（443年）拓跋鲜卑祭祖石刻祝文拓片

敕勒川狩猎壁画，呼和浩特市和林格尔墓葬出土。

内蒙古呼和浩特市和林格尔北魏盛乐城遗址

生活环境决定着生活方式。当拓跋族生活在茂密的原始森林里时，狩猎是他们的主要生活方式。然而，当狩猎这种生活方式不能满足他们的生活需要时，拓跋族毅然决然走出大兴安岭原始森林，去寻找新的生活。

他们沿着大兴安岭西麓向西南方向进发，来到今天内蒙古呼伦湖一带，以后又进一步南下，进入匈奴故地，在茫茫的大草原上逐水草而居，过着游牧生活。

魏甘露三年（258年），三国的历史已经进入尾声，拓跋族二十万人马在首领拓跋力微的带领下，已经到达了定襄之盛乐（今内蒙古和林格尔）。

西晋永嘉四年（310年），拓跋猗卢又在此定都。

北魏登国元年（386年），已经被前秦灭亡的拓跋族的代国，乘淝水之战后北方大乱之机在盛乐重新建国。开国皇帝是拓跋珪。

重建后的代国，不久又改国号魏，史称北魏。天兴元年（398年），北魏把都城从盛乐迁到平城（今山西大同）。初入中原，拓跋鲜卑成功地实施了"一国两制"。胡汉分治，这个创始于十六国时期的治国手段，成功缓解了鲜卑与汉族的矛盾，使这个新兴王朝在这片土地上站住了脚。同时朝廷开始任用汉族官员，北魏形成了由鲜卑贵族和汉族共同执政的政权。中原大地上胡汉杂居的区域不断扩展，仅当时的都城平城地区，在建国短短五十年内就有一百多万汉人迁入。胡风汉俗，相互杂糅，成为北魏王朝普遍存在的现象。

北魏的胡风汉俗，要求国家在民族团结和民族矛盾的天平上时刻保持微妙的平衡。然而，拓跋珪死后，天平开始向民族矛盾方面倾斜。作为征服者，拓跋部将野蛮的烧杀抢掠之风也带进了中原。建国后对被征服地区的掠夺和欺压，屡见不鲜，这也是他

"晋鲜卑归义侯"金印（西晋），内蒙古凉城县小坝子滩出土。

们获得经济收入的主要手段。民族矛盾的集中表现，就是农民起义不断爆发，建国后的几十年时间内，先后达八十多次。

选用汉士与国史之狱。北魏的统治者必须彻底扭转这一政治局面。423年，北魏的第三位皇帝、年仅十七岁的拓跋焘继位，进一步解决胡汉矛盾被迫切地提上了议事日程。

在拓跋焘继位后的第三年，一个宏伟的建筑正在平城的东城外悄然修建，这个建筑既不是拓跋焘为自己修建的宫殿，也不是为某位宠妃修建的殿堂。修建这个建筑的目的是为了供奉一位汉人，他就是儒家思想的创始人——孔子。此后，拓跋焘经常来此祭拜。他还规定在此建立太学，要求鲜卑和汉族贵族的子女必须在此学习儒家经典。拓跋焘希望借助儒家学说，为治国安邦开辟一条新的路径。

儒家学说只能解决治国思想问题，北魏王朝还需要大批熟悉中原文化的大臣。拓跋焘开始大量任用汉族知识分子，他曾一次就征请了数百名汉族士人。虽然鲜卑贵族还时时会纵马关外围场狩猎，但中原地区已经普遍大兴农业，开始屯田垦荒，经济上有了迅猛的发展。拓跋鲜卑在汉化、封建化的道路上正快马加鞭。

经过一系列的汉化改革，北魏王朝出现了相对稳定的局面，国力不断增强。拓跋焘指挥北魏铁骑先后灭掉北燕、北凉，使喧哗纷扰达一百三十余年的北方重归统一，形成了南北朝对峙的局面。

然而，封建化的道路并非一帆风顺。拓跋焘的汉化倾向引起了鲜卑贵族元老的不安，汉族大臣权力的扩张也造成了他们的疑惧，草原文明与农耕文明之争日益激烈，最终酿成了北魏第一大案——"国史之狱"。

编修国史，是汉文化由来已久的传统。拓跋鲜卑进入中原后，以中原文化正统自居，自然希望用国史的形式记录自己辉煌的历程。鲜卑虽然有自己的语言，却没有自己的文字，他们的历史只能依靠口耳相传。用文字记录北魏国史，必定要任用既了解鲜卑历史又效命于朝廷的汉族士人。于是出身汉族第一高门、富有文韬武略的三朝元老崔浩，成了纂修国史的最佳人选。

太延五年（439年），崔浩奉命编修北魏《国书》。自古以来，汉族史家就有不虚美、不隐恶、秉笔直书的良史传统。崔浩历经十年之久搜集资料，尽述拓跋部早期历史，详细赅备而无所隐讳。原本按照拓跋焘要求对鲜卑历史所作的实录，却因为其中记载了拓跋鲜卑早期许多不光彩的历史，招来了众多鲜卑大臣的不满。

北魏创业的历史当中有哪些是让他们不愉快的呢？一定是那些在价值观上、在文化价值上，与后代的北魏统治者接受的那一套中原的价值观所不相一致的地方。

崔浩纂修的《国书》遭到了鲜卑贵族的强烈反对，他们把《国书》看成是汉人对鲜卑人的公然挑衅，甚至是对这个少数民族政权的侮辱。诛杀崔浩及其党羽成为众多鲜卑贵族的共同呼声。

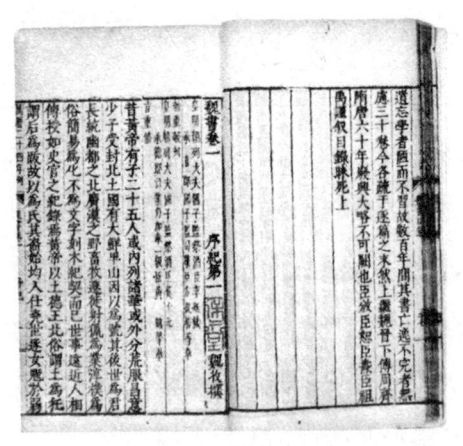

北齐魏收所撰《魏书》书影

太平真君十一年（450年）七月的一天，乌云密布。因为《国书》揭露北魏拓跋族"国之丑恶"，三朝元老崔浩及其家族，以及与崔氏联姻的其他北方望族，被满门抄斩，牵连者多达三百余人。

这就是北魏一朝震动四方的"国史之狱"。在这次打击中，许多北方世家大族几乎遭到灭顶之灾。拓跋焘本想通过撰写《国书》褒扬鲜卑的光辉历史，却最终为了平息鲜卑贵族的怒气，诛杀了汉人四大家族，这反而激化了汉族和鲜卑之间的矛盾。

失去了中原世族的支持，要想在这片土地上长久居住下去，接下来路在何方？此时的拓跋焘犹如一只盘旋在天际的孤鹰，苦苦找寻着方向。为什么他的祖先要踏过茫茫草原来到此地呢？

随着国史之狱后矛盾的激化，拓跋焘的生命也无奈地走到了尽头，由于宫廷政变拓跋焘被太监所杀。如何让拓跋鲜卑融入中原文化，是太武帝拓跋焘的未竟事业，只能等待后人来解决。在接下来的二十多年中，北魏政权一度陷入混乱局面，几任北魏帝王都没有找到答

北魏陶骑马俑，河北景县封氏墓出土。

案，情况反而愈演愈烈，整个王朝甚至到了岌岌可危的边缘。

太和改制。孝文帝登基之后，农民起义仍然不断爆发，汉族出身独揽大权的冯太后，凭借着自己对胡汉双方的了解，最终找到了破解民族矛盾的办法。

孝文帝登基的第十三年，在冯太后的鼎力支持下，一场轰轰烈烈的政治经济改革正式启动，时值北魏太和年间，史称"太和改制"。

孝文帝拓跋宏像

冯太后名义上是孝文帝的祖母，但是实际上并没有血缘关系。因为北魏宫廷有一个"子贵母死"的现象，所以孝文帝亲生的祖母和母亲都很早就死去了。冯太后实际上是一个汉人，她从孝文帝小的时候就注意用汉族的文化来熏陶影响他。

自从北魏开国，拓跋贵族们基本上是通过战争掠夺财富或通过立功获得巨额赏赐，汉族官僚们的物质生活则十分拮据。太和改制的第一项就是恢复中原实行的百官俸禄制，使汉族官僚物质待遇得到提高，使他们与拓跋贵族生活的差距逐渐缩小。

官员的俸禄归根到底来源于农民，农民的衣食之本则为土地。北魏建立后，北方少数民族大量涌入中原，产生了大量流民。

这些流民成了社会最不安定因素，也不利于社会经济的发展。太和九年（485年），孝文帝在冯太后的支持下颁布了均田令，均田令的最根本原则是把国家掌握的无主荒地授给农民。农民以夫妻和耕牛头数授田。

中国社会科学院历史研究所研究员 梁满仓

均田制在北魏孝文帝改革中是个非常重要的内容。战乱后有大量的无主荒地，另外也为了维持国家稳定的财政收入，所以采取这种措施。鲜卑人能够改变自己的生产方式，从游牧变成农耕，均田制在这方面也发挥了非常重要的作用。

世俗服装立像，洛阳永宁寺遗址出土。

泥塑仕女头部残像，洛阳永宁寺遗址出土。

农民有了土地收入，要向国家交纳一定数量的赋税。为了对农业人口实行有效的监管，北魏又实行了三长制：五家立一邻长，五邻立一里长，五里立一党长。三长由乡里威信高的人担任，为国家基层政权组织。孝文帝同时颁布了新的租调制度，农民种地越多赋税越低，大大提高了农民的积极性。新的租调制度使百姓的负担减少为过去的十几分之一。

从草原来到中原，拓跋部族整整用了一百年时间终于深深领悟到，要想长久生活下去，最根本的基础便是脚下的沃土。

北魏明堂始建于太和改制期间。宫殿富丽堂皇，孝文帝曾在此会见群臣、祭祀祖先。

明堂，本是古代汉族帝王宣明教化的重要场所。可以想见，当年的北魏，经过太和改制，经济政治已经极为汉化，也呈现出升平富庶的景象。他们已然成为中原地区的正统。

历时六年的改革，将北魏逐步带入了"太和盛世"。北魏的皇权对农耕文明有了更深入的了解，孝文帝也在冯太后的历练扶持中成长。

迁都洛阳与汉化改革。太和十四年（490年），冯太后去世，二十四岁的孝文帝开始了亲政生涯。现在，是他独自上路的时候了。"生于深宫之中，长于妇人之手"的孝文帝，没有了依恃，也没有了约束。体内流淌着的野性的拓跋皇族血液与汉文化的熏陶，引导他展开了一场狂飙突进的汉化改革。

冯太后去世，孝文帝宣布奉行儒家孝礼，为祖母守孝三年。在历代拓跋君主中从来没有守孝三年的制度，这根本不合鲜卑旧俗。鲜卑贵族无法容忍这种违背祖宗家法、离经叛道的行径，他们对此极力反对。当时的汉族大臣不敢直接站出来支持，因为他们不想再次上演"国史之狱"，不想成为拓跋贵族和汉文化之间博弈的牺牲品。

当时孝文帝有很大的压力，所以他就想了一个办法：他找了三个汉族大臣，让他们提出来反对意见，让这帮反对的拓跋贵族在旁边听，然后展开一场辩论。实际上这三个人都是赞成孝文帝三年守孝制度的，但是，他们表面上又提出了很多反对的理由，实际上他们说的这些理由都是那些拓跋贵族所说的理由，最后被孝文帝一一驳倒。

虽然拓跋鲜卑入主中原之后在制度上有了很大的改进，但和汉族在文化上还存在巨大的差异。是继续保存拓跋氏旧有的文化习惯，还是捐弃旧俗，接受先进文化，在这片土地上获得新生，北魏的统治者必须做出抉择。从小就深受儒家思想影响的孝文帝，在守孝的三年时间里，不停地思考着如何将改革落实到文化层面。

冯太后去世不久，孝文帝就为孔子修建了独立的庙宇，并亲题"文圣尼父"，这在拓跋鲜卑尚属首例。虽然汉族文化早已融入孝文帝的骨髓之中，无奈平城鲜卑旧势力过于强大，孝文帝的改革处处受阻，无法施展拳脚。如何摆脱掣肘，让汉族文化融入这支来自北方的游牧民族呢？

守孝期满后,孝文帝导演了一出迁都的苦肉戏,他做出了一个无论是鲜卑贵族还是汉族大臣们都匪夷所思的决定——攻打南齐,一统天下。

这次孝文帝一改往常的行事方法,并没有像以前那样在朝堂上和大臣们进行分析辩论,他抱着必胜的决心出发了。太和十七年(493年)九月,孝文帝身穿戎服,挥鞭催马,亲率三十万大军,特意命令大部分文武朝臣随军南征。

此时,正值北方多雨季节。一路上秋雨绵绵,道路泥泞,行军艰难。到达洛阳时,已是人困马乏,士气低落,本不想出兵伐齐的大臣们再次出面阻拦。安定王拓跋休、任城王拓跋澄等鲜卑

北朝陶俑,戴突骑帽、披小衫子的北朝官员。

贵族也跪在马前，请求停止进军。孝文帝假意坚持，大怒道："我正要统一天下，你们这些人竟敢阻挠大计！若再多言，军法从事！"众臣惴惴，孝文帝这时才说："不继续南征也行，你们必须答应把国都迁到洛阳。现在你们就要表明态度！"为了不再南征，拓跋贵族们也只有答应迁都。

太和十八年（494年），孝文帝正式迁都洛阳。

从草原深处，来到平城；一百年后，拓跋鲜卑最终来到了中原腹地——洛阳。这里有极为深厚的汉文化底蕴。孝文帝用尽心思来到这里，就是为了摆脱鲜卑旧臣的束缚，这为他后来的强制性汉化改革打下了最有力的基础。

一场汉族仪式的皇家婚礼正在洛阳的皇宫中举行。婚礼的主角是孝文帝和北方汉族卢氏之女。孝文帝迁都之后，一改早期鲜卑的婚俗，带头和汉族高门通婚。至此，孝文帝的汉化改革正式拉开序幕。

在颁布婚禁诏令的同时，孝文帝规定汉语为官方语言，禁止三十岁以下的年轻官员在朝堂上讲鲜卑语，皇宫里的拓跋皇室也一律学汉语、说汉话。

除此之外，一百多个鲜卑族姓也统统改为汉姓，拓跋皇室改姓为元，从此，孝文帝拓跋宏成为元宏。

就在孝文帝迁都后的第二年，他率领群臣离开洛阳，去祭拜一位他敬仰已久的汉人，队伍来到了当时的鲁城，也就是今天的山东曲阜，他要祭拜的不是别人，正是儒家思想的创立者——孔子。

迁都以后，孝文帝已经进入中原内地了，他到曲阜去就有条件了，他可以亲自到他向往已久的圣人故里了。这当然表明了一种姿态：我就是要用孔子的学说来做国家的基本意识形态，来做国家的指导思想。

迁都之后，孝文帝为了防止鲜卑贵族们再回平城，他颁布了一道法令，把迁到洛阳的鲜卑人籍贯改为河南郡洛阳县，死后安葬洛阳，不得迁回平城。孝文帝还给自己在洛阳附近的邙山，即今河南孟津官庄村亲自选了墓地，命名为长陵。邙山埋葬着孝文帝之后的北魏皇帝和迁来洛阳的鲜卑大臣。

如今在孝文帝陵墓的周围散落着无数村庄，生活在这里的人们，已经分不出谁是鲜卑人，谁是汉人了。

《北魏孝文帝礼佛图》

表面看来，孝文帝的改革，使拓跋族失去了自己的语言，改变了自己的民族传统习惯，丧失了自己的民族特征，但作为部落首领，他完成了祖先的遗愿，使整个拓跋鲜卑彻底融入华夏文明之中，实现了中国历史上又一次民族大融合。正是有了这样一次次民族大融合，才使华夏民族的发展犹如滔滔江水奔流不息。

北周武帝

北周武帝像

西魏文帝大统九年（543年），随着一阵婴儿的啼哭声，西魏大将军宇文泰又添了一个儿子。这是他第四个儿子，取名宇文邕。

宇文邕"幼而孝敬，聪敏有器质"，在所有兄弟中，最受父亲宇文泰钟爱。宇文泰常说："成吾志者，必此儿也。"

宇文邕果然是其父志愿的实现者。宇文泰的志向是什么？宇文邕是怎样实现其父志向愿望的呢？

东西魏的对峙。北魏永熙三年（534年），北魏最后一个皇帝魏孝武帝元脩，忍受不了权臣高欢的控制，轻装简从，离开洛阳,来到长安,关中成为魏朝的正朔所在。

高欢不愿丢掉魏朝正朔,在洛阳另立元善见,就是魏孝静帝。

两个朝廷,一东一西,史称东魏西魏。

两个皇帝,两个傀儡,实际掌权者分别是高欢和宇文泰。

北齐天保元年(550年),高欢的儿子高洋取代东魏称帝,建立北齐。宇文泰率军讨伐高洋。西魏军从三门峡北渡黄河,到达绛县附近。高洋闻听西魏来伐,亲自率军在晋阳城东屯驻,准备迎敌。宇文泰听说东魏军阵容强大,感慨地说:"高欢不死矣",便不战而退。

今天流淌于山陕交界的一段黄河,也曾经是东西魏之间的界河。每到严冬河面结冰时,守在河边的西魏军总要把自己一边的河冰凿开,以防东魏军利用坚冰过河。

不战而退,通常是弱者采取的策略。戳向冰面的冰凿,凿出的是弱者的防御态势。

北齐《鞍马出行图》,山西太原北齐墓壁画。

敦煌壁画《作战图》

西魏的富国与强兵。强与弱的关系并非一成不变。北周武帝即位后,依然是严冬冰河,依然是凿冰冲冲,但位置已变成北齐一方,凿冰者已变成北齐士兵了。

北周武帝不是神仙,北周不可能因为他的即位便由弱转强。这样的变化要追溯到他的父亲宇文泰。

六镇,这道昔日阻挡北方柔然的军事屏障,在北魏末期,由于地位的不断下降,像六座愤恨的火山,终于以起义的形式喷发了。六镇鲜卑或被起义裹挟,或被朝廷征召,如溢出的岩浆一般,漫延到河北、山东、关陇地区。

出身武川镇的鲜卑人宇文泰,先参加义军,后被朝廷收编,迁到晋阳,继而又被派到关中镇压那里的起义军。与宇文泰一起到关中的一大批鲜卑人都来自武川镇,当高欢势力崛起于洛阳时,宇文泰也已经成为关中武川鲜卑人的首领了。

东、西魏对比

国名	国力	人口	军队
东魏	地广国富	两千万以上	二十万以上
西魏	地狭国贫	不足千万	三万余人

国力弱小的西魏，在其初期不得不迎击强大东魏的一次次征讨，虽然没让东魏占到太多便宜，但自己也在慢慢地赔着老本。

恶劣的环境，严峻的形势，对宇文泰来说，既是意志品格的砥砺，也是政治智慧的考验。宇文泰有足够的政治智慧应付这一切吗？

武定元年（西魏大统九年，543年），东魏北豫州刺史高慎据虎牢降西魏。宇文泰亲率大军前去接应。与此同时，东魏主高欢也率十万大军赶到黄河北岸。为了阻止东魏军过河，宇文泰从黄河上游放满载燃料的火船顺流而下，企图烧毁架在黄河上的浮桥。东魏军则事先准备好长铁锁链，待火船快到时将其钩住，拉向岸边，使浮桥完好无损。东魏军顺利渡过黄河，在邙山脚下布阵；西魏军向邙山推进，两军在此进行大战。东魏军大胜，宇文泰六七年辛苦经营起来的十万大军，损失了一多半。

由于进入关中地区的鲜卑人不多，纯粹依靠鲜卑人来补充军队显然不现实。宇文泰同时从汉人中间征收兵员，征募汉族豪强地主武装，以后又进一步招募均田农民入伍，西魏军队中汉族士兵的比重逐渐增加。

北齐徐显秀墓壁画

宇文泰采取鲜卑八部的形式，建立了一套军队统辖系统。宇文泰、元欣、赵贵、李虎、李弼、于谨、独孤信、侯莫陈崇为八个柱国大将军。其中宇文泰为都督中外诸军事，是军队的最高统帅。元欣因为是西魏宗室，柱国大将军仅为虚名。余下六位统率六军，每个柱国大将军下有两个大将军，共十二大将军；每个大将军下有两个开府，共二十四开府；每个开府下有两个仪同，共四十八仪同。一个仪同领兵约千人，一个开府领兵两千，一个大将军领兵四千，一个柱国大将军领兵八千，六柱国合计有兵四万八千人左右，这支军队，就是历史上所说的府兵。

2000年，在山西太原东郊王家峰北齐徐显秀的墓中，发现了一幅当时的壁画。画中的武士们一个个腰系革带，足蹬长靴，服装为小袖大开领，典型的北朝鲜卑打扮。

如果说东魏军队的装束具有许多鲜卑特征，那么从形式上看，西魏的府兵制则有过之而无不及。

西魏的府兵形式上采取鲜卑旧日的八部制，军队将领不仅鲜卑人恢复了昔日的鲜卑姓，就是汉人也被赐以鲜卑姓：李虎赐姓大野氏，李弼赐姓徒何氏，赵贵赐姓乙佛氏，杨忠赐姓普六茹氏。所统领的士兵皆以他们主将的鲜卑姓氏为自己的姓氏。

西魏的府兵制，被一道人为的血缘纽带和宗族色彩所包裹，尽管这血缘和宗族不是真正意义上的，但它让六镇鲜卑人觉得自己的身份提高了，地位改变了；它让汉人将领有了被当权者信任和依靠的感觉，从而加强了胡汉结合的紧密程度。

宇文泰的强国措施不仅是府兵制一项，而是包括了政治、经济、思想、文化各个方面的制度。政治上实行以德治教化为主、法治为辅的统治原则；经济上实行均田制，提高了服役年龄，缩短了服役时间；思想文化上推行儒家学说。通过这些措施，西魏的国力迅速增强。

北周武帝的武功与文治。宇文护，宇文泰的侄子，自幼随宇文泰征战，深受宇文泰的赏识。宇文泰死前，遗命宇文护辅佐十六岁的儿子完成帝业。

不到两个月，宇文护就把宇文泰的儿子宇文觉扶上帝位，代替西魏建立了北周。

鲜卑武士像

宇文护任北周宰相，专权跋扈，引起了新皇帝宇文觉及一些功臣的不满。宇文护则采取了镇压政策，他杀掉了宇文觉，处死了柱国大将军赵贵，逼死了另一个柱国大将军独孤信，另立宇文泰的长子宇文毓为帝。

然而宇文毓也不是俯首听命之辈，宇文护渐渐感到自己的地位受到威胁，终于在两年多以后毒死了宇文毓，另立宇文泰的四子宇文邕为帝,这就是北周武帝。

短短的三四年之间,宇文护为了专权,先后杀了两个皇帝和一批旧时功臣,北周政局陷入动荡不安之中。

据史书记载,宇文泰死后,北周府兵二十四军皆由宇文护指挥,所有调动,必须有宇文护手书。宇文护府邸的禁卫,规模比皇帝还盛大。国家事无巨细,全都先由宇文护决断,然后报告皇帝。

与两个哥哥截然不同,武帝宇文邕对这一切欣然接受。不但如此,他还下令仿照西周尊崇周公的先例,在宇文护封国建立皇祖别庙,由宇文护主持祭祀。

没有了皇帝被杀,没有了权力冲突,平和的气氛笼罩着长安城,笼罩着城内的皇宫。

然而,平和的背后却酝酿着一场事关北周前途的殊死斗争。

史书记载,宇文护不识大体,自恃建国家、立皇帝之功,大权在握。凡所委任,全都不堪其职。而且诸子贪残,僚属纵逸,倚仗宇文护的威势,蠹政害民。长此下去,必定断送北周的前途。

建德元年(572年)三月十八日,宇文护例行从封国进京拜谒皇太后。皇太后叱奴氏,是武帝宇文邕的生母。宇文护每次拜见太后,太后总是让他坐下,而让武帝站在一旁。

拜见皇太后之前,武帝先在文安殿接见宇文护,对他说:

"太后年纪大了,却喜好饮酒,酒后喜怒反常。我虽然屡次劝谏,却没有效果。希望兄朝拜时能劝谏太后。"又拿出亲自抄写的周成王所作的《酒诰》对他说:"见太后时给她读一读这个。"

兄弟二人走进含仁殿拜见太后,正当宇文护坐在皇太后身旁给她读《酒诰》的时候,站在他身后的宇文邕用手中的玉圭照着他的头部狠狠砸下,宇文护当场倒地。事先埋伏的武帝亲信冲出,将宇文护的头颅割下。

宇文护专权的时代随着他生命的结束而结束了。武帝亲政,掀开了北周历史新的一页。

武帝亲政的头一年,北周发生严重的蝗灾,加上连年用兵,征发徭役,造成百姓逃亡,土地荒芜。

百姓安宁,政局则平静;与民休息,天下则安定。周武帝深知这个道理,亲政伊始,所下的第一个诏书便是"自今正调以外,无妄征发"。

1944年4月,当人们修建洛惠渠时,在今天陕西大荔城西北的义井村,挖出了古代修建渠道的工具,经考证为汉武帝时所开凿龙首渠的遗迹。

北周武帝亲政后,在蒲州(今山西永济)开河渠,在同州(今陕西大荔)"开龙首渠,以广灌溉",使关中地区成为北周的粮仓。

水利是农业的命脉,劳动力则是农业生产的根本。为了把大量的劳动力引进农业生产领域,北周武帝实行了释放奴婢、杂户的措施。自保定五年至建德六年(565—577年),先后五次发布释放奴婢的诏令,几十万口的奴婢、杂户有的就地为民,有的成为主人的部曲,有的听任还乡。

奴婢变成自由民,提高了劳动生产积极性,增加了社会劳动力,扩大了封建生产关系,可以说是一次政治、经济领域的革命。

分裂、战乱、旱涝、瘟疫……一个个天灾人祸纷纷降临在百姓头上。当他们觉得不堪忍受时,便纷纷遁入空门,向来世寻求精神上的慰藉。

佛教在北朝的发展速度更是惊人,到北周、北齐时,寺院已有四万余所,僧尼达三百多万人。

寺院既是宗教场所,又是经济组织,占有大量的土地和劳动人手。他们既不向政府缴纳租调,也不承担国家的徭役。这就意

北齐菩萨头像,山西太原龙山童子寺遗址出土。

北齐力士头像,山西太原龙山童子寺遗址出土。

味着，僧尼人口越多，朝廷的财政收入就越少。

急于发展经济的北周武帝当然不能容忍这种情况，于是，一场大规模的灭佛运动展开了。

灭佛的范围从关中扩展到整个北方，层面由经济扩展到文化。周武帝指责佛教不敬父母，通过灭佛来推崇孝道，这绝不是借口。周武帝在位时非常重视文化习俗层面的建设和改革。

中国自古重婚姻，认为婚姻乃人道之始。传统婚姻重伦理，而鲜卑婚俗则常显出与伦理不合之处。

北魏清河王元怿是孝文帝之子，是宣武帝元恪的弟弟。宣武帝死后，元怿竟与宣武皇后通奸。

安定王元燮是景穆帝的孙子，北海王元详是景穆帝的曾孙，论辈分，元燮是元详的从父，但作为侄子的元详，却与元燮的妃子高氏通奸。在西魏、北周之前，拓跋鲜卑不计辈分的乱婚，已经乱到了冲击一般封建伦理纲常的地步，两性间的关系已经乱到弟奸嫂、侄烝婶的程度。

从宇文泰开始，就对婚俗进行了改革。西魏大统九年（543年）正月，诏"禁中外及从母兄弟姊妹为婚"。中外，指姑之子女与舅之子女；从母即姨母。按照这个规定，姑之子娶舅女、舅之子娶姑女以及和同姓姐妹的后代结婚，都在被禁止之列。中外及从母兄弟姊妹不婚是对姑舅亲、姨表亲等近血缘婚姻的限制。

武帝建德六年（577年）六月下诏："自今以后，悉不得娶母同姓，以为妻妾。其已定未成者，即令改聘。"与母同姓便不能娶，其中自然包括不许子烝母、外甥娶姨等逆缘的性关系和婚姻。

西魏、北周的婚俗改革，在民族习俗方面，模糊了鲜卑、汉族之间的界线，使其政权获得了汉族关陇大族以及其他著姓的支持。

周武帝十分重视儒家文化教育。他听说后梁沈重"学冠儒宗"，便亲自给他写信，并派人前去邀请他到长安讲学。

他还下诏规定，诸贵族子弟入学，先要给老师送礼物，学成之后，还要举行祭奠孔子的仪式。

周武帝十分重视礼制的建设，说礼可以使人"在上不骄，处满不溢，富贵所以长守，邦国于焉又安"。

他还下诏要求表彰孝子的行为，通过表彰孝子达到提倡儒家道德、改变社会风气的目的。

军事武装是国家安全的保障，军队是统一天下的工具。在三方鼎立的形势中寻求自强自立，追求天下统一的北周武帝，自然不会轻视军队的建设。

在其父宇文泰府兵制的基础上，周武帝又采取了一些措施，有效地提高了军队的战斗力。

周武帝亲政的第二年，下令"改军士为侍官，募百姓充之，除其县籍"。

改军士为侍官，使士兵成了皇帝的侍卫，军士的地位有了提高，自然会踊跃从军，勇敢作战。

募百姓为兵，即把府兵的来源扩大到所有国民，"是后夏人（汉族）半为兵矣"，军队的阶级成分和民族成分进一步发生变化。

除其县籍,就是从军者另立军籍,以作为免除徭役的依据。

为了提高军队的军事素质,周武帝还经常举行各种形式的军事活动。有时是集合各级将领教以战阵之法,有时是亲率六军讲武于城郊。练兵阅武的时候,他总是身体力行,和将士们一起翻山越谷,履涉艰辛。

《历代画像传》中的齐后主高纬

北周的灭齐之战。 西边日出东边雨。与北周形成鲜明对照,北齐却是日益衰落。

与北周武帝即位同时,北齐武成帝高湛也登上了帝位。高湛的昏庸在历史上是有名的,他不理朝政,重用奸佞,终日沉湎于酒色,生活淫乱。

他的儿子齐后主即位后,更为昏暴,杀人如儿戏,又大修宫苑,苦役百姓。整个北齐民穷财尽,阖境嗷然。

北齐还推行反汉化政策,滥杀中华朝士,辱骂汉人为"贱汉",民族矛盾日益激化。

建德四年(575年)七月,北周武帝发布了伐齐诏书:"今白藏在辰,凉风戒节,厉兵诘暴,时事惟宜。朕当亲御六师,龚行天罚。庶凭祖宗之灵,潜资将士之力,风驰九有,电扫八纮。可分命众军,指期进发。"

十七万北周大军在武帝的指挥下,直指北齐洛阳。经数月鏖

唐阎立本《北齐校书图》。北齐天保七年（556年），文宣帝高洋命樊逊、高乾和等十一人共同校勘国家收藏的五经诸史。

战，仍没有攻克。在这关键时刻，统帅武帝生病，北周军队只好撤兵。

第一次伐齐虽然没有取得预期的效果，但通过这次军事行动，北周获得了经验和教训，也进一步探明了北齐的虚实，看到北齐的军事调动没有章法，如同儿戏，了解到北齐朝政昏乱，政由群小，百姓嗷然，朝不保夕。这使周武帝更加坚定了灭齐的决心。

建德五年（576年）十一月，武帝第二次发布伐齐诏书："伪齐违信背约，恶稔祸盈，是以亲总六师，问罪汾、晋。兵威所及，莫不摧殄，贼众危惶，乌栖自固。暨元戎反旆，方来聚结，游魂境首，尚敢趑趄。朕今更率诸军，应机除剪。"

此次出兵攻击的目标为晋州（今山西临汾）。晋州地处晋阳、洛阳之间，将洛阳与晋阳南北连成一线。周军的战略部署是：先攻击晋州，扼其咽喉，等齐军来救，再集大军一举消灭来援的敌之主力，然后乘胜东进，直捣北齐京都邺城。

北周十月四日出兵，二十七日攻占平阳。为了吸引北齐主力，在攻占平阳以后，周武帝留下梁士彦率一万精兵镇守，自己率主力撤回长安。北齐后主高纬果然率主力攻打平阳，而周武帝仅在长安停留三天，又率主力东返，在平阳城下与齐军主力展开决战，齐后主兵败逃回晋阳。北周军乘胜追击，十二月十三日追到晋阳。齐后主以高延宗为相国，主管晋阳防务，自己则逃至邺城。十七日，北周军攻破晋阳，生擒高延宗。二十九日，周武帝亲率大军进攻邺城，齐后主让位于八岁的皇太子高恒，自己做太上皇，做好了出逃的准备。从正月初三到正月初九，北齐太皇太后、太上皇后以及幼主高恒先后逃往济州（今山东茌平西南）。正月十八日，北周军队进攻邺城，齐军出战大败，后主也逃往济州。北周军逼近济州，镇守济州城北碻磝关的北齐将领高阿那肱投降，北齐后主南逃，中途被俘。建德六年（577年）二月，北周平定了北齐全境，统一了北方。

武帝所领导的北周，是一个经过又一番胡汉融合过程而产生的具有勃勃生机的政权。这个政权既有塞外游牧民族的豪放，又有中原农业民族的精细；既有塞外金甲铁骑的骁勇，又有中原运筹帷幄的睿智；既有兵强粮足的物质基础，又有传统文化的精神支撑。

北周武帝是有雄才大略的君主，他的志向是北平突厥，南定江南，一二年间，必使天下一统。

他有实现志向的能力和素质。

他生活简朴，身穿布袍，睡盖布被，没有金玉饰品；宫殿为土阶数尺，没有斗拱，没有雕文刻镂；后宫嫔妃，不过十余人。

他爱兵如子，见到有士兵光脚行军，便脱下自己的靴子赐给他。巡视部队时，能叫出主帅姓名，使将士感见知之恩。

他身先士卒，每至征伐之时，总是亲自上阵。性又果决，能断大事。

他与将士同甘共苦。平齐战争开始时，臣下请求为他换一匹好马，他拒绝说："为什么要我独乘良马？"

历史给了他统一天下的机会，然而上天并没有给他足够的时间。578年，他率军北伐，途中便感不适，回到京城后病故，年仅三十六岁。

华夏河山的重新统一，因为他的去世向后推了九年。

陈朝兴亡

陈武帝陈霸先像

魏晋南北朝近四百年的历史,演绎了数十幕王朝更迭的悲喜剧。由陈霸先建立的陈朝,是这一系列悲喜剧中的一幕。

这一幕的开启,对南朝民族及社会阶级的变动具有标志性意义。这一幕的落下,则标志着一个时代的结束。

无论是国土面积还是国力,陈朝都是南朝中最弱小的一个。这样一个王朝的兴亡,为什么会有如此特殊的意义呢?

出身寒门的英雄。有一个江南小镇,魏晋南北朝时期,这里曾居住着大量的蛮族,属于南方的土著居民,被称为"五溪蛮"。在五溪蛮的后裔中,有一位贫穷的少年,他有一个霸气的名字,陈霸先。

这位未来的英雄,出身于垄亩之中。因为家贫,陈霸先早年以捕鱼为业。后来做了村官,在乡里任过里正。闲暇时节,陈霸先喜欢涉猎史籍,好读兵书,苦练武艺。

不久,陈霸先来到都城建康,管理油库;因为聪明伶俐,被升为梁朝皇室宗亲——新喻侯萧映的传令官。村官、油库吏与传令官,这些都属于极低下的职位,说明陈霸先出身于一个典型的寒门家族。

虽然出身寒微,地位卑下,但他晓习吏事,勤于工作,因而深受萧映喜爱。萧映调任广州刺史,将陈霸先也一道带上,并引

唐人绘《高逸图》

入幕僚担任中直兵参军,受命"招集士马",成为主管军队的官员,这是陈霸先命运的重要转折点。此时,陈霸先正是三十多岁的壮年时期。

然而,陈霸先要想真正上位,还必须突破一重无形的障碍,那就是魏晋以来的门阀制度。门阀制度壁垒森严,豪门大户盘根错节,所谓"世胄蹑高位,英俊沉下僚",寒门很难有出头之日。

南京大学历史系教授 胡阿祥

六朝时代,是中国很讲究门第的时代,梁启超甚至说六朝是中国唯一的贵族时代,有了好的出身,可以平流进取、位至公卿。在这种氛围之下,出身于寒族的、地位很低的人,是很难出人头地的。可是,陈霸先为什么能脱颖而出呢?这与侯景之乱的历史背景有关。侯景之乱对江南地区造成的打击非常大,不仅仅是经济上的破坏,而且东晋以来迁到江南一带的很多世家大族,基本上都被毁灭掉了。

侯景之乱让整个南方世族遭受了灭顶之灾,旧时王谢堂前燕,飞入寻常百姓家。陈霸先就是在这样的背景下,掌握了岭南的军事指挥权,其军事才华也有机会得以展现。此后,他相继讨平广州杜僧明、交州李贲之反叛,官至西江督护、高要太守。陈霸先这段经历,有两个特点:第一,其仕途是从极低下的职位开始的;第二,其每次升迁皆为展示军事才能所致,可谓因军功起家。

讨平侯景之乱。陈霸先的真正崛起，就是在平定侯景叛乱中。面对着满纸残山剩水，新任广州刺史元景仲竟然与侯景勾结，陈霸先激于义愤讨杀元景仲。此后，陈霸先率领三千广东地方兵团，挥师北上，出师勤王，讨伐侯景。其间，他遣使江陵，投到湘东王萧绎，也就是后来的梁元帝门下，使北伐具有了合法性。也是从这个时候起，寒门出身的陈霸先开始展翅高飞。在侯景之乱后，活跃在梁朝政治舞台上的有两大权臣，一个是出身寒门的陈霸先，另一个就是北方世族的代言人——太原王氏王僧辩。

在结成政治同盟之后，陈、王联军势如破竹，不久就攻破建康，剿灭了侯景的叛军。

侯景之乱平定后，湘东王萧绎在江陵称帝，是为梁元帝。元帝登基后，照例论功行赏。平定侯景之乱，以陈霸先之功居多，梁元帝仅封陈霸先为司空，领扬州刺史，镇京口；而将王僧辩封为太尉，镇建康。军功卓著的陈霸先虽然已经享有三公之誉，但其实依然被排斥在权力核心之外。

从陈霸先的安置问题上可以看出，以元帝为首的梁朝世族对寒门出身的陈霸先充满戒心。传统世族对于寒族，有着天然的出自血液里的不屑和戒备。

王僧辩出身北方世族太原王氏，一直追随梁元帝萧绎，属于西部荆雍集团的核心人物，自然是股肱之臣；陈霸先虽然军功卓著，但毕竟出身寒门，而且跟随陈霸先的将领，除个别大族子弟外，大多为江浙、岭南一带的寒门与庶族。两者出身不同，导致了政治地位的悬殊。

史书上说王僧辩是太原祁人，但据史家考证，他不是太原王氏，而是乌丸人。虽然如此，但王僧辩的行为主张的确代表着世家大族的利益，因此，陈霸先与王僧辩的关系，具有寒门庶族与世家大族斗争的性质。

不同的政治地位，决定了二人政治待遇迥异。陈霸先所镇守的京口，地处抗齐前线。这种军事布置，无疑对陈霸先极为不利。而且，以王僧辩为代表的荆雍集团，还试图对陈霸先的势力形成包围。双方剑拔弩张，冲突一触即发，昔日的政治联盟开始出现裂痕。梁朝最大的矛盾，其实不仅在萧墙之内，更在国境之外。两个在北方虎视眈眈的鲜卑强国——北齐和西魏，借助侯景之乱，夺取了梁朝的大片土地，甚至梁朝一向赖以凭借的长江天险，也有近一半落到北方两国的手里，南朝梁政权此时已经危如累卵。

中国文化史上的浩劫——江陵焚书。湖北省荆州市是当年梁元帝称帝的江陵，一千五百多年前，就在这个地方，上演了中国历史上著名的江陵焚书。梁元帝承圣三年（554年），在侯景之乱平定三年后，西魏大军突袭江陵，梁元帝身陷重围。一千五百多年前，江陵是整个中国藏书最多的地方，鼎盛时期，古籍藏书就达到十四万册之多，然而现在，浩瀚书海已荡然无存。

湖北省荆州图书馆馆长 欧阳军

这是文化史上的一次浩劫，梁元帝把十四万卷藏书毁于一旦。他焚的这些书都是非常珍贵的图书。从梁元帝的内心来讲，他也不希望把这些书毁掉。有的人在死的时候，会把一些最珍贵的东西，随着自己一块焚掉，感觉好像是对文化的一种捍卫，他就是这样的一种心态。

在江陵陷落之前，梁元帝萧绎烧毁了历年精心收藏的十四万卷图书，他要用这些书为自己殉葬，自谓"文武之道，尽今夜矣"，史称"江陵焚书"。这是中国文化史上空前的浩劫。从数量上来说，梁元帝毁灭了传世书籍的一半；从质量上说，他所毁的是历代积累起来的精华。在印刷术还没有普及的情况下，大量书籍只以稿本或抄本传世，无数杰出学者的毕生心血、千百年的学术文化结晶，就这样毁于一旦。梁元帝兵败被俘，被问及焚书原因时辩解道："读书万卷，犹有今日，故焚之。"随着江陵焚书，南朝梁王朝也随即灰飞烟灭，梁元帝至死也不知道亡国的真正原因。

与北齐的殊死之战。江陵城破后，挽救梁朝危亡的重任落在了陈霸先与王僧辩二人的肩上。身为梁朝重臣，王、陈当然不肯听命于北方强权，他们决定迎立梁元帝第九子，时年十三岁的萧方智为帝。与此同时，攻陷江陵的西魏扶持梁元帝的侄子萧詧为帝，建立了一个听命于西魏的傀儡后梁政权。而此时的北齐，也想在江南培植一个政治代理人。他们选中了梁武帝的侄子，被北齐俘虏八年之久的萧渊明。北齐随即陈兵江北，意图迫使梁朝就范。

随着矛盾的升级，形势越发混乱起来。这是南朝梁历史上最为诡异的时刻，在促狭的梁朝国土上，竟然出现了三个皇帝。三个皇帝背后代表了三股势力，其中，北齐的军事力量较为强大，此后，在安徽巢湖，北齐大败王僧辩，并逼迫王僧辩答应让有北齐背景的萧渊明在建康称帝的要求。

原本就摇摇欲坠的政治联盟，因为王僧辩的变节背叛，终于分崩离析。梁敬帝绍泰元年（555年），陈霸先从京口举兵偷袭建康，杀死王僧辩父子，重新立萧方智为梁敬帝，自己都督中外诸军事。

看到辛苦扶植起来的代理人须臾之间就被推翻，北齐政府岂能坐视不管。一场决定南方命运的战争即将展开。

刚刚进入建康的陈霸先此时面临着兵出岭南后最严峻的考验：北齐为了侵占南朝，组织了十万大军，挥师南下。

江南的梅雨，遮天蔽日，连绵不绝，齐军官兵都是北方人，不适应南方的阴雨天气，在久攻不下之后，士气开始低落，而陈霸先要等的就是这一刻。

六月十一日，天气转晴，决战的时刻来临了。

陈霸先希望将士们可以饱餐一顿，然而被围困数月的建康城，粮草匮乏，就在此时，陈霸先侄子陈蒨及时送来三千斛米、一千只鸭子。陈霸先大喜，立即命人煮饭烹鸭，又从玄武湖中割

陈朝兴亡 | 423

来许多荷叶,以荷叶裹饭,配上几块香喷喷的鸭肉。这就是南京城著名的荷叶饭的来历。

将士们大快朵颐,吃得痛快淋漓,士气大振,一举歼灭了齐军主力。退至江北的齐军,十万人马只剩下两三万。北齐至此衰落,丧失了南侵的实力。陈霸先终于击败了最强大的对手。

陈霸先将北齐势力赶出长江以南之后,其功业已经超过萧道成和萧衍,萧梁政权自然非转让给他不可。他打下江山,也准备坐江山了。陈永定元年（557年）,五十四岁的陈霸先迫使萧方智将帝位禅让给自己,建立了陈朝,定都建康,是为陈武帝。自此,寒族全面上位。

平民化的开国皇帝。年少之时,陈霸先便离开家乡,三十多年后,这位寒门之子登基称帝,走上了他人生的最高峰。成为一国之君后,陈武帝依然保持寒门本色,更提出了"务在廉平"的施政治国理念,突出表达了寒门庶族阶级的政治诉求及其政治主张,这和南朝世族追求奢靡淫侈之风形成了鲜明的对照。

梁朝将相大臣共有一百二十七人,其中高门世族一百零九人,约占总人数的百分之八十五;庶民地主十九人,约占总人数的百分之十五。

陈朝最高统治集团共有七十七人,高门世族二十九人,约占总人数的百分之三十八;庶民地主四十八人,约占总人数的百分之六十二。在这七十七人中,属于北方籍的二十三人,约占总人数的百分之三十；属于南方籍的五十四人，约占总人数的百分之七十。

这个变化，正好反映了陈朝世族的衰落和南方豪帅的勃兴。

作为开国之君，陈武帝意志顽强，作风朴实。在执政期间，他一改皇宫里的奢华，率先垂范，以身作则，倡导俭以养德之风，反对奢靡浪费。陈武帝"以俭素自率，常膳不过数品，私飨曲宴，皆瓦器蚌盘，肴核庶羞，裁令充足而已，不为虚费"。即使后来江南经济复苏，宫中依然"衣不重彩，饰无金翠，歌钟女乐，不列于前"。

陈武帝高度平民化的生活作风，影响到整个社会风气和官场风气。受他影响，陈朝初年政治清明，官员大多廉洁守法。山阴孔奂任晋陵太守时，不接受富人赠送的衣、被，并留下一句名言："太守身居美禄，何为不能办此？但民有未周，不容独享温饱耳。""民有未周"就不忍独享温饱，是典型的寒族平民政治家情怀。那个时期，陈朝上下，为政宽简，民力得以恢复，江南一度破碎的山河，生机初现。

被后人称为江左贤帝的陈霸先，并不是在四方平定、八面颂歌时称帝的，当时整个南方政权都处于危难之中，政局的动荡让富庶的江南一度生灵涂炭。历史选择了出身寒族的陈霸先，他从一个村官成长为将军，受命于危难之际，攘臂于无望之时，最后黄袍加身，收拾起残破的山河，使江南免遭更为残酷的战火，同时，几乎以一己之力保护了南方华夏的正朔文化。

如果形势就这么发展下去，陈朝是有可能在放下弓箭、专注积蓄国力的基础上，变得更为强盛的。可是，历史总是被无数的偶然事件改变了走向。

永定三年（559年）六月，在位仅仅二十一个月的陈武帝在建康城中猝然长逝。

有一种说法称，陈武帝死后就葬在今南京市江宁区的万安陵。在虎踞龙盘的六朝古都，万安陵甚至是一个连当地人都不熟悉的景点，这里只留下两只孤零零的石兽，陈武帝创建的王朝早已成为过往云烟。但一千五百多年前，那个南朝历史上疆土最小、国力最为孱弱的陈朝，却顽强地守住了中国经济和文化最繁荣的地区，为此后隋唐大一统留下了极为丰厚的遗产。

陈朝的文宣之治。陈霸先打下的江山，百废待兴。他登基不到两年，就赍志而殁，留下了无尽的遗憾。由于陈霸先的儿子不在身边，所以由其侄子陈蒨继位，是为陈文帝。

陈文帝像

陈文帝是南朝少有的有为之君，他曾追随武帝南征北战，对王朝的未来充满忧患意识。他在位期间，先后平定湘郢王琳、临川周迪、建安陈宝应等地的叛乱，继而封锁巴丘，阻止了北周顺江东进。同时，他整顿吏治，注重农桑，兴修水利。陈文帝在位期间，陈朝政治清明，社会经济得到了一定发展，国势开始强盛。

随着陈朝的稳定与强盛，北周开始与陈朝修好，陈朝派遣使者周弘正尚书来到长安，迎回陈文帝的弟弟陈顼，也就是后来的陈宣帝。多年的囚禁经历，令陈顼对国破家亡有着切肤之痛，登上帝位以后，对王朝兴衰充满危机感和使命感的陈宣帝便立志北伐，开疆拓土。

从战略形势来看，南朝长时间占据的淮南江北被北齐掠取，而陈朝西南的荆州、巴蜀又被北周夺得。没有战略纵深，成为陈朝国防最大的弱点。

太建五年（573年），陈朝的十万大军渡过长江征伐北齐。北伐军风行电扫，几乎没有遇到像样的抵抗便将淮南的大片土地重新收复。但形势大好的时候，陈宣帝却突然命令部队停止北伐。

陈宣帝没有乘胜而上，一方面是因为当时陈朝国力孱弱，北伐透支了这个刚刚恢复生机的王朝；另一方面，趁着北齐、陈朝互相牵制之时，北周开始了破冰之旅，一举歼灭了已经被陈朝军队击垮的北齐。太建九年（北周建德六年，577年），北周统一了北方。

北方的统一，使得南北形势完全改观，原本鼎足而立的局面不复存在。北周的统一北方，使陈朝面临一个更加强大的对手，而在第一次北伐中已经透支国力的陈朝，却不甘心坐视北方日盛，未能判明形势的陈宣帝，在这个时候发动了第二次北伐。只是这一次，陈宣帝遭受了重大的打击，徐州之战几乎使陈军全军覆没。

南京大学历史系教授 胡阿祥

当时北方无论是人口、经济规模还是军队的战斗力等都胜过南方，而且在冷兵器作战的年代，自然条件是很重要的。在地势上，北高南低，南方的北伐，往往要走水路，水是从北方往南方流的，走水路就得逆水而上。如果北方把水口扎住的话，水就没了，南方的船就上不去了，所以南方的北伐是很难克服自然环境制约的。

太建十四年（582年），充满忧患意识，志在荡清四海、包吞八荒的陈宣帝，在再三叮嘱后人"成由勤俭败由奢"之后，撒手

陈宣帝像

西去。陈王朝在建立二十五年之后，传到了陈叔宝手中，陈叔宝就是著名的陈后主。

文采风流、不识艰难的陈后主。"映日花光动，迎风香气来。佳人早插髻，试立且徘徊。"这是陈后主所作的《梅花落》。陈叔宝的身份是皇帝，他的责任是治国兴邦，但他对这样的身份、这样的责任，并不怎么在意，面对旖旎的江南，陈后主更愿意做一个诗人，吟诗而唱。

陈后主自小命运多舛，两岁时江陵城陷，他和父母一同被西魏掳走。直到天嘉三年（562年），他才回到江南，此时陈叔宝九岁，被立为安成王世子。陈叔宝蒙难之时还是一个不懂事的娃娃，等到初识世事时，已成为安成王世子，尽享荣华富贵。陈叔宝不像父亲陈顼那样，在坎坷之中"知宗庙之负重，识王业之艰难"。唐朝魏徵说陈后主"生于深宫之中，长于妇人之手，不知稼穑艰难"，大体是不错的。

后主不识艰难，陈朝国力也已大不如前，但北方箭在弦上的威胁，后主却不以为然。又到江南雨季，淫雨霏霏正好成为后主歌赋骏景。陈朝的天空似乎已经没有了晴天，而这个时候，北方的军队正龙腾虎跃，秣马厉兵。随后，隋文帝剑指江南。此时的陈朝，几乎就是隋朝的瓮中之鳖。

陈朝内忧外患，已经风雨飘摇。陈

陈叔宝像

后主在刚刚即位的时候，也曾初惧阽危，屡有哀矜之诏，在他的即位诏书中，有这样的话："无由自安拱默，敢忘康济。"意思是不能贪图安逸，无所事事，不敢忘怀治理国家。如果陈后主能像他的即位宣言那样，充满忧患意识，励精图治，或许还能暂且维持半壁江山。但偏偏陈叔宝是一个胸无大志、乐于苟安的皇帝。

十里秦淮，文采风流，甲于海内，在这条河流经的建康城里，做皇帝的陈叔宝更是雅好文学，而且尤其擅长宫体诗。

宫体诗的题材以吟风弄月、艳情狎邪居多，风格轻浮绮艳、纤巧秾丽。陈叔宝当太子的时候，在东宫之中，聚集了一大批文人，他们形成了一个具有相当规模的文学集团。他手下共有陈暄、孔范、江总、王瑗等十人，不遵礼节，行事放肆，号称"十狎客"。陈叔宝即位后，这个文学集团有了皇权的庇护，得到了更大的发展。当时被称为文宗，死后被后主尊为"词宗"的徐陵，更是其中翘楚。为了迎合陈后主的好尚，徐陵特地编纂了一部专供宫中女性吟咏的诗集《玉台新咏》。

作为君主，陈后主把当年即位时的政治宣言抛到脑后，不居安思危，反而沉湎于自己喜爱的文学，整日不理朝政，忙着与文学侍臣游宴后庭，自此，陈朝国政颓废，纲纪不立，君臣一起沉溺于妩媚的江南文化，终日做着粉红色的梦。

"北方有佳人，绝世而独立。一顾倾人城，再顾倾人国。"陈后主的宠妃张丽华就是这样的美人。史书记载，她发长七尺，鬓黑如漆，光可照人。举止娴雅，容色端丽。每瞻视顾盼，光采溢目，照映左右。在阁上梳妆时，面临轩槛，宫中望之若神仙。从当太子的时候，陈叔宝就和张丽华两情缱绻。当年，陈宣帝即将去世时，陈后主曾被自己的弟弟、想要取而代之的陈叔坚砍伤，养伤期间，他摒去诸姬，独留贵妃张丽华随侍，加之张丽华记忆力极强，很多奏章能过目不忘，所以陈后主对她极为宠爱。

陈后主对张贵妃以及其他妃嫔的宠爱，体现在历史上著名的三阁之中。陈朝自武帝开国以来，

《吴友如画宝》中的张丽华

内廷陈设都很简朴，但这一切在陈后主这里都发生了改变，陈后主即位的第二年便大兴土木，穷土木之奇，极人工之巧，修建了临春阁、结绮阁、望仙阁，中间以复道相通。每座阁楼高数十丈，广数十间，门窗、壁带、挂楣、栏杆都是檀香木的，并以金玉珠翠装饰。阁内所设宝床、宝帐，瑰奇珍丽，近古所未有。每每微风徐来，香闻数里，朝日初照，光映后庭。

江南多佳丽，三阁新落成，陈后主为此赋诗《玉树后庭花》："丽宇芳林对高阁，新妆艳质本倾城。映户凝娇乍不进，出帷含态笑相迎。妖姬脸似花含露，玉树流光照后庭。"诗句脱俗，令后人赞叹，但"玉树后庭花，花开不复久"，却成为著名的亡国之音。

"东南妩媚，雌了男儿。"随着江南文化的精致成熟，自然山水成了人文山水，长江天堑也变得温柔妩媚起来，而这个时候，在北方，北周已经被隋朝取代，立志再造统一的隋文帝杨坚，已经剑指江南。

除了不守君道、沉湎文学，奢侈腐化、放纵狂欢以外，陈后主在政治上也表现昏庸，所用非人。

隋开皇六年（陈至德四年，586年），隋朝开始陈兵江北，觊觎南朝，而同一年新年伊始，三十四岁的陈叔宝颁发了一道诏书，要效仿上古先贤唐尧夏禹，置谏鼓，听臣言。

面对隋朝的大兵压境，陈国大将任忠上书进谏：现在的官场，公然行贿受贿，小人内外勾结，已经乱了朝纲，违背了法典，倘若边境有战事，我们的大业就要毁于一旦了。

孔范是陈后主的狎客，因文章艳丽而被宠幸，官至都官尚书，这个时候他训斥任忠，我们有长江天险，边关战事，何足挂齿。你们边关将帅不过是匹夫之勇，哪里比得上我深谋远虑。

陈后主听了这样的话，当即黜夺任忠兵权。此后，只要陈朝将帅稍有过失，陈后主就会下诏夺去这些将领的兵权，转而分配给文官，最终导致了陈朝"文武解体"。

陈后主任用的小人有施文庆、沈客卿和孔范等人。他们大多"好学，能属文，于五言七言犹善"。但在治理国家、稳定边疆等关系国运的大事上，和后主一样，没有任何韬略可言。

隋开皇八年（陈祯明二年，588年），隋朝八路大军从长江上游、中游、下游三个地方同时向南朝发动了攻击。大兵压境之时，陈后主依然纵酒行歌，以为可以凭借长江天险，御敌人于国门之外。

然而，滚滚长江，终究挡不住隋军的铁蹄。

南京博物院研究员 邵磊

亡国之夜,陈后主带着两个心爱的贵妃,一个是张丽华,一个是孔贵嫔,准备藏到井底苟且偷生躲过这一场劫难,当时随行的大臣都纷纷劝阻陈后主不要这么做,这样做毕竟有失国体,苟且偷生容易被后人诟病;劝陈后主干脆衣冠整肃,面对隋军。但是陈后主惊慌之下,完全不听臣下的劝阻。有的臣子甚至把身体趴在井口上,阻止陈后主进入水井之内,但是陈后主执意不听,带着他的两个贵妃,下到井底去了。

当天晚上陈后主的踪迹就被隋军发现了。很快,他和他的两个妃子就被隋军用绳子从水井里捞上来了。当时是一根绳子上拽着三个人,所以隋朝的军士觉得很重。出来的时候,两个妃子惊慌失措,身上沾了好多的胭脂,落在水井的井栏上,所以这口水井后来就得名为胭脂井。实际上那不是胭脂的痕迹,是红色的石英岩石脉造成的。

亡国之夜,陈后主忘了一国之君的威仪,却没忘了心爱的嫔妃,如果仅仅是才子佳人,这一段生死经历,或许会被传颂成一段佳话;但作为一个皇帝,陈后主在国破之际,贪苟且、失威严,却是他被历史最为诟病的,而且闹剧在他躲进井里之后还没有结束。

当年,陈武帝霸先出生之时,长兴的古井井水沸腾,等陈朝大业已成,那口井被尊为圣井;三十三年后,曾经的王朝便已走到了尽头,陈后主更是遁入古井,耻辱加身,他藏身的这口古井,除了胭脂井的称谓之外,南京人还称之为辱井。

南京大学历史系教授 胡阿祥

我们可以说陈后主陈叔宝是爱情的圣人,文学史上应该有他的地位,但我们不能说他是个暴君,他是一个荒主。陈后主去世的时候,隋朝给他的谥号是"炀",跟后来的隋炀帝杨广那个"炀"一样。炀是什么意思,就是荒怠政务,一天到晚吃喝玩乐,这是个恶谥。

亡了国的陈后主,在陈朝灭亡十六年后,因疾善终,时年五十二岁,然而至死,他也没能再回建康,因为曾经的都城建康,已经在陈朝灭亡之后被隋军夷为平地,南京城城内,如今只留下了大约三百多平方米的南朝遗迹。

陈朝灭亡了,这对陈氏家族来说是奇耻大辱,是哀痛的丧礼。

隋朝统一了,这对中华历史来说,却是结束了一个时代,掀开了新的一页。

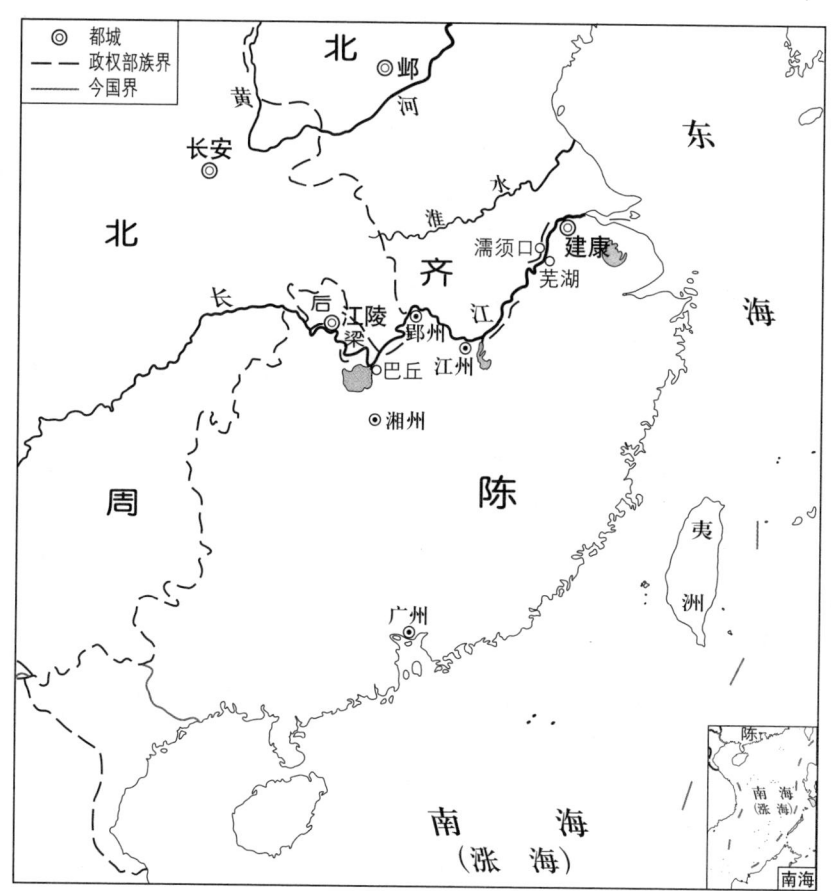

陈时期形势图

魏晋佛教

龙门石窟，北魏孝文帝时期造像。

"南朝四百八十寺，多少楼台烟雨中。"

如果说四百八十寺只是文学作品中的数字，只表示抽象的"多"，那么，北魏孝文帝太和初年，全国有寺院六千四百七十八座，僧尼七万七千二百五十八人，就是十分具体的数字了。

这个见于《魏书·释老志》的数字，见证着魏晋南北朝时期佛教的大踏步发展。

佛教为什么会在南北朝有如此大的发展？它的发展经历了怎样的道路？对社会产生了怎样的影响？

渴望脱离苦海的庶民百姓与佛教的兴盛。这是一个多灾多难的时代。政权更替频繁，各种政治力量的社会地位动荡变易，长期分裂割据以及阶级矛盾激化导致各种战争不断爆发。

下层社会的庶民百姓不仅承受着各种战乱的痛苦，而且受着瘟疫、水旱等各种自然灾害的威胁。悲天悯人、无所不能的佛祖出来度众生于无边苦海。

《法句譬喻经》记载了这样一个故事：有四个和尚坐在树下，探讨什么是人间之苦的根源。

一个人说：天下之苦源于淫欲。

另一个人说：世间之苦源于饥渴。

第三个人认为：人生之苦源于愤怒。

第四个人说：人间之苦源于恐怖。

正当四个人争论不休时，佛来了，他说，你们都不知道造成痛苦的根本原因。饥渴、寒热、嗔愤、惊怖、色欲、怨祸，全都生于自我本身。自我本身是众苦之本、祸患之源。如果想脱离世间之苦，就当求寂灭，摄心守正，淡然无想，进入涅槃。

佛教认为，人生是一片苦海，里面充满了生老病死、怨恨离别、求取不得等苦恼，只有超脱出生命活动的过程，达到无生无死、无爱无忧的涅槃寂境，才能脱离苦海，取得永恒的快乐。

道教是中国土生土长的宗教，它在佛教传入以前就已存在。

《大般涅槃经》书影

道教所关心的，是社稷荣衰、战争胜负、命运穷达、人生贫富、寿命长短、前途吉凶、祛病消灾等社会现实问题。

佛教普度众生于苦海、达到彼世幸福的出世思想，与当时人们迫切需要取得现世利益的入世心态，存在着一定差距，因此，佛教也曾受到一些指责：

僧人聚敛钱财，大建寺塔，奢侈靡费，无益当世。

僧人不能令主上延年益寿。

僧人上不能调和阴阳，使年丰民富，消灾祛疫，克静祸乱；下不能休粮绝粒，呼吸清醇，扶命度厄，长生久视。

演员登上戏剧舞台，素面对众是不行的，必须要通过化

葛洪像。他是东晋时期著名的道教领袖。

晋佛图澄尊者像

装改变自己的面孔。

佛教想在华夏舞台站住脚，不改变自己是不行的。然而，这种改变不是舞台化装那样简单，而是对自我的部分改变。

当然，佛教不可能从根本上放弃自己的教义，以成仙不死为追求目标而使自己面目全非，但部分地改变自己以便在新的国度立足是完全必要和可能的。

魏晋南北朝时期的僧人，不是只会诵经参禅打坐的和尚，还有着种种道术。

佛图澄，十六国时期著名的高僧，但也会占梦等方术。一次，后赵主石虎梦见一群羊驮着鱼从东北过来，醒来觉得奇怪，便到佛图澄处求占。佛图澄听完石虎复述梦境之后，说："不祥之梦，恐怕预示着鲜卑人将占有中原。"

西晋时有个名叫范材的僧人，在集市上以为人占卜为生。无论冬夏都穿着破衣、打着赤脚，据说他的占卜十分灵验。

西晋惠帝时，天下疫病流传，僧人安慧日夜祈祷，请求天神降药治愈万民。后来他在寺院门外发现了天降神水，用来给病人治病，很多人因此痊愈。

十六国时，南凉有个僧人叫释昙霍，能预见人的生死贵贱，被国人称为"大师"，出街入巷，都受到百姓的迎送之礼。

北魏宣武帝时，王显任御史中尉。当他为布衣平民时，有和尚曾为他相面，说他日后必定富贵。

上述佛教僧人的所作所为，都具有浓厚的道教色彩，他们用占卜、占梦、谶纬、相人等方术预言世人的吉凶贵贱，用神水符咒为世人治病消灾，颇近于道教的秘学方术。在人生目标追求上，从对涅槃境的专注变成对人生利益的兼顾，这表明佛教正在向中国化转变。

康僧会，世居天竺，自幼随父亲经商到交广地区。双亲亡后出家，他笃志好学，明解三藏，博览六经，天文图纬多所综涉。三国时，他来到孙吴首都建业。

康僧会刚到江东时，江东地区还只是初染佛法，睹其形未及其道，人们对佛法不甚了解。康僧会初传佛法以术不以法，即不讲深奥的佛理，而展示以直观的神术。他见到孙权后，给他讲了佛骨舍利的神奇及阿育王一夜之间在世界各地造八万四千舍利塔的故事，又用了三个七日祈求舍利降临，并演示了舍利子击破铜盘、劫烧之火不能焚、金刚之杵不能碎的神奇，使孙权对佛教大为叹服，立即同意兴建寺塔。

佛教在江东站住脚后，康僧会没有停止于用神术宣传佛教，而是进一步宣传佛理，在宣传佛理的时候借用了不少儒家思想。

孙皓即位后，想毁坏佛教寺塔，他说："如果佛教真是正教，其主张与先圣典籍相符，我就尊奉保存它，否则，就将其寺塔全部焚毁。"于是，孙皓便大集朝臣，把康僧会迎来，让他论述佛教与儒家圣典的关系。

孙皓问："佛教讲善恶报应，与儒家经典有联系吗？"

康僧会答：贤明的君主孝慈仁德，就会有祥瑞之报。"善既有瑞，恶亦如之。故为恶于隐，鬼得而诛之；为恶于显，人得而诛之。《易》称积善余庆，《诗》咏求福不回，虽儒典之格言，即佛教之明训。"

孙晧说："既然周孔已经明确论说，何用佛教？"

康僧会说："周孔所言略示近迹，至于释教则备极幽微，故行恶则有地狱长苦，修善则有天宫永乐。举兹以明劝沮，不亦大哉！"

康僧会认为，儒家和佛教都讲善恶报应，只不过儒家所言为近迹，佛教所言为幽远，二者相得益彰，各有用途。

康僧会翻译的《旧杂譬喻经》讲述了这样一个故事：

有一个女子行将出嫁，众姐妹为她送行，相约在楼上共进饮食。一个橘子从桌子上滚落下来，一直滚到楼下。众女子说："谁能下楼把橘子取回来，我们就共同为她做饭。"

即将出嫁的女子便下楼去取橘子。这时一个小孩已经把橘子捡了起来，女子要求小孩把橘子还给她。小孩说："你出嫁前先到我家，我就还你，否则不给。"女子答应了，小孩便把橘子给了她。女子拿回橘子，让众人请了一顿饭。

临嫁之前，女子对丈夫说："我先去实现承诺，回来给你做妻子。"出城之后，女子碰见了强盗，她请求强盗放她去兑现承诺，强盗也答应了。又碰到了吃人鬼，女子又同样乞求，感动了恶鬼。最后，女子来到孩子家中，实践了自己的诺言。

当嫁女一诺千金，既已答应嫁前先到童子处，丈夫、强盗、恶鬼都拦不住，这与儒家"信"的观念非常契合。

康僧会翻译的另一部佛经《六度集经》中还有一个法施王太

子的故事：他内清外净，尊圣孝亲，慈济众生。国王宠妃想与其私通遭到拒绝，怀恨在心，不断向国王进谗言，迫害太子。国王不忍残害自己的骨肉，便让太子到离国都八千里外的地方做边王，临行嘱咐他："尔镇境外，则天行仁，无残民命，无苟贪困黎庶，尊老若亲，爱民若子，慎修佛戒，守道以死。世多奸伪，齿印之教，尔乃信矣。"太子稽首泣涕曰："不敢替尊诲。"太子到边国一年，慈化国民，远民慕润，归化云集，增户万余。

《六度集经》还有这样的记载：国王当时"以五教治政，不枉人民。一者慈仁不杀，恩及群生。二者清让不盗，捐己济众。三者贞洁不淫，不犯诸欲。四者诚信不欺，言无华饰。五者奉孝不醉，行无沾污。当此之时，牢狱不设，鞭杖不加，风雨调适，五谷丰熟，灾害不起，其世太平，四天下民，相率以道"。

尊圣孝亲、施行仁政、尊老爱民、诚信不欺、牢狱不设、刑措不用、五谷丰登、天下太平，这些都和儒家所推崇的理想的政治没有什么区别。

在北魏迁都洛阳之前雕刻的菩萨像中，维摩诘菩萨右手端举麈尾，坐榻倚几，似在侃侃而谈。这正是佛教融入当时思想界的反映。

两晋时期，当玄学之风越煽越盛之际，很多佛教界僧人也加入到玄风竞煽的行列中。

大同云冈石窟

僧人竺法雅发明了"格义"法。所谓"格义",说白了,就是用人们熟悉的老庄学说比附讲解佛教教义。"格义"法在佛教和老庄之间搭起了一座桥梁。

僧人康法畅在东晋成帝时渡江来到建康。他虽出家为僧,但善于玄学清谈,经常手持麈尾,与当时著名的玄学家清谈竟日。一次,玄学家庾亮问康法畅:"此麈尾何以常在?"康法畅答:"廉者不取,贪者不与,故得常在也。"这成为玄学思辨的美谈。

西域僧人康僧渊，深目高鼻，一副胡人相。东晋初渡江，玄学家殷浩始问佛经深远之理，康僧渊却与他论俗书性情之义，论辩昼夜，殷浩终于折服。王导曾拿他的胡人相貌开玩笑，康僧渊回答说："鼻者面之山，眼者面之渊，山不高则不灵，渊不深则不清。"时人以为名对。

僧人竺法深，本为琅邪王氏，年轻时出家。西晋永嘉初避乱过江，他既明佛法，又善老庄，善于谈玄。由于他出身高门，得以穿木屐上殿，与朝中君臣谈佛论道，当时人都称其为方外之士。有一次在简文帝处遇见丹阳尹刘惔，刘惔和他开玩笑说："你是出家人，何以游走朱门？"竺法深答道："君自睹其朱门，贫道见为蓬户。"

僧人支道林著《逍遥论》，其文曰："夫逍遥者，明至人之心也。庄生建言大道，而寄指鹏、鷃。鹏以营生之路旷，故失适于体外。鷃之在近而笑远，有矜伐于心内。至人乘天正而高兴，游无穷于放浪，物物而不物于物，则遥然不我得。玄感不为，不疾而速，则逍然靡不适。此所以为逍遥也。若夫有欲，当其所足，足于所足，快然有似天真，犹饥者一饱，渴者一盈，岂忘烝尝于糗粮，绝觞爵于醪醴哉！苟非至足，岂所以逍遥乎！"支道林此论主旨，意在说明无欲无为即逍遥。支道林提出"物物而不物于物"，即对事物有一定的目标追求，而又不能被这种目标追求所役使，从而提出一种既有追求又超然于这种追求的处世哲学。

淮阳人支孝龙，神采卓荦，高论适时，与阮瞻、庾凯等玄学家并结知音之交，世人呼为"八达"。当时有人问他："大晋龙兴，天下为家。沙门为什么不保全发肤，去掉袈裟，脱去胡服，身穿绫罗？"支孝龙答："抱一以逍遥，唯寂以致诚。剪发、毁容、改服、变形，彼谓我辱，我弃彼荣。故无心于贵而愈贵，无心于足而愈足矣。"

中国社会科学院历史研究所研究员 梁满仓

魏晋南北朝是佛教盛传的时期。佛教之所以在此时兴盛，一是因为它的教义与人们欲求脱离苦海的愿望产生共鸣；二是僧人们吸取道家的道术，关心人们的现世利益；三是它与儒家相融合，有利于维持社会秩序；四是它融入当时的社会思潮，推动了玄学的发展。

北魏太武帝与北周武帝的灭佛运动。佛教的发展道路并非一马平川，在魏晋南北朝时期，两次灭佛运动使它一度进入发展的低谷。

《太平经》插图《乘云驾龙图》

440年，北魏太武帝拓跋焘把年号改为太平真君，这是一个充满道教色彩的年号，标志着皇帝信仰的天平向道教倾斜。

拓跋焘本来对佛教并无恶感，还常与大德高僧共同谈论。后来受道士寇谦之的影响，特别是大臣崔浩，经常向他灌输佛教虚妄、靡费害世的思想，使他对佛教渐渐失去了好感。

太平真君六年（445年），关中地区爆发了大规模起义。第二年，太武帝率军西征到达长安。在长安的佛寺中，发现了大量的兵器，太武帝认为这是与反叛者通谋的证据，下令没收寺院财产。在查抄财产时，又发现大量酿酒器具和数以万计的州郡牧守、富人寄存在寺院中的财产，还发现了藏匿美女以供淫乐的密室。震怒的太武帝于是下令诛长安沙门，焚破佛像。一场遍及北魏境内的灭佛运动由此拉开了帷幕。

北魏太武帝灭佛，时间大约持续了六年。在此期间，佛像被毁，佛经被烧，寺院被废，一些僧人被杀。

保定元年（561年），北周武帝即位时，北朝的佛教经过了一百多年的发展，僧人数量增加到历史最高水平。他们既不向政府交纳租调，也不承担国家的徭役，严重地影响着朝廷的财政收入。

为了发展经济，增加国家财政收入，建德三年（574年），北周武帝又发动了一场持续约五年的灭佛运动。

据史书记载，北周武帝灭佛，"关东西数百年来官私佛法，扫地并尽。融刮圣容，焚烧经典，禹贡八州见成寺庙出四十千，并赐王公充为第宅。三方释子减三百万，皆复军民还归编户。三宝福财，其赀无数，簿录入官，登即赏费，分散荡尽"。

维摩诘像

洛阳龙门石窟

两次灭佛运动对佛教的发展而言无疑是严酷的寒冬，相对于几百年的发展，不过是短暂的一瞬。兴盛发展，仍是魏晋南北朝佛教的主流。

大同云冈石窟第一窟，有一尊维摩诘像，尽管日月的风化模糊了他的面貌细节，但他头上戴的尖顶帽，是典型的北方少数民族特征。

洛阳龙门石窟宾阳洞内，有一幅维摩诘题材的作品。这是北魏孝文帝迁都洛阳后所作。低垂的帐幔下，维摩诘头戴高帽，褒衣博带，斜倚榻上。这与顾恺之在江宁瓦棺司所绘的病维摩形象十分吻合。服饰的褒衣博带，与江南形象的吻合，正与拓跋鲜卑汉化的进程契合，反映了民族融合的进程。

法显西行与魏晋佛教的发展。后秦弘始二年（400年），一位名叫法显的中国僧人，从长安出发，渡沙河、越葱岭前往中印度求法。他先后到达西域、印度、锡兰，最后经由苏门答腊，回到建康，历时十余年，游历了西域及中亚三十多个国家。他写的

《佛国记》，介绍了这些国家的宗教、风土人情、文化地理，他是中外文化交流的使者。

洛阳，曾经是北魏的国都。北魏后期，洛阳地区寺院林立，佛塔成群，被西域僧人视为佛国乐土。

据《洛阳伽蓝记》记载，每年四月八日为礼佛日，前此一天，洛阳各处的佛像一千余躯全都会聚于景明寺。至八日，依次入宣阳门，向阊阖宫前受皇帝散花。

四月八日这天，"金花映日，宝盖浮云，幡幢若林，香烟似雾。梵乐法音，聒动天地。百戏腾骧，所在骈比。名僧德众，负锡为群。信徒法侣，持花成薮。车骑填咽，繁衍相倾。时有西域胡沙门见此，唱言佛国"。

众多的寺塔，盛大的佛事，吸引了大批西域僧人前来洛阳。为了给他们提供一个憩息场所，宣武帝在洛阳城西大觉寺东又修建了永明寺。此寺"房庑连亘，一千余间。庭列修竹，檐拂高

法显像

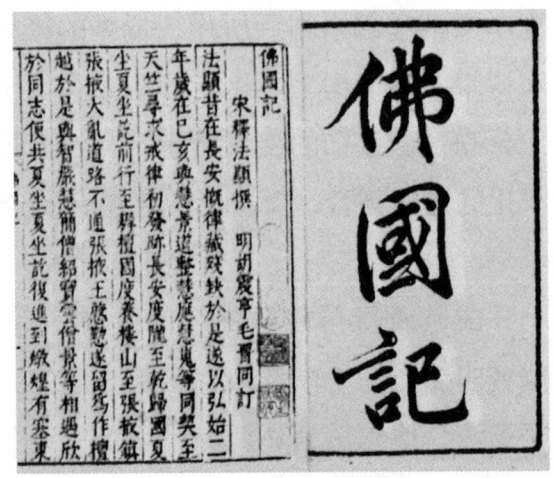

《佛国记》书影

松，奇花异草，骈阗阶砌。百国沙门三千余人，西域远者，乃至大秦国，尽天地之西垂，耕耘绩纺，百姓野居，邑屋相望，衣服车马，拟仪中国"。大批西域僧人来到洛阳，在洛阳长住者甚至还耕耘绩纺，仿效中原衣食习俗，他们返回西域，也必然会将这些文化带回去。

3—6世纪，佛教传遍大江南北。

佛教遍染华夏，华夏改造了佛教。

天水麦积山石窟

华夏文化以它博大的胸襟包容了佛教，同时又赋予它一系列新的特色。

它是政治的附庸，政治家们用它辅助治理国家；它是经济的实体，享受着国家给予的种种特殊照顾；它具有思辨性，闪耀着哲学思想的智慧；它是中外文化交流的桥梁，一端连着华夏中原沃土，一端连着西域中亚文明；它是艺术的瑰宝，赋予山川岩石灵动的生命。

秦—南朝陈纪元表

朝代	皇帝名及尊号[①]	在位期间年号	公元纪年
秦	始皇嬴政		前221—前210
	二世胡亥		前209—前207
	子婴		前207
西汉	高祖刘邦		前206—前195
	惠帝刘盈		前194—前188
	高后吕雉		前187—前180
	文帝刘恒	前元	前179—前164
		后元	前163—前157
	景帝刘启	前元	前156—前150
		中元	前149—前144
		后元	前143—前141
	武帝刘彻	建元	前140—前135
		元光	前134—前129
		元朔	前128—前123
		元狩	前122—前117
		元鼎	前116—前111
		元封	前110—前105
		太初	前104—前101

[①] 本纪元表中,皇帝尊号或为谥号,或为庙号。以隋代为界,此前多为谥号,此后多为庙号。其间,嬴政称始皇帝,武则天称大周圣神皇帝,为本人生前的尊号。

续表

朝代	皇帝名及尊号	在位期间年号	公元纪年
西汉	武帝刘彻	天汉	前100—前97
		太始	前96—前93
		征和	前92—前89
		后元	前88—前87
	昭帝刘弗陵	始元	前86—前80
		元凤	前80—前75
		元平	前74
	宣帝刘询	本始	前73—前70
		地节	前69—前66
		元康	前65—前61
		神爵	前61—前58
		五凤	前57—前54
		甘露	前53—前50
		黄龙	前49
	元帝刘奭	初元	前48—前44
		永光	前43—前39
		建昭	前38—前34
		竟宁	前33
	成帝刘骜	建始	前32—前28
		河平	前28—前25
		阳朔	前24—前21
		鸿嘉	前20—前17
		永始	前16—前13
		元延	前12—前9
		绥和	前8—前7
	哀帝刘欣	建平	前6—前3
		元寿	前2—前1
	平帝刘衎	元始	1—5

续表

朝代	皇帝名及尊号	在位期间年号	公元纪年
西汉	孺子婴	居摄	6—8
		初始	8
新	王莽	始建国	9—13
		天凤	14—19
		地皇	20—23
更始政权	刘玄	更始	23—25
东汉	光武帝刘秀	建武	25—56
		建武中元	56—57
	明帝刘庄	永平	58—75
	章帝刘炟	建初	76—84
		元和	84—87
		章和	87—88
	和帝刘肇	永元	89—105
		元兴	105
	殇帝刘隆	延平	106
	安帝刘祜	永初	107—113
		元初	114—120
		永宁	120—121
		建光	121—122
		延光	122—125
	顺帝刘保	永建	126—132
		阳嘉	132—135
		永和	136—141
		汉安	142—144
		建康	144
	冲帝刘炳	永憙	145
	质帝刘缵	本初	146

秦—南朝陈纪元表

续表

朝代	皇帝名及尊号	在位期间年号	公元纪年
东汉	桓帝刘志	建和	147—149
		和平	150
		元嘉	151—153
		永兴	153—154
		永寿	155—158
		延熹	158—167
		永康	167
	灵帝刘宏	建宁	168—172
		熹平	172—178
		光和	178—184
		中平	184—189
	少帝刘辩	光熹	189
		昭宁	189
	献帝刘协	永汉	189
		初平	190—193
		兴平	194—195
		建安	196—220
		延康	220
三国 魏	文帝曹丕	黄初	220—226
	明帝曹叡	太和	227—233
		青龙	233—237
		景初	237—239
	齐王曹芳	正始	240—249
		嘉平	249—253
	高贵乡公曹髦	正元	254—256
		甘露	256—260
	元帝曹奂	景元	260—264
		咸熙	264—265

续表

朝代		皇帝名及尊号	在位期间年号	公元纪年
三国	蜀汉	昭烈帝刘备	章武	221—223
		后主刘禅	建兴	223—237
			延熙	238—257
			景耀	258—263
			炎兴	263
	吴	大帝孙权	黄武	222—229
			黄龙	229—231
			嘉禾	232—238
			赤乌	238—251
			太元	251—252
			神凤	252
		会稽王孙亮	建兴	252—253
			五凤	254—256
			太平	256—258
		景帝孙休	永安	258—264
		末帝孙皓	元兴	264—265
			甘露	265—266
			宝鼎	266—269
			建衡	269—271
			凤凰	272—274
			天册	275
			天玺	276
			天纪	277—280
西晋		武帝司马炎	泰始	265—274
			咸宁	275—280
			太康	280—289
			太熙	290

续表

朝代	皇帝名及尊号	在位期间年号	公元纪年
西晋	惠帝司马衷	永熙	290
		永平	291
		元康	291—299
		永康	300—301
		永宁	301—302
		太安	302—303
		永安	304
		建武	304
		永兴	304—306
		光熙	306
	怀帝司马炽	永嘉	307—313
	愍帝司马邺	建兴	313—317
东晋	元帝司马睿	建武	317—318
		大兴	318—321
		永昌	322
	明帝司马绍	太宁	323—326
	成帝司马衍	咸和	326—334
		咸康	335—342
	康帝司马岳	建元	343—344
	穆帝司马聃	永和	345—356
		升平	357—361
	哀帝司马丕	隆和	362—363
		兴宁	363—365
	废帝司马奕	太和	366—371
	简文帝司马昱	咸安	371—372
	孝武帝司马曜	宁康	373—375
		太元	376—396

续表

朝代		皇帝名及尊号	在位期间年号	公元纪年
东晋		安帝司马德宗	隆安	397—401
			元兴	402—404
			义熙	405—418
		恭帝司马德文	元熙	419—420
北朝	北魏	道武帝拓跋珪	登国	386—395
			皇始	396—397
			天兴	398—404
			天赐	404—409
		明元帝拓跋嗣	永兴	409—413
			神瑞	414—415
			泰常	416—423
		太武帝拓跋焘	始光	424—428
			神䴥	428—431
			延和	432—434
			太延	435—440
			太平真君	440—451
			正平	451—452
		南安王拓跋余	承平	452
		文成帝拓跋濬	兴安	452—454
			兴光	454—455
			太安	455—459
			和平	460—465
		献文帝拓跋弘	天安	466—467
			皇兴	467—471
		孝文帝元宏	延兴	471—476
			承明	476
			太和	477—499

续表

朝代		皇帝名及尊号	在位期间年号	公元纪年
北朝	北魏	宣武帝元恪	景明	500—503
			正始	504—508
			永平	508—512
			延昌	512—515
		孝明帝元诩	熙平	516—518
			神龟	518—520
			正光	520—524
			孝昌	525—527
			武泰	528
		孝庄帝元子攸	建义	528
			永安	528—530
		长广王元晔	建明	530—531
		节闵帝元恭	普泰	531
		安定王元朗	中兴	531
		孝武帝元脩	太昌	532
			永兴	532
			永熙	532—534
	东魏	孝静帝元善见	天平	534—537
			元象	538
			兴和	539—542
			武定	543—550
	北齐	文宣帝高洋	天保	550—559
		废帝高殷	乾明	560
		孝昭帝高演	皇建	560—561
		武成帝高湛	太宁	561
			河清	562—565
		后主高纬	天统	565—569
			武平	570—575
			隆化	576
		幼主高恒	承光	577

续表

朝代		皇帝名及尊号	在位期间年号	公元纪年
北朝	西魏	文帝元宝炬	大统	535—551
		废帝元钦		551—554
		恭帝元廓		554—556
	北周	孝闵帝宇文觉		557
		明帝宇文毓		557—558
			武成	559—560
		武帝宇文邕	保定	561—565
			天和	566—571
			建德	572—577
			宣政	578
		宣帝宇文赟	大成	579
		静帝宇文阐	大象	579—580
			大定	581
南朝	宋	武帝刘裕	永初	420—422
		少帝刘义符	景平	423—424
		文帝刘义隆	元嘉	424—453
		孝武帝刘骏	孝建	454—456
			大明	457—464
		前废帝刘子业	永光	465
			景和	465
		明帝刘彧	泰始	465—471
			泰豫	472
		后废帝刘昱	元徽	473—477
		顺帝刘準	昇明	477—479
	齐	高帝萧道成	建元	479—482
		武帝萧赜	永明	483—493
		鬱林王萧昭业	隆昌	494
		海陵王萧昭文	延兴	494

续表

朝代		皇帝名及尊号	在位期间年号	公元纪年
南朝	齐	明帝萧鸾	建武	494—498
			永泰	498
		东昏侯萧宝卷	永元	499—501
		和帝萧宝融	中兴	501—502
	梁	武帝萧衍	天监	502—519
			普通	520—527
			大通	527—529
			中大通	529—534
			大同	535—546
			中大同	546—547
			太清	547—550
		简文帝萧纲	大宝	550—551
		豫章王萧栋	天正	551—552
		元帝萧绎	承圣	552—555
		敬帝萧方智	绍泰	555—556
			太平	556—557
	陈	武帝陈霸先	永定	557—559
		文帝陈蒨	天嘉	560—566
			天康	566
		废帝陈伯宗	光大	567—568
		宣帝陈顼	太建	569—582
		后主陈叔宝	至德	583—586
			祯明	587—589